Dr. Georg Wailand (Hrsg.)

Mag. Julia Kistner (Hrsg.)

Der große GEWINN-Geldratgeber
für die Generation 50+

Unabhängig vom Staat und der Familie

Aktuelle GEWINN-Bücher:

G. Wailand, Wiedersich (Hg.):	Investieren in Immobilien
G. Wailand, J. Kistner (Hg.):	Investieren in schöne Dinge
G. Wailand, J. Kistner (Hg.), J. A. Mertzanopoulos,	Privat versichern, aber richtig
G. Wailand, E. Brenner (Hg.):	Das ABC der Karriere
G. Wailand, J. Kistner (Hg.):	Ihre Rechte als Anleger
G. Wailand, M. Fembek (Hg.):	Traden wie die Börsenprofis

ISBN: 978-3-901184-50-5
EAN-Code: 9783901184505
Copyright: © 2014 by **Wailand & Waldstein GmbH, Wien**

Alle Rechte vorbehalten
Erschienen im GEWINN-Verlag, Stiftgasse 31, A-1070 Wien
Coverfoto: gaspr13–iStockphoto.com
Konzept: Mag. Julia Kistner
Layout und Grafiken: Peter Watzal
Illustrationen: Robert Scheifler
Lektorat: Renate Hofbauer
Druck: Dimograf Customer Vision

Alle Rechte, insbesondere das Recht der Vervielfältigung und Verbreitung sowie der Übersetzung vorbehalten. Kein Teil des Werkes darf in irgendeiner Form ohne schriftliche Genehmigung reproduziert oder unter Verwendung elektronischer Systeme oder Anlagen vervielfältigt oder verarbeitet werden.
Es wird darauf hingewiesen, dass alle Angaben in diesem Buch trotz größter Sorgfalt ohne Gewähr erfolgen. Eine Haftung der Herausgeber und aller Mitwirkenden oder des Verlages ist daher ausgeschlossen.

Autoren
Mag. Julia Kistner
Mag. Susanne Kowatsch
Michael Kordovsky
Mag. Livia Rohrmoser
Mag. Stefan Tesch
Mag. Michael Neubauer
Fini Trauttmansdorff
Mag. Andrea Lehky

Inhaltsübersicht

1. Jetzt erst recht! Anlegen und investieren ab 50 1
   Tipps für den Kapitalauf- und abbau   30
   Anlegen fürs Enkerl   38

2. Abgesichert im Alltag 20
   Haushaltskosten – vor und nach der Pensionierung 54
   Pensionsansprüche 55
   Steuern und Abgaben auf Pensionen 72
   Pension unter Palmen 75
   Kosten runter, Lebensqualität rauf! 79
   Kreditwürdig mit 50+? 84
   Das Wichtigste zum Schluss 86

3. Lustvoll länger arbeiten! 87
   Dazuverdienen in der Pension 91
   Fit genug zum Arbeiten 93
   Jobprogramme für 50+ 94
   Ab in die Selbständigkeit! 97
   Jungunternehmer mit 50+ 100
   Freiwillig arbeiten – eine Frage der Ehre! 103
   Weiterbildung – man lernt nie aus 104
   Das Wichtigste zum Schluss 105

4. Ab in die Frühpension 107
   Frühpension – was gesetzlich (noch) möglich ist 110
   Frühpension ohne staatlichem Auffangnetz 118
   Was die Frühpension kostet – Höhe der Abschläge 118
   Frühpension mit Abschlag oder rein privat vorsorgen 120
   „Bridging"– damit Sie sich die Frühpension leisten können 121
   Tipps für Selbständige: günstig aus dem Erwerbsleben scheiden 127
   Das Wichtigste zum Schluss 131

5. Vorgesorgt im Krankheits- oder Pflegefall 133
   Privat versichert im Krankheitsfall 137
   Abgesichert als Pflegefall 147
   Pflege daheim 155
   Pflege im Heim 167
   Patientenverfügung für alle Fälle 173
   Das Wichtigste zum Schluss 175

6. Richtig erben und vererben 177
   Vererben mit und ohne Testament 180
   Das Wichtigste zum Schluss 196

Anhang 197

Inhaltsverzeichnis

Vorwort .... **VII**

Gebrauchsanleitung .... **XII**

Kapitel 1
Jetzt erst recht! Anlegen und investieren mit 50+ **1**
   Neue sicherheitsorientierte Anlagepyramide *4*
   Die fünf Todsünden der Anlage *5*
   Gute Finanzberatung: Wem kann ich vertrauen? *6*
   Wie Sie jetzt erst recht mehr aus Ihrem Geld machen *8*
   Vorsorgen mit Renten- und Lebensversicherungen *8*
   Vorsorgen mit der Zukunftsvorsorge *11*
   Vorsorgen mit Fonds und ETFs *14*
   Vorsorgen mit Aktien und Anleihen *16*
   Sichere Dauerbrenner, Bundesschätze, Wohnbauanleihen & Co. *18*
   Vorsorgen mit Sachwerten *20*
   Betrieblich vorsorgen *21*
   Freiwillige Höherversicherung *23*
   Sterbegeldversicherung für's Begräbnis *24*
   Musterportfolios für 50+ *25*
   Musterportfolios für 50–60-Jährige *27*
   Anlagestrategie für über 60-Jährige *27*
   Produkte die konkret in Frage kommen *29*
   Tipps für den Kapitalauf- und -abbau **30**
   Anlegen auf Raten *30*
   Ansparen in Etappen *30*
   Anlegen im Lebenszyklus *32*
   Das Angebot von Ansparplänen *33*
   Absparplan, die Rente zum Selberbasteln *34*
   Anleihenportfolios und Vermögensverwaltungskonzepte *35*
   Defensive Mischfonds und Lebensversicherungen mit Rente *36*
   Die passende Rente *37*
   Anlegen fürs Enkerl **38**
   Das Wichtigste zum Schluss **48**

Inhalt | **V**

Kapitel 2

Abgesichert im Alltag 51

Haushaltskosten – vor und nach der Pensionierung 54
Pensionsansprüche 55
Ansprüche aus der staatlichen Pension 55
Einfach kompliziert – die Pensionsberechnung 57
Reguläre Alterspension – mit was man konkret rechnen kann 59
Früher in Pension, weniger Lohn 61
Ansprüche aus der betrieblichen Vorsorge 64
„Abfertigung Neu" für fast alle 65
Zukunftssicherung – das 300-Euro-Zuckerl 66
Pensionskasse, Anspruch nicht für die Masse 67
Betriebliche Kollektivversicherung (BKV) mit Garantiezins 68
Ansprüche aus der privaten Vorsorge: 68
Lebensversicherungen – was schaut raus? 68
Zukunftsvorsorge – zahlt sie sich aus? 70
Fondssparplan kann Freude machen 70
Steuern und Abgaben auf Pensionen 72
Im Ausland erworbene Pensionsansprüche 73
Pension unter Palmen 75
Altersruhesitz im Ausland – Pension im Rucksack 76
Krankenversicherung – wer kann das bezahlen? 78
Kosten runter, Lebensqualität rauf! 79
Vergünstigungen für Senioren 79
Karten und Pässe 80
So sparen Sie bei den großen Posten der Lebenserhaltungskosten 82
Kreditwürdig mit 50+? 84
„Umkehrhypothek" zur Geldbeschaffung 85
Das Wichtigste zum Schluss 86

Kapitel 3

Lustvoll länger arbeiten! 87

Dazuverdienen in der Pension 91
Fit genug zum Arbeiten 93
Jobprogramme für 50+ 94
Ab in die Selbständigkeit! 97
Jungunternehmer mit 50+ 100
Freiwillig arbeiten – eine Frage der Ehre! 103
Weiterbildung – man lernt nie aus 104
Das Wichtigste zum Schluss 105

Kapitel 4
Ab in die Frühpension 107
Frühpension – was gesetzlich (noch) möglich ist 110
    Altersteilzeit 111
    Im Korridor in den Frühruhestand 111
    Vorzeitige Alterspension bei langer Versicherungsdauer 112
    Langzeitversicherung („Hacklerregelung") 113
    Frühpension für SchwerarbeiterInnen 114
    Invaliditäts- und Berufsunfähigkeitspension 114
    Nachkauf von Schul-, Studien-, sonstige Ausbildungszeiten 116
Frühpension ohne staatlichem Auffangnetz 118
Was die Frühpension kostet – Höhe der Abschläge 118
Frühpension mit Abschlag oder rein privat vorsorgen 120
„Bridging" – damit Sie sich die Frühpension leisten können 121
    Keine Experimente mit der Pension 123
    Überbrückungsvorschläge mit Fonds 123
    „Finanzausgleich" mit Versicherungslösungen 124
        Tipps für Selbständige: günstig aus dem Erwerbsleben scheiden 127
Das Wichtigste zum Schluss 131

Kapitel 5
Vorgesorgt im Krankheits- und Pflegefall 133
Privat versichert im Krankheitsfall 137
    Wer krankenversichert werden kann 138
    Wegweiser durch den Tarifdschungel 138
        Stationäre Tarife 138
        Ambulante Tarife für Heilbehandlungen 140
        Zusatzpakete – Beispiel Zahntarif 141
        Hilfe im Ernstfall 141
        Versicherungsdauer und Vertragsende 142
    Die Kosten der Krankenversicherung 144
        (Gruppen-)Rabatte 144
        Prämienrückzahlung möglich 145
        So funktioniert die Kostenrückerstattung 145
    Was die private Kranken- und Unfallversicherung nicht deckt 145
        „Versicherungslücken" in der Krankenversicherung 146
        Die Tücken der Unfallversicherung: Unfall oder Abnützung? 146
Abgesichert als Pflegefall 147
    Das Pflegegeld – die staatliche Basisversorgung 147
    Private Pflegeversicherung – Kosten und Nutzen 148
        Weitere Leistungen der privaten Pflegepolizzen 152
        Mehr Prämie, mehr Leistung 152
        Was die private Pflegeversicherung nicht deckt 153
        Bürokratische Wege im Ernstfall 153
    Pflegedarlehen auf die Schnelle 154

Inhalt

Pflege daheim ...155
   Barrierefrei wohnen ...155
   Technik, die das Leben leichter macht ...156
   Pflege durch Angehörige: ...160
   Fleißige Heimhilfen ...163
      Pflege mit Dienstleistungsscheck ...164
      Von Arbeiter-Sameriterbund bis Volkshilfe ...164
      Die 24-Stunden-Pflege ...165
      Was PflegerInnen dürfen ...166
Pflege im Heim ...167
   Betreutes Wohnen ...167
      Seniorenresidenz in Thailand ...168
   Alternative Pflegeheim ...169
   Pflegeheim – wer trägt die Kosten ...171
Patientenverfügung für alle Fälle ...173
Das Wichtigste zum Schluss ...175

Kapitel 6
Richtig erben und vererben ...177
Vererben mit und ohne Testament ...180
   Ohne Testament, was das Gesetz sagt ...180
   Mit Testament, vererben wie ich will! ...182
      Einfach enterben ...182
      Möglichst viel meiner Frau/meinem Mann ...183
      Erbverzicht oder Pflichtteilverzicht ...184
      Vorsorgen für Lebensgefährten ...185
      Erben mit Bedingungen ...186
      Für einen guten Zweck ...186
      Nichts dem Pflegeheim ...187
      Zu Lebzeiten schenken statt zu vererben ...187
      Stiftung für Großvermögen ...188
      Am Testament vorbei, beliebte Tricks ...189
      Formelles zum Testament ...190
      Streitfall Testierfähigkeit ...192
      Kosten und Nutzen eines Testaments ...192
   Sonstige letztwillige Verfügungen ...193
   Todesfall und Bankgeschäfte ...193
   Todesfall und Mietverträge ...195
Das Wichtigste zum Schluss ...196

Anhang ...197

Vorwort

Sie haben es am Cover schon gesehen: Wenn da jemand wagemutig ins Wasser springt, dann gehört er zu jener Generation, für die 50plus erst den Anfang einer „neuen Jugend" bedeutet. Gesundheit, Glück und Geld – das ist der Stoff, aus dem die gelebten Träume in diesem Lebensabschnitt sind. Umso wichtiger ist es, diese „geschenkte Lust-Periode" so zu planen und zu gestalten, dass man dabei dem Leitsatz „Ein Leben lang gut leben!" möglichst nahekommt.

Nein, das vorliegende Werk ist nicht die 370. Broschüre irgend eines Anbieters für alt werdende Leute – ganz im Gegenteil: Es ist die Vitaminspritze, die das Leben 50plus so vergnüglich und bewusst schön macht.

Da gehört nicht nur eine positive Lebenseinstellung dazu, sondern auch ganz konkrete Informationen, wie man finanziell vernünftig plant und genießt. Die Autoren dieses Buches, unter Federführung der stellvertretenden Chefredakteurin des Wirtschaftsmagazins GEWINN, Mag. Julia Kistner, haben in aufwendiger Kleinarbeit alles zusammengetragen, was für Sie wichtig ist. Mag. Susanne Kowatsch, Michael Kordovsky, Mag. Livia Rohrmoser, Mag. Stefan Tesch, Mag. Michael Neubauer, Fini Trauttmansdorff und Mag. Andrea Lehky haben komplexe Themen leicht verständlich gemacht. Sie haben einfache Modellrechnungen erstellt, aus denen hervorgeht, welche Variante jeweils für Sie die vorteilhafteste ist. Etwa, wie ein Wertpapierportfolio zusammengesetzt sein soll, das Ihnen schöne Erträge bei überschaubarem Risiko bringt.

Oder: Wie Sie Ihre Pension finanziell schlau planen – von der staatlichen Pension bis hin zur privaten Vorsorge, von Begünstigungen, die Ihnen plötzlich offenstehen bis hin zum „lustvollen länger arbeiten", wenn Ihnen das am liebsten ist. Wie viel Sie dazuverdienen dürfen, welche Förderprogramme es gibt oder wie Sie sich im Ruhestand einen alten Traum erfüllen und eine selbständige unternehmerische Tätigkeit starten. Endlich sein eigener Chef sein! Warum eigentlich nicht?

Natürlich wird man nur dann erfolgreich und ohne Enttäuschung unterwegs sein, wenn man die richtigen Informationen besitzt. Diese liefert Ihnen dieses Buch in reicher Zahl. Welche Art der Pension in Ihrer konkreten Lage am klügsten ist (z. B. vorzeitige Alterspension wegen langer Versicherungsdauer oder Altersteilzeit etc.), wie Sie die Finanzlücke von einem eventuellen vorzeitigen Ende Ihrer beruflichen Tätigkeit bis zum Fließen der Pension überbrücken können (da gibt es attraktive Modelle), aber auch wie Sie für eventuelle Krankheits- und Pflegefälle gut vorsorgen können. Alles wird aufgelistet, von den Leistungen bis hin zu den Kosten der Krankenversicherung, von der Pflegethematik bis hin zum richtigen Erben und Vererben.

Sie haben das Privileg, einer neuen, besonderen Generation anzugehören: Wo nämlich 50plus der Code für ein erfülltes und genussreiches Leben ist (und nicht der Anfang vom Ende).

Ja, als Herausgeber des GEWINN weiß ich, dass sehr viele von Ihnen sich Tipps für die erfolgreiche Geldanlage bei unseren beliebten Börsenseminaren holen – und es ist ein Vergnügen mitzuerleben, wie engagiert und topinformiert diese Teilnehmer meist sind. Eine Anlagepyramide kann man nicht nur mit 20 aufzubauen beginnen (da fehlt einem meist das Geld dazu), das ist eine Herausforderung für die Generation 50plus.

Sie haben genug Lebenserfahrung, um nicht vorschnell finanzielle Verpflichtungen einzugehen – ganz im Gegenteil: Jetzt sind Sie in der Lage, mit ruhiger Hand einen glücklichen Weg zu steuern.

Dieses Buch liefert Ihnen die dazu nötigen Grundlagen, Berechnungen, Modelle und Empfehlungen. Und es enthält auch eine Reihe von Warnhinweisen, die Sie vor Fehlentscheidungen bewahren.

Ein Leben lang gut leben! Der große GEWINN-Geldratgeber für die Generation 50plus macht es möglich.

Wir wünschen gewinnbringende Lektüre!

Georg Wailand, im Oktober 2014

Danksagung und ...

... Anleitung zur lustvollen Lektüre des Geldratgebers 50+

für alle, die sich noch gar nicht angesprochen fühlen!

Würden entgeisterte Blicke töten, Sie hielten dieses Buch nicht in den Händen! Egal ob in der Redaktion, im Freundes- oder Bekanntenkreis: Als erste Reaktion erntete ich überall Unverständnis. Ein Geldratgeber für 50+? Das kann doch nur ein persönlicher Affront einer unter 50-Jährigen gegen alle über 50 sein. Erst recht gegen alle, die nahe dran sind an diesem offenbar einschneidenden Lebensereignis, dem 50. Geburtstag.

„Ich bin doch noch gar nicht so alt wie die anderen in meinem Alter", war der einhellige Tenor. Der Aufschrei ist verständlich. Wird man doch schon jungen Jahres in dieselbe Schublade mit 90-Jährigen gesteckt. Das wäre, als ob man Zehn- wie 40-Jährige behandelt!

Eine faszinierende Erklärung für den Ursprung allen Unbehagens der Altersklasse 58 bis 80 Jahre hat Leopold Stieger von der Initiative Seniors4success: „Für diesen dritten Lebensabschnitt gibt es nicht einmal eine Bezeichnung. Die erste Lebensphase ist die Ausbildungsphase, dann folgt die Berufstätigkeit bis durchschnittlich gerade einmal 58,5 Jahren. Doch was kommt dann, wenn man heute dank der Fitness und der gestiegenen Lebenserwartung erst mit 80 vom Unruhe- in den Ruhestand gleitet?"

Stieger zieht Parallelen zwischen Lebens- und Jahresabschnitten: Er vergleicht diese dritte Lebensphase mit dem Herbst, in dem man die Ernte in die Scheune fährt. „Eine sehr produktive Phase, auf die man sich gut vorbereiten sollte", spricht Stieger aus eigener Erfahrung.

Ein Buch ohne Altersbeschränkung

Beim GEWINN-Geldratgeber-50+ spielt das Alter des Lesers ohnehin keine Rolle. Ein Leben lang gut leben möchte jeder. So ist das Buch ebenso allen unter 50 Jahren gewidmet, denen bereits der Brief der Pensionsversicherung ins Haus flatterte. Darin verpackt die bescheidene Pensionskonto-Gutschrift, bei der sich so mancher fragt, wie sie wohl zu interpretieren sei. Mehr dazu im Kapitel 2, zu dem auch die GEWINN-Autoren Stefan Tesch und Michael Neubauer einiges beigetragen haben. Danke auch an Sabine Sagasser von der Pensionsabteilung der Sozialversicherung der gewerblichen Wirtschaft für die vielen Musterbeispiele!

Vom Pensionskontoschock ergraut machen Sie sich als junger Mensch vielleicht sofort auf die Suche nach einer ergänzenden privaten Pensionsvorsorge. Zumal „Zeit ist Geld" und „Je früher, desto besser" bei der Geldanlage keine sinnentleerten Sprüche, sondern finanzmathematisches Kalkül sind. Rechenbeispiele – großteils von Finanzjournalist Michael Kordovsky – und eine Übersicht über die verschiedenen Ansparmöglichkeiten finden Sie im Kapitel 1.

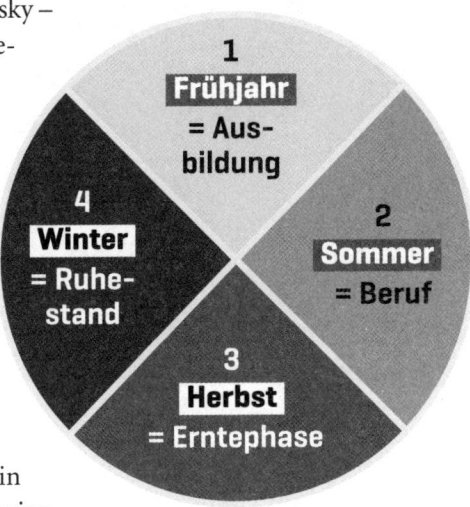

Ebenso ist eine Erbschaft oder Schenkung keine Altersangelegenheit. Sie ereignet sich oft schon vor dem 50. Lebensjahr. Es ist auch kein Fehler, schon ein Testament in der Schublade zu haben, wenn man noch kleine Kinder hat. Dazu mehr im letzten Kapitel, das – wie auch zahlreiche Versicherungs- und Vorsorgetipps in diesem Buch – Susanne Kowatsch beigesteuert hat.

Auch ein Pflegefall in der Familie kann einem von heute auf morgen ereilen – nicht erst mit 50+. Was ist zu tun? Wie kann man für seinen nahen Angehörigen die bestmögliche Betreuung sicherstellen? Wer ist im Akutfall die erste Anlaufstelle? Was zahlt der Staat, was trägt man privat? Was bieten Pflegeversicherungen? Hier besten Dank den Autorinnen Fini Trauttmansdorff und Livia Rohrmoser für ihre Unterstützung.

Motivations-Kapitel 3 versucht dem Jugendwahn auf dem Arbeitsmarkt entgegenzuwirken. Hier hat Karriere-Journalistin Andrea Lehky tatkräftig mitgewirkt. Es soll zur Selbständigkeit ermutigen, wenn man in den Augen des kaum jüngeren Chefs keine Daseinsberechtigung mehr hat. Die Worte des 48-jährigen ÖBB-Chefs Christian Kern in meinem Ohr („Die Presse" vom 21. Juli 2014): „Unser Dilemma ist die deutliche Überalterung unserer Personalstruktur. Die ÖBB entwickelt sich zum 50-plus-Konzern."

Das Arbeitsmarktservice mit seinen aktiven Arbeitsprogrammen für ältere Arbeitslose (ebenso Kapitel 3) wird's schon richten!

„When live gives you lemons, make lemonade", hat mein Vater in solchen schwierigen Lebenslagen zu sagen gepflegt. Genau das haben neben den Autoren auch Layouter Peter Watzal, Lektorin Renate Hofbauer, Cartoonist Robert Scheifler, Buch-Cover-Gestalter Johann Berger und Gertie Schalk, Schnittstelle zur Druckerei gemacht – in kürzester Zeit einen informativen GEWINN-Ratgeber für 50+ und abwärts vollbracht!

Vielen Dank auch an Sie, verehrte Leser, dass Sie sich für dieses Buch entschieden haben!

Julia Kistner, im Oktober 2014

Symbolerklärung

Auf mögliche (versteckte) Kosten, typische Preisbeispiele oder auch günstige Angebote und Geldtipps wird in den folgenden Kapiteln mit dem Euro-Zeichen hingewiesen.

Themen, bei denen sich aus unserer Erfahrung heraus sehr leicht Probleme auftun, beziehungweise wo Fallen lauern können, wurden mit „Achtung" hervorgehoben.

Besonders interessante Ratschläge aus der Praxis, informative Webadressen oder auch Kontaktadressen wurden dabei als „Tipp" gekennzeichnet.

Hier erfahren Sie zum jeweiligen Thema vertiefende Hintergrundinformationen.

Jetzt erst recht! Anlegen und investieren mit 50+

- So machen Sie noch mehr aus Ihrem Geld!
- Musterportfolio 50+
- Anlegen fürs Enkerl

FAUSTREGEL:

Um im Alter monatlich 1.000 Euro zusätzlich zur staatlichen Pension zur Verfügen zu haben, gilt es, zuvor ein Vermögen von rund einer halben Million Euro aufzubauen.

Quelle: Österreichischer Verband Financial Planners

Private Haushalte konzentrieren sich auf wenige Anlageformen
Präferenz für Sicherheit und Liquidität

Sparform	% der Haushalte, die veranlagt sind in ...
Girokonto	100%
Spar- und sonstige Einlagen	87%
Lebensversicherungen	38%
Investmentfonds	10%
Aktien	5%
Anleihen/verzinsliche Papiere	3%

OenB, 2013

Der Reichtum der österreichischen Haushalte >502,5 Milliarden Euro!

Bestand in Millionen Euro

Bargeld	19.806
Einlagen	215.836
Geldmarktpapiere	815
langfristige verzinsliche Wertpapiere	42.476
börsennotierte Aktien	18.491
sonstige Anteilspapiere	47.717
Investmentzertifikate	43.430
(Lebens-)Versicherungsansprüche/Kapitalgedeckte Pensionsansprüche	142.479
Sonstige Forderungen/inkl. Finanzderivate	11.520

Geldvermögen insgesamt 502.568

Quelle OeNB, FMA, 1.Quartal 2014

Demographische Alterlast
Verhältnis von über 65-Jährigen an den 20- bis unter 65-jährigen

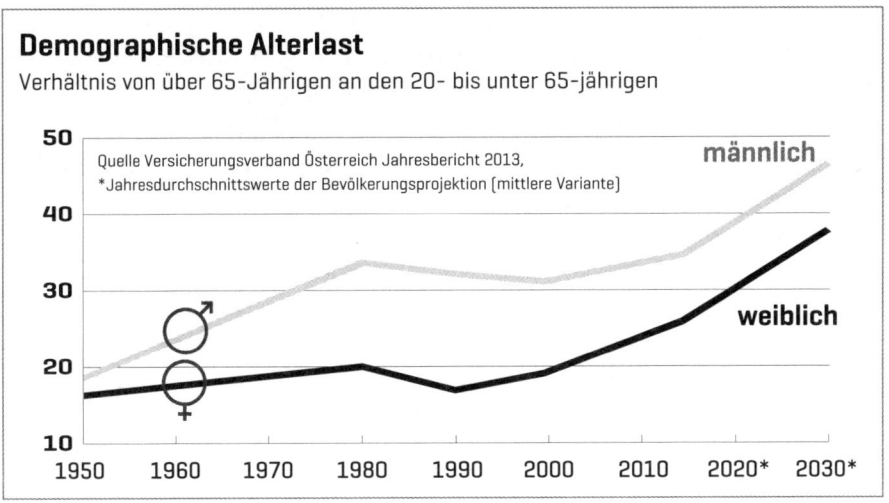

Konstanter Anstieg der Lebenserwartung
Lebenserwartung von Neugeborenen im Jahr...

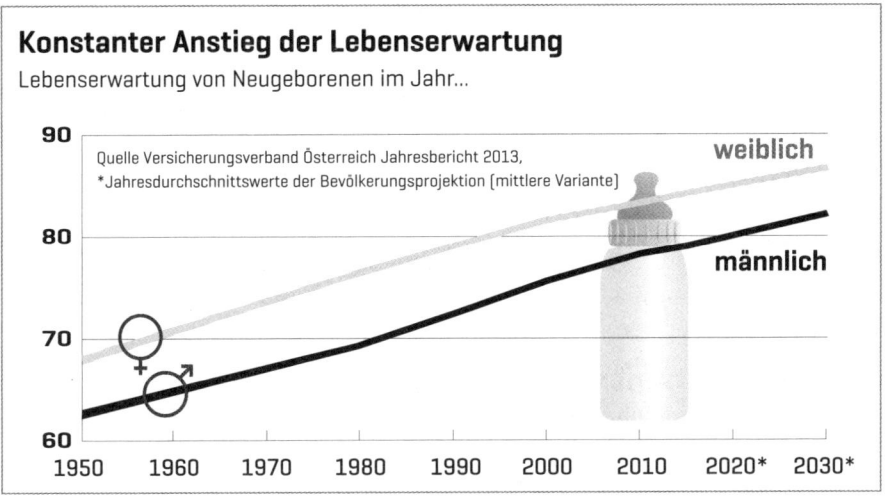

Demografischer Wandel – ein Megatrend auch in Österreich
Bevölkerung nach Alter (Millionen)

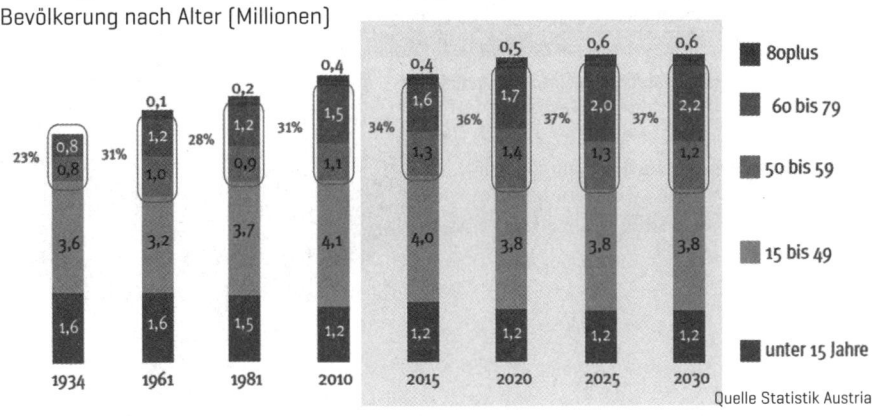

Quelle Statistik Austria

Was heißt, mit 50 Jahre lohnt sich Eigenvorsorge nicht mehr? Wo Sie doch in diesem zarten Alter heute im Schnitt noch eine Lebenserwartung von über 30 Jahren haben. Denken Sie ruhig einmal als Erstes an sich! Genau darum geht es vor allem in diesem ersten Kapitel: Um Ihre Eigenvorsorge für den kostbaren Rest Ihres noch bewegten Lebens und was Sie dann vielleicht noch ihrem Enkerl oder anderen lieben Verwandten vermachen können.

Natürlich wird man mit dem Alter vorsichtiger und das sollte man auch, erst recht bei der Geldanlage. Denn bloß keine allzu großen Verluste bauen ist jetzt die Devise. Vermögen bewahren, selbst wenn man dafür auch Risiko eingehen muss!

Risiko und Sicherheit sind seit der Finanzkrise ohnehin neu zu definieren. Was ist denn noch sicher? Sparbücher? Bis 100.000 Euro pro Person und Institut gibt es die staatlich garantierte Einlagensicherung. Was aber, wenn dem Staat – wie in Spanien einfällt, Spareinlagen – und nicht nur die erwirtschafteten Zinsen – zu besteuern?

Auch haben viele Staaten – von USA bis Österreich – die beste Bonitätsnote AAA verloren. Als sichere Basisinvestments rücken an Stelle von einzelnen Staatsanleihen Schuldverschreibungen supranationaler Organisationen (hier haften viele Staaten gemeinsam) oder Hypothekenpfandbriefe, die durch einen Deckungsstock aus soliden Hypothekarkrediten abgesichert sind.

Entsprechend ist auch die Anlagepyramide für Anleger über 50 Jahre stärker auf Sicherheit ausgelegt (siehe Grafik).

Konkrete Anlagevorschläge finden Sie ihm Unterkapitel „Musterportfolios für 50+".

Neue sicherheitsorientierte Anlagepyramide
... abseits von Immobilienbesitz

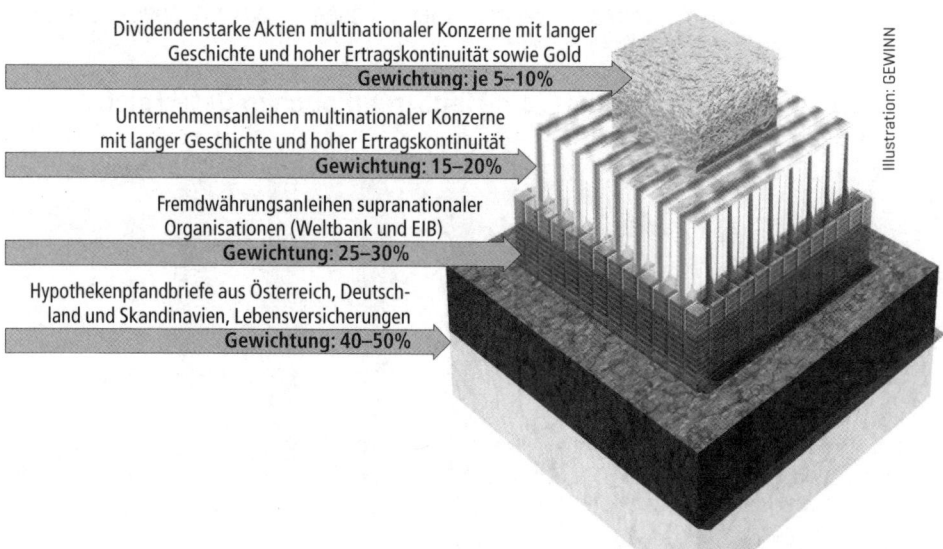

Dividendenstarke Aktien multinationaler Konzerne mit langer Geschichte und hoher Ertragskontinuität sowie Gold
Gewichtung: je 5–10%

Unternehmensanleihen multinationaler Konzerne mit langer Geschichte und hoher Ertragskontinuität
Gewichtung: 15–20%

Fremdwährungsanleihen supranationaler Organisationen (Weltbank und EIB)
Gewichtung: 25–30%

Hypothekenpfandbriefe aus Österreich, Deutschland und Skandinavien, Lebensversicherungen
Gewichtung: 40–50%

Illustration: GEWINN

Bevor Sie sich nun aber beherzt an den Aufbau Ihrer privaten Altersvorsorge wagen: hier noch ein Hinweis auf generelle kapitale Fehler der Österreicher bei der Geldanlage – zum Nachdenken, nicht zum Nachmachen ...

Die fünf Todsünden der Anlage

Zu wenig diversifiziert
Viele österreichische Privatanleger stecken ihr Geld nur in eine einzige Asset-Klasse oder Währung oder gerade einmal in drei Anlageprodukte. Das erhöht das Anlagerisiko, auch wenn es sich um vermeintlich sichere Investments in Gold oder Vorsorgewohnungen handelt.

Zu stark heimatverbunden
Heimatverbundenheit ist im Grunde nichts Schlechtes. Schließlich kennt man die heimischen Unternehmen gut. Doch alles auf einen Finanzmarkt zu setzen, birgt ein nicht zu unterschätzendes Klumpenrisiko. Das umso mehr, als die Wiener Börse ein vergleichsweise kleiner Finanzplatz, eng mit Osteuropa verwoben und daher sehr schwankungsanfällig sein kann.

Zu wenig global investiert
Als Europäer ist man hier auch am stärksten investiert. Die Schwellenstaaten holen auf, daher gehören sie auch ins Portfolio. Auch wenn China nicht mehr im Schnitt zehn Prozent und mehr wächst – 7,5 Prozent sind immer noch deutlich mehr als in den entwickelten Industriestaaten. Die Österreicher sind beim Anlegen auch zu Amerika-feindlich.

Zu wenig aktiv
Viele Privatanleger kaufen beziehungsweise verkaufen ihre Kapitalanlagen selten oder nie. Die wenigsten passen ihre Kapitalanlagen regelmäßig (mindestens einmal im Quartal) an die geänderten konjunkturellen Rahmenbedingungen oder auch an geänderte persönliche Bedürfnisse an. Wenn man mal zweistellige Verluste eingefahren hat, fehlt dann meist der Mut, den Schlussstrich zu ziehen.

Spesen zu wenig berücksichtigt
Gerade bei kleineren Anlagebeträgen sollte man bei mageren Renditen stärker auf die Spesen achten, die hier mehr ins Gewicht fallen. Fünf Prozent Ausgabeaufschlag heißt, man muss 10.500 Euro für Fondsanteile hinlegen, wenn man 10.000 Euro anlegen möchte. Dazu eine jährliche Verwaltungsgebühr von 1,5 Prozent, vielleicht Depotkosten von 0,144 Prozent und 20 Euro für die Kontoführung ...

Gute Finanzberatung: Wem kann ich vertrauen?

Sie suchen professionelle Hilfe oder wollen für die Geldveranlagung nicht so viel (Frei-)Zeit aufwenden? Dann sollten Sie sich in Ruhe nach einem Finanzberater Ihres Vertrauens umschauen – er muss nicht von Ihrer Hausbank sein.

Grundsätzlich müssen Finanzdienstleister, die in Österreich ihre Dienste anbieten, über eine geeignete Konzession verfügen. Nur dann ist es ihnen gestattet, ihre Kunden über Geldanlage zu beraten, Kundengelder zu verwalten oder den Kauf und Verkauf von Finanzinstrumenten zu vermitteln. Ob ein Unternehmen über eine Konzession für Österreich verfügt bzw. ob ein selbständiger Berater wirklich im Namen eines konzessionierten Finanzdienstleisters tätig ist, lässt sich bei der Finanzmarktaufsicht, die für deren Überwachung zuständig ist, abfragen (www.fma.gv.at unter „Anbieter" oder +43 (0)1/249 59-0).

Mit der Finanzkrise und den vielen hausgemachten Skandalen (Meinl European Land, AVW-Genussscheine, AMIS, AWD usw.) ist die Finanzdienstleisterbranche in Verruf geraten. Jetzt wird kräftig daran gearbeitet, den Ruf wiederherzustellen. Die Qualität der 6.700 verbliebenen Finanzdienstleister (vor der Krise waren es 12.500) habe sich sehr verbessert, betont Wolfgang Pöschl, Vorsitzender des Ehrenschiedsgerichts des Fachverbands der Finanzdienstleister. Dieser vergibt seit Neuestem ein Gütesiegel. Die aktuelle Liste und auch die Voraussetzungen für die Auszeichnung finden Sie unter www.wko.at/pro-kunden. Der Fachverband Finanzdienstleister hat auch ein außergerichtliches Ehrenschiedsgericht zur Wahrung dieser Berufsrechte eingerichtet, dem sich die Träger des Gütesiegels freiwillig unterwerfen und bei Verstoß auch Strafe zahlen. An diese außergerichtliche Schlichtungsstelle können sich Anleger ohne Kosten richten, wenn gegen die Standes- und Ausübungsregeln verstoßen wird. Zusätzlich gibt es im Fachverband Finanzdienstleister einen Ombudsmann.

Vielleicht schmückt sich Ihr Berater auch mit einem weiterem Gütesiegel, dem CFP-Zertifikat vom Financial Planning Standards Board, kurz FPSB. Was steckt hinter der Zertifizierung? Eine zweijährige Ausbildung zum Certified Financial Planner in diverse Themen, vom Portfolio-, und Nachfolgemanagement bis hin zu Steuerrecht, die dem Berater 60.000 bis 80.000 Euro wert ist und die regelmäßig mit Besuchen von Weiterbildungsseminaren aufgefrischt werden muss. In Österreich gibt es rund 300 CFPs (Mitglieder unter www.cfp.at).

Die Qualifikation ist eines, die Honorigkeit steht auf einem anderen Blatt geschrieben – wobei oben genannte Gütesiegel bei Verstößen natürlich wieder aberkannt werden. Eine der häufigsten Maschen von dubiosen Finanzberatern ist es, ihre potenziellen Kunden unter Zeitdruck zu setzen. Bei Aussagen wie „. . . man muss jetzt investieren, weil sich so eine Chance nie mehr wieder ergibt . . ." sollte man daher äußerst hellhörig werden. „Einzigartige" Chancen gibt es immer wieder!

Ungeniert erkundigen sollte man sich ruhig nach den Provisionen des Beraters. Dabei sollte man skeptisch werden, wenn diese die marktüblichen Werte deutlich übersteigen. Seit Einführung der sogenannten MiFID-Richtlinie sind Berater dazu gezwungen, ihre Verkaufs- und Bestandsprovisionen dem Kunden gegenüber bekannt zu geben. Wobei es hier auf den Umfang der Beratungsleistung ankommt. Eine Gesamtplanung eines Financial Planners kostet bis zu 4.000 Euro, wobei dies damit begründet wird, dass er auch andere Experten wie Juristen und Steuerberater für spezielle Fachfragen heranziehen muss und sich bis zu einem Monat oder mehr an Zeit nehmen muss, um den Gesamtplan zu erstellen.

So nett Ihr Berater auch sein mag: Holen Sie sich mehrere Angebote ein! So entwickelt man sehr schnell ein Gespür dafür, welche Renditechancen mit welchem Risiko verbunden sind – und unseriöse Angebote werden damit schnell entlarvt.

Vorsicht ist jedenfalls geboten, wenn Anlageformen mit hohem zweistelligen Ertragspotenzial als „sicherer Sparbuchersatz" verkauft werden.

Das Wirtschaftsmagazin GEWINN, www.modern-banking.at oder auch www.durchblicker.at geben einen Überblick über das aktuelle Zinsniveau auf Sparbüchern und Tagesgeldkonten. Liegen die versprochenen Erträge der angebotenen Anlagemöglichkeit deutlich über den Sparzinsen, ist damit in der Regel auch ein deutlich höheres Risiko verbunden.

Ein seriöser Berater erstellt mit Ihnen auch ein persönliches Risikoprofil und händigt Ihnen Angebote und Vertragsunterlagen aus, mit denen man dann eine zweite Meinung einholen und die Renditen beziehungsweise Kosten auf ihre Plausibilität hin überprüfen kann.

Besonders skeptisch sollten Sie bei Zeitungsinseraten sein, die etwa eine steuerschonende Veranlagung auf Gibraltar versprechen. Verdächtig sind auch Hochglanzprospekte ohne aussagekräftige Fakten! Die wirklich interessanten Fakten stehen meistens nur in den nach außen hin „faden" umfassenden Prospekten, in denen die detaillierten Informationen zum Anlagevehikel in Kleinstschrift enthalten sind. Da ist aufgelistet, wer im Extremfall haftet, welches Risiko tatsächlich drin steckt, welche Gebühren damit verbunden sind etc. Bestehen Sie darauf, mit dem Berater das umfangreiche Prospekt durchzugehen und sich den Inhalt im Detail erklären zu lassen, bevor Sie unterschreiben.

Gesunde Skepsis ist auch bei Empfehlungen aus dem Bekanntenkreis angebracht! Speziell, wenn Bekannte, vor allem solche, die man lange nicht gesehen hat, mit einer „einzigartigen Anlagemöglichkeit", über die sonst niemand was weiß, auf einen zukommen. Nicht selten sind diese Bekannten Opfer eines Schneeballsystems geworden und werben neue Opfer, ohne es zu wissen.

Bei mangelnder Transparenz und übertriebener Geheimniskrämerei sollten die Alarmglocken läuten. Vorsicht auch bei einem extrem aggressiven Vertrieb. Hier gilt die alte Weisheit „Wer angibt, der hat's nötig".

Wie Sie jetzt erst recht mehr aus Ihrem Geld machen!

Vertrauen in den Finanzberater ist gut, Kontrolle ist besser. Dabei geht es gar nicht so darum, dem Finanzberater über die Schultern zu schauen oder ihn gar ganz einzusparen. Ein gutes Basiswissen über Veranlagungsmöglichkeiten hilft vor allem, ihm die eigenen Vorstellungen und Wünsche besser kommunizieren zu können, wie Sie Ihr kleines oder großes Vermögen veranlagt haben möchten.

Im Folgenden finden Sie typische Anlagestrategien, mit denen Sie für sich selbst, aber auch fürs Enkerl vorsorgen können.

Vorsorgen mit Renten- und Lebensversicherung

In Österreich gibt es 9,8 Millionen abgeschlossene Lebensversicherungsverträge und es dürften heuer wieder um einige mehr werden. Denn die Regierung machte es wieder möglich: Personen ab 50 Jahren dürfen wieder zehn Jahre steuerbegünstigt ihr Geld in die Lebensversicherung oder Rentenversicherung (hier wird nicht auf einen Kapitalbetrag, sondern auf eine lebenslange Rente angespart) anlegen. Bisher musste der Vertrag 15 Jahre laufen, damit nur die begünstigte Versicherungssteuer von vier Prozent (kürzere Laufzeiten elf Prozent) anfällt. Seit März 2014 sind auch wieder zehnjährige Verträge möglich. Das macht sie für alle älteren Semester als Sparform rein psychologisch schon interessanter.

Nun gibt es verschiedene Varianten von Einmalerlägen in die Lebensversicherung:

- eine klassische Lebens- bzw. Rentenversicherung,
- eine fondsgebundene und die
- indexgebundene Lebensversicherung.

> **„** Altersweisheit gibt es nicht. Wenn man altert wird man nicht weise, nur vorsichtig. **„**
>
> **Ernest Hemingway**
> **(1899–1961)**

Renditeturbos sind klassische Rentenversicherungen nicht gerade. Der Garantiezins für heimische Lebensversicherungen soll 2015 voraussichtlich von 1,75 auf 1,50 Prozent sinken, was die erwarteten Erträge der kommenden 15 bis 25 Jahre weiter senkt. Dazu kommt allerdings noch die Gewinnbeteiligung, so dass man laut Österreichischer Versicherungswirtschaft 2013 noch auf eine durchschnittliche Gesamtverzinsung von 3,25 Prozent kam, die in Zukunft aber deutlich niedriger liegen wird.

Der unschätzbare Vorteil von Lebensversicherungen liegt aber ohnehin woanders: Sie bieten eine garantiert lebenslange Rente. Egal, wie alt man wird. Die Rentenversicherung ermöglicht selbst im Fall des Ablebens die Absicherung der Erben über Hinterbliebenenrente.

Ob man nun eine klassische Rentenversicherung wählt oder eine prämienbegünstigte Zukunftsvorsorge (siehe nächster Punkt), ist dabei Geschmackssache.

Was einzuzahlen ist und welche Rente man erwarten kann, wenn man auf ein Kapital von 100.000 Euro über 20 Jahre anspart, hat die s-Versicherung für GEWINN berechnet: Wer beispielsweise mit 50 Jahren startet, muss dafür Monat für Monat 186 Euro in die klassische Rentenversicherung (s Privat-Pension) einbezahlen. Bei der Zukunftsvorsorge (s Privat-Pension mit Prämien-Plus) sind's monatlich 167 Euro.

Lässt man sich daraus ab dem 70. Lebensjahr monatlich eine Rente auszahlen, wird dafür heute schon eine Rentenhöhe über 268 Euro bei der klassischen s Privat-Pension beziehungsweise 203 Euro bei der s Privat-Pension mit Prämien-Plus garantiert. Prognostiziert (das heißt Garantie plus zusätzlich erwirtschaftete Gewinne) wird in beiden Fällen eine Rente von etwa 430 Euro monatlich, bei einer jährlichen Rentensteigerung von derzeit 0,25 Prozent. Weitere Rechenbeispiele finden Sie im Kapitel 2.

Wer über 20 Jahre monatlich 268 beziehungsweise 203 Euro einbezahlt, um lebenslang 430 Euro pro Monat zusätzlich zu kassieren, erhält ab 84 Jahren mehr ausbezahlt, als er eingelegt hat. Im Fall der Zukunftsvorsorge auch noch gänzlich steuerfrei.

Anmerkung: Diese Berechnung basiert auf den aktuellen Ergebnissen in der Lebensversicherung in der Niedrigzinslage, ist also eine eher vorsichtige Prognose.

Wie man sieht, muss man bei der Zukunftsvorsorge etwas weniger einzahlen, um auf die 100.000 Euro Pensionskapital zu kommen. Das liegt vor allem am Nichtvorhandensein der Versicherungssteuer von vier Prozent und auch an der staatlichen Prämie bei der Zukunftsvorsorge.

Wer dagegen auf möglichst garantierte Renten Wert legt, fährt mit der Rentenversicherung meist besser: Denn nur wenige Zukunftsvorsorgeanbieter garantieren überhaupt heute schon eine bestimmte Rentenhöhe. Und selbst wenn dies der Fall ist – wie hier im Beispiel die s Versicherung –, fällt die Garantie üblicherweise etwas geringer aus als bei der klassischen Lebensversicherung mit ihrem garantierten Rechnungszins. Der Garantiezins sinkt 2015 von 1,75 auf 1,5 Prozent.

Bei den meisten Versicherungen kann man jetzt auch fondsgebundenen Lebensversicherungen Seite 11 mit der kürzeren, zehnjährigen Laufzeit abschließen. Man sollte aber bedenken, dass sie bei einer kürzeren Laufzeit mögliche Einbrüche an den Börsen kaum wettmachen können und die Fonds genau zu Laufzeitende – stürme es gerade auf dem Kapitalmarkt, was es wolle – abgerechnet werden. Deshalb ist zumindest nahe dem Ende der Laufzeit, eine (möglichst kostenlose Umschichtung in eine) defensive Strategie zu empfehlen.

Oder man setzt gleich auf ein Produkt wie den SmartGarant der Donau Versicherung oder die „Edition 50plus flexibel" der Wiener Städtischen, wo man selbst bestimmen kann, wie abgesichert die Veranlagung sein soll. Eine Zwischenlösung wäre beispielsweise der Generali LifePlan, der eine fondsorientierte Lebensversicherung mit wählbarem Anteil klassischer Lebensversicherung (maximal 50 Prozent) bietet.

Bei der dritten Variante, der indexgebundenen Lebensversicherung, waren Anfang September 2014 alle als Tranchenprodukte auf 15 Jahre laufend konzipiert. Es gibt sie also nicht mit kürzerer, zehnjähriger Laufzeit. Das erstaunt nicht weiters, den investiert wird in spezielle Garantiekonstruktionen mit einer dahinterstehenden Anleihe (einer Großbank wie der Bank Austria im Fall der ERGO, der RBI im Fall der UNIQA bzw. der Erste Bank im Fall der s Versicherung), die selbst längere Laufzeiten haben. Ein kompletter, frühzeitiger Ausstieg nach zehn Jahren ist daher zumindest schwierig, auch wenn keine Strafsteuer seitens des Staates droht.

Apropos Strafsteuer: Wer zwischen Juli 2011 und Februar 2014 eine Lebensversicherung mit 15 Jahren Laufzeit abgeschlossen hat, und jetzt auch nach zehn Jahren aussteigen muss, muss dennoch eine Strafsteuer (elf statt vier Prozent Versicherungssteuer) berappen. Bei älteren Verträgen bleibt man davon jetzt zwar verschont, nur: Wie bei jedem frühzeitigen Ausstieg verrechnen die Versicherungen auch hier Abschläge, wenn man nicht die vereinbarten 15, sondern nur zehn Jahre investiert bleibt.

Die Rückkaufproblematik beim vorzeitigen Ausstieg aus dem Versicherungsvertrag hat man bei allen Lebensversicherungsvarianten: Ob klassische, fonds- oder indexgebundene Lebensversicherung oder Rentenversicherung.

Die Lebensversicherungen dürften jedenfalls zu den Gewinnern der allgemeinen Pensionsverunsicherung zählen und den aus den Finanznöten der Staaten geborenen Pensionsreformen, die da mit Sicherheit noch kommen. Die Branche rechnet trotz sinkendem Garantiezinssatz mit vermehrten Abschlüssen.

Rentenversicherungen im Vorsorgecheck

- Laufzeit mindestens zehn Jahre
- Risikoklasse: sehr geringes Risiko (zumindest 100 Prozent Kapitalgarantie)
- Renditeerwartung: etwa ein bis vier Prozent netto pro Jahr
- vorzeitige Veräußerbarkeit: nur mit Abschlägen

Vorsorgen mit der Zukunftsvorsorge

Eine spezielle Form der Lebensversicherung ist die staatlich geförderte Zukunftsvorsorge. Sie hat einen schlechten Ruf wegen der bisher bescheidenen Performance. Laut FMA hat die Durchschnittsperformance der über 1,5 Millionen Zukunftsvorsorge-Versicherungsprodukte 2013 magere 1,27 Prozent betragen.

Doch mit August 2013 wurden die gesetzlich vorgeschriebenen Anlagebestimmungen geändert, damit jetzt vernünftigere Renditen herausschauen können. Die starren Mindestaktienquoten wurden abgeschafft und durch eine Bandbreite von 15 bis 60 Prozent Aktienanteil für unter 50-Jährige und eine Bandbreite von fünf bis 50 Prozent für Ältere ersetzt. So lässt sich besser auf mögliche Einbrüche auf dem Kapitalmarkt reagieren. Bisher wurde auch vor allem der österreichische Kapitalmarkt durch die Anlagebestimmungen gefördert. Jetzt dürfen auch 40 Prozent der Aktien weltweit angelegt werden.

Die Wiener Städtische und die Donau Versicherung überlassen es dem Kunden selbst, wie viel sie in Aktien investieren wollen. Sie bieten drei Modelle, zwischen denen man auch wechseln kann: die gesetzlich vorgegebenen Mindestquoten (also

Drei Formen der Lebensversicherungen

○ **Klassische Leben:** Hier wird der Einmalerlag von der Lebensversicherung veranlagt. Das investierte Geld kommt – abzüglich Spesen und Steuern! – in einen Topf, den „Deckungsstock" der Versicherung. Von dieser Summe garantiert die Versicherung eine jährliche Verzinsung (aktuell 1,75 Prozent, ab 2015 1,5 Prozent). Darüber hinaus gibt es je nach Ertragslage eine Gewinnbeteiligung für die Versicherten. Die Rentenversicherung funktioniert im Prinzip gleich, nur wird statt auf einen Kapitalbetrag zu Laufzeitende auf eine lebenslange Altersrente angespart. In der Rentenphase kann die Rente nicht mehr sinken, obwohl die Lebenserwartung ständig steigt.

○ **Fondsgebundene Leben:** Hier steckt die Versicherung die Vertragsgelder nicht in ihren eigenen Deckungsstock, sondern sie fließen in Fonds (verbundener Fondsgesellschaften). Hier kann kein bestimmter Betrag und auch keine fixe Rente garantiert werden – der Erfolg hängt von der Entwicklung der Fonds ab. Dafür sind auch die Ertragschancen besser.

○ **Indexgebundene Lebensversicherung:** Hier wird der Einmalerlag in einer Konstruktion von Garantiezertifikat und Anleihe investiert, deren Rendite beispielsweise von der Entwicklung eines europäischen Aktienindex abhängt. Garantiegeber ist nicht die Versicherung, sondern eine Bank. Je besser die Bonität der Bank desto geringer die Rendite und das Risiko – böse Überraschungen gab es 2008 nach der Pleite der Investmentbank Lehman, die auch für einige wenige österreichische indexgebundene Lebensversicherungen bürgte.

15 Prozent für unter 50-Jährige und fünf Prozent für alle darüber) können vom Kunden entweder verdoppelt oder verdreifacht werden.

Die staatliche Prämie auf Einzahlungen von 4,25 Prozent blieb gleich – nachdem sie gemeinsam mit der Bausparprämie 2012 schlagartig halbiert wurde! Bis dahin lag die staatliche Förderung der Zukunftsvorsorge je nach aktuellem Zinsniveau zwischen 8,5 und 13,5 Prozent der einbezahlten Prämien. Jetzt liegt die Bandbreite zwischen 4,25 und 6,75 Prozent.

Gefördert werden 2014 Einzahlungsbeträge bis maximal 2.495,12 Euro pro Jahr. Die höchstmögliche staatliche Prämie beträgt hier 106,04 Euro für 2014.

Das besondere Extra steckt bei der Zukunftsvorsorge in den Steuerbegünstigungen. Es fällt keine Kapitalertrag- und Versicherungssteuer an. Auch der Bezug der Rente ist völlig einkommensteuerfrei. Bei der Reform wurde auch geregelt, dass Versicherte mit Altverträgen nach Ablauf der Mindestbindungsfrist von zehn Jahren ohne Steuernachteile auf die neuen Bedingungen umsteigen können.

Bei der Zukunftsvorsorge ist man gesetzlich mindestens zehn Jahre gebunden. Bei der derzeit niedrigen Zinslandschaft werden aber meist Produkte mit Bindungsdauern von zwölf bis 15 Jahren und länger angeboten (zum Beispiel bei der Generali, Wüstenrot, Helvetia, OÖ Versicherung) meist länger und die Kosten sind sehr hoch, wenn man die lange Laufzeit nicht durchhält! Die Kapitalgarantie (garantiert wird die Einzahlungssumme und die staatliche Prämie) gilt oft auch nur, wenn man sich nach Ablauf des Vertrages die angesparte Summe als Rente ausbezahlen lässt. Keinen gesetzlichen Anspruch auf Kapitalgarantie gibt es, wenn man sich das Kapital einmalig ausbezahlen lässt. Einige wenige Versicherungen (z. B. Basler, Helvetia) geben sie freiwillig. Wer sein Angespartes auf einmal zurückhaben will, muss auch die Hälfte der staatlichen Prämie zurückbezahlen und die Erträge werden nachversteuert. Womöglich gibt es auch noch Abschläge durch die Versicherung.

Zukunftsvorsorgeverträge sind ja Versicherungslösungen. Manche Versicherungen bieten beim Vertragsabschluss schon eine garantierte Mindestrente an (z. B. s Versicherung, UNIQA, Raiffeisen Versicherung) oder verwenden zumindest als Berechnungsgrundlage die zum Vertragsabschluss gültigen Sterbetafeln (z. B. Wiener Städtische und Donau, Generali, OÖ Versicherung). Bei steigender Lebenserwartung sind diese für den Anleger günstiger als jene, die zum Rentenantritt gelten werden.

„Es macht einen großen Unterschied, ob die aktuellen Sterbetafeln oder die zum Renteneintritt gültigen Sterbetafeln gelten", weiß auch Wiener-Städtische-Generaldirektor Robert Lasshofer: „In 30 Jahren kann das schon zehn oder 20 Prozent mehr oder weniger an Rente bedeuten." Und mehr als die Hälfte aller Verträge hat laut Finanzmarktaufsicht schon Laufzeiten von 30 Jahren und mehr.

Die drei Möglichkeiten, wenn der Zukunftsvorsorgevertrag ausläuft

1. Auszahlung in bar. Eine teure – weil renditemindernde Variante, da die Hälfte der staatlichen Prämie zurückzuzahlen ist. Außerdem werden die bislang steuerfreien Kapitalerträge mit 25 Prozent nachversteuert.
2. Steuerfreie Übertragung der Ansprüche auf eine andere Zukunftsvorsorgeeinrichtung.
3. Überweisung an ein Versicherungsunternehmen als Einmalprämie für eine nachweislich abgeschlossene lebenslange Pensionszusatzversicherung.

Lohnt sich der Umstieg in die „Zukunftsvorsorge Neu"

Keine Frage, die neuen rechtlichen Rahmenbedingungen seit August 2013 für Zukunftsvorsorgeverträge – gelockerte Anlagevorschriften mit flexibleren Mindestaktienquoten und mehr Investmentmöglichkeiten abseits der Wiener Börse – sind für die Anleger vorteilhafter. Diejenigen, deren (Fonds-)Zukunftsvorsorgeprodukt nach zehn Jahren bereits abläuft, können das Geld sowieso in ein neues Zukunftsvorsorgeprodukt übertragen. Laut Gesetzesnovelle haben aber auch Kunden von noch alten, laufenden Zukunftsvorsorgeprodukten das Recht, in die neue Produktgeneration nach zehn Jahren umzusteigen.

Der Umstieg in das neue Zukunftsvorsorgemodell muss gesetzlich nach zehn Jahren möglich sein und macht auch generell Sinn, da bei Börseneinbrüchen die Aktienquote verringert werden kann, was die Absicherungskosten reduziert.

Doch Vorsicht: Mit dem Umstieg können neuere, ungünstigere Sterbetafeln gelten, die Kapitalgarantie fallen und schlimmstenfalls erneut Abschlusskosten anfallen. Diesbezüglich unbedingt vor dem Umstieg erkundigen!

Zukunftsvorsorge im Vorsorgecheck

- Mindestlaufzeit: zehn Jahre
- Risikoklasse: geringes Risiko (Kapitalgarantie)
- Renditeerwartung: inklusive staatlicher Prämie (4,25 bis 6,75 Prozent p. a. des einbezahlten Betrages, abhängig vom Zinsniveau) ca. vier Prozent, Erträge und Rentenauszahlung sind steuerfrei!
- vorzeitige Veräußerbarkeit: nicht möglich
- Achtung: Steuerfreiheit und volle staatliche Prämie gibt's nur bei Auszahlung als Rente nach frühestens zehn Jahren Behaltedauer

Vorsorgen mit Fonds und ETFs

Als flexiblerer Baustein mit höheren Renditechancen, aber natürlich auch einem höheren Risiko, sind Investmentfonds ein ideales Vorsorgeinstrument bei mittleren bis längeren Laufzeiten. Im Idealfall bieten Fonds eine breite Streuung auf Einzeltitel und somit eine gute Risikostreuung. Auch muss man sich als Anleger – im Gegensatz zu Investments in Einzelaktien – nicht um lästige Formalitäten wie Rückforderung von zu viel bezahlter Quellensteuer im Ausland kümmern.

Allerdings ist man bei klassischen, aktiv gemanagten Fonds dem Können des Fondsmanagements ausgeliefert (nicht bei Passivfonds, die mehr oder weniger exakt Indizes folgen). Studien zeigen hier, dass Stock-Picking und Markt-Timing nur in den seltensten Fällen höhere Erträge als der zugrunde liegende Vergleichsindex bringen. Über 80 Prozent der Investmentfonds schneiden regelmäßig schlechter ab, als die zugrunde liegende Benchmark. Zudem kosten Fonds mehr als ihre Veranlagungsalternative, Exchange Traded Fonds (ETFs).

Alternative: Index-ETFs

Exchange Traded Fonds (ETFs) sind in jedem Fall kostengünstiger als klassische Fonds, da ohne Management, deshalb nicht unbedingt weniger ertragreich. Und es gibt auch für börsennotierte Index-ETFs (Exchange Traded Funds) beispielsweise bei direktanlage.at bereits günstige Sparpläne. Auch der mit 66 Milliarden US-Dollar drittreichste Mann der Welt, Warren Buffett, hat in seinem Testament festgehalten, dass seine Frau nach seinem Tod 90 Prozent seines privaten Vermögens in einen passiven Indexfonds (ETF) investieren soll, der einfach eins zu eins den US-Aktienmarkt anhand des S&P500-Index abbildet. Die restlichen zehn Prozent sollten in US-Staatsanleihen angelegt werden. Buffett ist der Ansicht, dass dieser einfache ETF langfristig ertragreicher sein wird als herkömmliche Investmentfonds oder Vorsorgeprodukte, die von hoch bezahlten Managern aktiv verwaltet werden.

Die laufenden Verwaltungsgebühren pro Jahr liegen bei ETFs oft bei 0,2 Prozent, während die Management-Fee bei einem üblichen Aktienfonds durchaus 1,50 Prozent, bei Dachfonds zwei Prozent und mehr betragen kann.

Um sich breit aufzustellen, sollte ein Indexfonds eine ganze Anlageklasse oder Anlagekategorie abdecken. Für Aktien kommt dabei ein MSCI-World-(Welt-Aktienindex-)ETF in Frage, der gleich 1.610 Aktien aus 23 entwickelten Börsen abdeckt. Spekulativ könnte man noch einen ETF auf den 21 Schwellenländer enthaltenden MSCI-Emerging-Markets-Index beimischen (siehe Tabelle, „Index-ETFs").

Wer breit in Anleihen investieren will, kann hier ebenso zwischen gemanagten Fonds und ETFs, die einem Index folgen, wählen. Generell ist es derzeit aufgrund der vorherrschenden Niedrigzinsphase schwieriger, eine lohnenswerte Rendite mit Anleihen zu erzielen. Zehnjährige österreichische Bundesanleihen werfen nur noch 1,65

Breit aufgestellte Fonds und ETFs
(gereiht nach Fünf-Jahres-Performance)

	ISIN	Performance 5 Jahre (kumuliert)	Management-Fee in % p. a.	Währung
Index-ETFs				
DBXT MSCI World TRN I.ETF 1C	LU0274208692	111,48%	0,35%	USD
DBXT MSCI Em. Mkt. TRN I.ETF 1C	LU0292107645	70,89%	0,45%	USD
iShares J.P. Morgan $ Em. Mar.B.U.ETF	DE000A0RFFT0	59,50%	0,45%	USD
iShares MSCI World EUR Hedged UCITS ETF	IE00B441G979	k. A.	0,45%	EUR
iShares MSCI ACWI UCITS ETF	DE000A1JS9A4	k. A.	0,60%	USD
Lyxor UCITS ETF iBoxx EUR LIQ.H.Y.30 EX	FR0010975771	k. A.	0,45%	EUR
Globale Aktienfonds-Dauerbrenner und Klassiker				
Templeton Growth Euro Fd.A Ydis	LU0188152069	112,80%	1,00%	EUR
Robeco	NL0000289783	96,81%	1,00%	EUR
DJE - Dividende & Substanz P	LU0159550150	60,08%	1,32%	EUR
DWS VermögensbildungsFonds I	DE0008476524	53,32%	1,45%	EUR
Interessante Dach-/Mischfonds u. Total-Return-Produkte				
R Club C	FR0010541557	96,36%	1,50%	EUR
Pioneer Investm. Total Return A DA	LU0149168907	74,00%	0,90%	EUR
Value Investment Fonds Klassik A	AT0000654652	58,94%	1,50%	EUR
PIA - Komfort Invest dynamisch T	AT0000801089	57,79%	1,68%	EUR
DWS Concept ARTS Dynamic	LU0093746393	55,65%	1,85%	EUR
Schoellerbank Global Pension Fonds T	AT0000820550	52,20%	0,80%	EUR
Raiffeisenfonds Wachstum A	AT0000811609	50,27%	1,50%	EUR
Raiffeisen Gl. Mix T	AT0000805379	48,24%	1,25%	EUR
C-Quadrat Arts Total Return Global-AMI	DE000A0F5G98	45,19%	2,00%	EUR
Globale High-Yield-Bond-Funds und Emerging-Markets Bond-Funds				
GS Gl.High Yield Pf.Base USD Dis	LU0083912112	111,94%	1,10%	USD
CS BF (Lux) High Yield USD B	LU0116737759	109,17%	1,20%	USD
BGF Global High Yield Bond A1 USD	LU0171284770	108,59%	1,25%	USD
ABD Gl. Sel. EM BF A2 USD	LU0132414144	87,73%	1,50%	USD
Invesco Emerging Markets Bond A	IE0001673817	82,27%	1,00%	USD

k. A. = keine Angaben Quellen: FIAP, www.fondsprofessionell.at, Anbieter, div. Datenbanken; Datenerhebung per 11. 4. 2014

Prozent pro Jahr ab. Selbst spekulativere, portugiesische zehnjährige Staatsanleihen bringen derzeit nur 3,90 Prozent p. a.

Auch ist die Gefahr langfristig steigender Zinsen nicht zu unterschätzen, weshalb europäische und vor allem US-amerikanische Staatsanleihen derzeit keine gute Vorsorgeidee sind. Wer dennoch zwecks Risikostreuung auch auf Anleihen setzen möchte: Entweder man parkt das Geld in Hoffnung auf baldige Zinsanstiege in kurzlaufende heimische Bundesschätze (Verzinsung siehe auf www.bundesschatz.at) oder man geht ein höheres Risiko mit Schwellenländeranleihen (vorwiegend Staatsanleihen) und High-Yield-Bonds (von Emittenten mit schlechterer Bonität) ein. Beide Anlagekategorien können über ETFs abgedeckt werden, wobei professionell gemanagte Fonds hier tatsächlich outperformen.

Fonds und ETFs im Vorsorgecheck

- geeignet für Laufzeiten ab fünf Jahre
- Risikoklasse: mittleres bis hohes Risiko
- Renditeerwartung: globale Rentenfonds zwei bis drei Prozent p. a., ausgewogene Misch- und Dachfonds drei Prozent p. a., EM- und High-Yield-Bond-Fonds drei bis vier Prozent p. a., Aktienfonds fünf bis sieben Prozent p. a.
- vorzeitige Veräußerbarkeit: gut

Spart man in einen Fonds viele Jahre lang an, flacht der Cost-Average-Effekt (günstigere Einkaufspreise der Fondsanteile durch die Kursschwankungen) mit fortschreitender Ansparung ab. Logisch: Die angesparte Summe wird mehr. Neue Anteile, die man immer um den selben Betrag zukauft, fallen immer weniger ins Gewicht.

Daher sollte das Portfolio alle paar Jahre auf ein ausgewogenes Verhältnis zwischen Aktien und Anleihen ausbalanciert beziehungsweise Fonds ausgetauscht werden, deren Performance zuletzt stark enttäuscht hat.

Eine ideale Ausgangsbasis wären bei ausgewogenen Anlegern 50 Prozent Aktien und 50 Prozent Anleihen. Wer dynamisch agiert, setzt auf 75 Prozent Aktien und 25 Prozent Anleihen.

Die risikoreichere Anlage sollte gegen Ende der Laufzeit jedenfalls stufenweise reduziert werden.

Vorsorgen mit Aktien und Anleihen

Wer schon Börsenerfahrung hat und sich gerne laufend damit beschäftigt – vielleicht als neue interessante Lebensaufgabe –, kann direkt in Anleihen und Aktien investieren. Das erspart Ausgabeaufschläge und Managementgebühren der Fondsgesellschaft, erhöht allerdings das Veranlagungsrisiko.

Selbst dann, wenn man ähnlich viel Erfahrung wie ein Fondsmanager mitbringt – es mangelt oft an genügend Veranlagungskapital, um das Risiko auf verschiedene Wertpapiere zu streuen.

Die Strategie macht nur Sinn, wenn man etwa ab 30.000 Euro aufwärts investieren kann, damit man auch das Verlustrisiko durch Investments in unterschiedliche Wertpapiere streuen kann.

Dabei sollte man nicht wahllos nach Lust, Laune und Liebe zum Unternehmen Aktien kaufen, sondern sich ein einfaches strategisches Gerüst aufbauen.

Man investiert etwa die Hälfte in bewährte Aktiendauerbrenner, mindestens 30 Prozent in Anleihen der langfristig härtesten Währungen außerhalb des Euro (etwa in Schweizer Franken oder US-Dollar). Der Rest könnte als spekulativer Rendite-Turbo in Hochzinswährungsanleihen supranationaler Organisationen wie die Weltbank gesteckt werden.

Der Vorteil von Papieren supranationaler Organisationen: Die Weltbank (IBRD) beispielsweise hat 188 Mitgliedstaaten, was das Emittentenrisiko faktisch ausschaltet. Bleibt das Währungsrisiko, dem auf der anderen Seite die Hoffnung auf stabile bis steigende Fremdwährungen entgegensteht.

Wer sich in Hochzinswährungen wagt (diese Staaten zahlen nicht freiwillig höhere Kupons), sollte sich die volkswirtschaftlichen Daten des jeweiligen Landes (Leistungsbilanz, Budgetdefizit, Staatsschuldenquote, Demographie) anschauen. Bei hochverschuldeten Ländern mit einem hohen Leistungsbilanzdefizit ist die Wahrscheinlichkeit, dass sich die Währung schnell und vor allem dauerhaft erholt, gering.

Bei Hochzinsanleihen sollte man jedenfalls kürzere Laufzeiten wählen!

Stabilität ins Depot bringen solide Aktien von global tätigen Konzernen. Die wichtigsten Kriterien sind dabei Sicherheit und Ertragskontinuität. Sicherheit drückt sich in niedrigen Schwankungen der Kurse, Messzahl ist die Volatilität, aus. Relativ sicher sind somit innerhalb des S&P-500-Index jene 100 Aktien bzw. jenes Fünftel mit der niedrigsten Volatilität, dessen Wertentwicklung am S&P-500-Low-Volatility-Index gemessen wird.

Innerhalb dieser Gruppe sind vor allem Dividendenkaiser interessant, die in der Lage waren, über viele Jahre nicht nur Gewinne an die Anleger auszubezahlen, sondern ihre Dividendenausschüttungen auch noch jedes Jahr hintereinander zu steigern. Beispiele dieser spannenden Investmentkandidaten – dazu zählen etwa eine Nestlé oder Royal Dutch Shell – finden Sie am Ende des Unterkapitels „Musterportfolios 50+" (Tabelle „Die Dividendenkaiser").

Aktien und Anleihen im Vorsorgecheck

- geeignet für Laufzeit ab sieben Jahren, Anleihen auch mit kürzeren Laufzeiten
- Risikoklasse: mittleres bis erhöhtes Risiko
- Renditeerwartung: fünf bis sechs Prozent p. a., Anleihen je nach Bonität des Emittenten auch 1,5 bis 2,5 Prozent niedriger
- vorzeitige Veräußerbarkeit: gut, womöglich mit Kursverlust
- Achtung: Häufige Kontrolle erforderlich!

Sichere Dauerbrenner: Bundesschätze, Wohnbauanleihen & Co

Womit wir bei renditeschwächeren, dafür vergleichsweise sicheren Kategorien angekommen wären.

Sichere Bundesschätze

Das unkomplizierteste Investment im sicheren Spektrum zuerst: der Bundesschatz. Dabei handelt es sich um Spareinlagen direkt bei der Republik Österreich. Ab 100 Euro Investment kann man unter www.bundesschatz.at ein kostenloses Konto eröffnen. Das Laufzeitspektrum der Bundesschätze erstreckt sich von einem Monat bis zehn Jahren, wobei angesichts der niedrigen Zinsen kurzfristig auf drei oder sechs Monate veranlagt werden sollte. Zwar bekommt man hier derzeit nur 0,15 beziehungsweise 0,2 Prozent Zinsen, doch sobald die Zinsen anziehen, ist man dabei und kann sich dann später über längere Laufzeiten auch höhere Zinsen sichern. Vergleichbar hiermit sind täglich fällige Sparkonten von Online-Brokern, die oft sogar mehr abwerfen, aber dafür nicht den Staat als Gläubiger bieten können.

> *Mit zunehmendem Alter verliert man das schöne Gefühl, alles zu wissen.*
>
> **Robert Lembke (1913-89), Quizmoderator dt. Fernsehen**

Wohnbauanleihen – bei Neuemissionen dabei sein!

Etwas höhere Renditen bei längerer Laufzeit, aber mit dennoch vergleichsweise hoher Sicherheit – das erwartet einen mit Wohnbauanleihen. Es handelt sich dabei um Wandelanleihen der Wohnbaubanken. Als Schuldverschreibung unterliegen sie zwar nicht der staatlichen Einlagensicherung. Doch die sechs heimischen Emittenten – Bank Austria, s-, Raiffeisen-, Hypo- und BAWAG PSK Wohnbaubank sowie Immo-Bank der Volksbanken – haben strenge Auflagen für die Verwendung der

Wohnbauanleihen im Vorsorgecheck

- geeignet für Laufzeiten von zehn bis 16 Jahren
- Risikoklasse: geringes Risiko
- Renditeerwartung: 1,8 bis drei Prozent p. a., vergleichbar mit Renditen voll steuerpflichtiger Anleihen von 2,4 bis vier Prozent p. a.
- vorzeitige Veräußerbarkeit: speziell für fixverzinste Wohnbauanleihen schwierig

Gelder, die Ausfallwahrscheinlichkeit der Wohnbauanleihen ist damit begrenzt. Sie werden obendrein in Österreich steuerlich gefördert: Auf die ersten vier Prozent Zinsen fällt keine Kapitalertragsteuer (KESt) an.

Da der Handel auf dem Sekundärmarkt sehr illiquid ist, empfiehlt es sich, diese Papiere dann auch bis Ende der Laufzeit (mindestens zehn Jahre lang) zu halten und sich von zeitweiligen Kursschwankungen nicht irritieren zu lassen. Wer nicht sicher ist, ob er sie bis zum Schluss behält, sollte besser variable Papiere wählen, wo das Kursrisiko bei vorzeitigem Verkauf geringer ist.

Wegen aktueller Emissionen fragt man am besten bei seinem Bankbetreuer nach. Zudem kann man sich auch online bei den heimischen Wohnbaubanken erkundigen (Adressen im Anhang). Im Sommer 2014 lag die Durchschnittsverzinsung für derartige lang laufende Wandelschuldverschreibungen (zwölf Jahre Laufzeit und länger) bei 2,75 Prozent mit Mindestzeichnungen von 1.000 bis 3.000 Euro.

Hypothekenpfandbriefe – hohe Sicherheit, wenig Ertrag

Die hohe Sicherheit dieser Papiere liegt in ihrer Besicherung: Als Sicherheiten für den Hypothekenpfandbrief gibt es einen Deckungsstock bestehend aus Hypothekarkrediten und hochwertigen Anleihen sowie Cash-Reserven. Deckungsstocktauglich sind dabei nur jene Hypothekarfinanzierungen, bei denen die Beleihung unter 60 Prozent des ermittelten Liegenschaftswertes liegt. Im Fall eines Konkurses des Emittenten würde der Deckungsstock als Sondervermögen behandelt.

Neben den Hypothekenpfandbriefen gibt es noch die öffentlichen Pfandbriefe, die ebenfalls als mündelsicher gelten, sie sind durch Forderungen an Körperschaften öffentlichen Rechts gedeckt.

Diese hohe Sicherheit hat ihren Preis: die Renditen auf dem Sekundärmarkt sind aktuell sehr niedrig. Auch ist der Einstieg in Hypothekenpfandbriefe häufig erst ab 50.000 Euro möglich. Für Kleinanleger gibt es Fonds, die in Pfandbriefe anlegen, etwa den DWS Covered Bond Fund LD (ISIN DE0008476532). Er zeigt eine Ein-Jahres-Performance von immerhin 4,96 Prozent, allerdings darf man auch die Kosten (Ausgabeaufschlag und Verwaltungsgebühr) nicht vergessen.

Pfandbriefe im Vorsorgecheck

- geeignet für Laufzeiten ab sechs Jahren
- Risikoklasse: sehr sicher (mündelsicher)
- Renditeerwartung: 0,8 bis zwei Prozent p. a.
- Mindestinvestment: oft erst ab 50.000 Euro möglich
- vorzeitige Veräußerbarkeit: gut (Jumbo-Pfandbriefe) bis mittel

Vorsorgen mit Sachwerten

Immobilien kaufen und vermieten erhält nicht nur den Wert des angelegten Vermögens, sondern ermöglicht auch regelmäßig inflationsgeschützte Erträge, denn der Mietzins ist an den Verbraucherpreisindex gekoppelt. Allerdings hat das niedrige Zinsniveau auch die Immobilienpreise hochgetrieben – der Immobilienpreisindex der Oesterreichischen Nationalbank (www.oenb/Statistik) hat speziell in Wien, aber auch in Graz und Salzburg eine Überhitzung festgestellt. Durch den Anstieg der Immobilien-Anschaffungspreise sind die Mietrenditen bei Weitem nicht mehr so attraktiv wie in früheren Zeiten.

Die Renditeerwartungen sollten daher mit zwei bis maximal vier Prozent angesetzt werden. Auch sollte man den regelmäßigen Zwang, in die Immobilie neu zu investieren, einkalkulieren.

Natürlich kann man auch selbst in der Vorsorgewohnung wohnen.

Man kann selbstverständlich auch die Vorsorgewohnung selbst bewohnen. Steuerlich nicht ratsam, wenn man vor weniger als 20 Jahren für die Anlagewohnung Vorsteuer abgesetzt hat!

Zuerst einmal in die eigenen vier Wände zu investieren, macht in jedem Falle Sinn: Denn ob man monatlich viele hundert Euro Miete zahlt oder eben „nur" für Betriebskosten und Reparaturrücklage 200 bis 300 Euro zahlt, macht gerade im Pensionsalter einen riesigen Unterschied. Insofern eignet sich die Anschaffung einer Eigentumswohnung auch noch mit 50+ als Geldanlage. Umso mehr, wenn die Familie unmittelbar in der Nähe wohnt. Denn sie kann die Immobilie einmal weiternutzen oder auch weitervermieten, insbesondere wenn sich die Wohnung in Toplage befindet.

Anlegerwohnungen von Bauträgern oder „normale" gebrauchte Wohnungen sollten mit möglichst hohem Eigenmittelanteil erworben werden. 50 bis 60 Prozent Eigenmittel erscheinen vernünftig, und bei höheren Krediten sollte man sich entweder über langjährige Zinsfixierungen oder Zins-Caps gegen steigende Kreditzinsen absichern.

Anlageimmobilien im Vorsorgecheck

- ○ geeignet für Laufzeiten ab 20 Jahren
- ○ Risikoklasse: geringes Risiko
- ○ Renditeerwartung: zwei bis vier Prozent p. a.
- ○ vorzeitige Veräußerbarkeit: schlecht

Physisches Gold im Vorsorgecheck

- geeignet für eine Behaltedauer ab zehn Jahren (hohe An- und Verkaufsspannen)
- Risikoklasse: sehr sicher (Sachwert, „Krisenwährung")
- Renditeerwartung: Inflationsschutz, unterliegt aber hohen Schwankungen
- Mindestinvestment: schon kleine Beträge über kleine Goldmünzen (z. B. 1/10-Philharmoniker). Je kleiner die Münze, desto höher jedoch die Gebühren
- vorzeitige Veräußerbarkeit: sehr gut

Bei Kreditfinanzierung spielt natürlich das Alter eine Rolle (siehe Kapitel 2, Punkt „Kredit mit 50+"), zumal in Österreich Kredite bis zum 75ten Lebensjahr zurückbezahlt werden müssen und somit vergleichsweise hohe Kreditraten anfallen.

Genaue Details über Immobilieninvestments sind im GEWINN-Buch „Investieren in Immobilien" zu finden.

Gold glänzt als „letzte Reserve"

Ein weiterer Klassiker im Sachbereich ist natürlich physisches Gold. Fünf bis zehn Prozent im Portfolio ist die langjährige Empfehlung, wobei man hier weniger an maximale Renditen als an langfristige Absicherung seines Vermögens oder aber auch an das steuerfreie Vererben von Gold denken kann. Mit physischem Gold sollte man wegen vergleichsweiser hoher An- und Verkaufsspesen keinesfalls kurzfristig spekulieren. Man sollte es zumindest zehn Jahre halten wollen.

Da man den richtigen Zeitpunkt für den günstigen Einkauf ohnedies nie erwischt, ist es ratsam, das Edelmetall in Etappen zu kaufen. Gold wird übrigens im Gegensatz zu Silber europaweit nicht mit Mehrwertsteuer belastet.

Das GEWINN-Buch „Investieren in schöne Dinge" informiert umfassend über Anlegen in Sachwerte (Immobilien, Gold, Oldtimer, Kunst etc.), wobei neben der Rendite hier die Freude am Investment im Vordergrund steht.

Betrieblich Vorsorgen

Mit 50+ hat man in der Regel noch einige Berufsjährchen vor sich, künftig noch einige Jährchen mehr. Das gilt speziell für Frauen: Das unterschiedliche gesetzliche Pensionsalter für Frauen (60 Jahre) und Männer (65 Jahre) wird ab 2024 angepasst. Jenes der Frauen steigt pro Jahr um sechs Monate. Bis 2033 gelten dann auch für Frauen 65 Jahre – vorausgesetzt weitere Pensionsreformen schicken Herrn und Frau Österreicher bis dahin nicht ohnehin noch später in Pension.

Es lohnt sich also auch noch mit 50+ Steuervorteile der betrieblichen Vorsorge zu nutzen und freiwillig in die zweite Säule des Pensionssystems einzuzahlen.

Neben der Abfertigung (Neu), zu der Arbeitnehmer nichts extra beisteuern müssen (mehr dazu im nächsten Kapitel), gibt es darüber hinaus folgende freiwillige Möglichkeiten, um sich seine betriebliche Altersvorsorge noch aufzubessern.

Betriebliche Zukunftssicherung

Bei diesem Modell spart sich das Unternehmen Lohnnebenkosten (Pensionsbeiträge für den Arbeitnehmer kommen günstiger als Gehaltserhöhungen). Der begünstigte Mitarbeiter spart sich Lohnsteuer (kann bis zu 50 Euro ausmachen) und zahlt keine Versicherungsbeiträge (kann 18,2 Prozent ausmachen).

Allerdings kann man für die Pension jedes Mitarbeiters nur mit bescheidenen 300 Euro in eine Pensions-, Unfall-, Kranken- oder Pflegeversicherung abgabenschonend veranlagen.

Der Betrag ist seit 1975 nicht angehoben worden. Inflationsangepasst müsste er heute bei 926 Euro liegen. Dennoch: 300 Euro in die betriebliche Vorsorge einbezahlt, kommt einer mit Nebenkosten belasteten Gehaltserhöhung von 386 Euro gleich.

Die Zukunftssicherung gibt es als Modell Sozialleistung oder Modell Bezugsumwandlung. Beim Ersten erspart sich der Arbeitgeber Lohnnebenkosten, der Arbeitnehmer Sozialversicherungsbeiträge und die Lohnsteuer und erhält bei Beendigung des Dienstverhältnisses eine steuerfreie Auszahlung.

Bei der Bezugsumwandlung vom Gehalt zur Vorsorge entfallen ebenso die Lohnnebenkosten (außer der Sozialversicherungsbeitrag), der Arbeitnehmer erspart sich Lohnsteuer (zahlt aber auch SV-Beitrag).

Welchen Renditevorteil die betriebliche Vorsorge gegenüber der privaten Einzahlung in eine Lebensversicherung hat, zeigt das Rechenbeispiel von Manfred Rapf, Vorsitzender der Sektion Lebensversicherung im österreichischen Versicherungsverband VVO:

Ein 30-jähriger Arbeitnehmer, der 300 Euro Brutto-Gehaltserhöhung Jahr für Jahr selbst in eine Pensionsvorsorge einbezahlt, kann mit 65 Jahren mit einer Auszahlung von 7.300 Euro brutto rechnen. Hätte er sie in eine betriebliche Vorsorge angespart, wären es rund 18.800 Euro brutto. Der Vorteil für den Arbeitgeber: Als „Sozialleistung" wäre der Aufwand für den Unternehmer 300 Euro, als Modell Gehaltsumwandlung 365 Euro, als echte, mit Sozialabgaben und Lohnsteuer belastete Gehaltserhöhung 389 Euro.

Betriebliche Kollektivversicherung

Eine weitere betriebliche Vorsorgevariante ist die betriebliche Kollektivversicherung – vergleichbar mit einer Pensionskasse, nur eben eine Versicherungslösung mit Kapitalgarantie. Die betriebliche Kollektivversicherung garantiert eine Verzinsung, unverfallbare Gewinnzuteilung, Gruppenkonditionen und eine lebenslang garantiert Rente mit entsprechend geringeren Ertragschancen.

Wie eine Pensionskasse ist auch die betriebliche Kollektivversicherung eine Art Bonus, mit dem Unternehmen gute Mitarbeiter binden möchten. Wie beim Sozialleistungsmodell der Zukunftssicherung kann der Arbeitnehmer Beiträge als Betriebsausgabe geltend machen, zahlt für sie weder Lohnsteuer noch Sozialversicherungsbeiträge. Der Arbeitnehmer bekommt beim Abschluss eine Pension garantiert, die er dann im Pensionsalter versteuern muss.

Auch in eine betriebliche Kollektivversicherung, sofern das Unternehmen eine solche als „Goody" bietet, kann man prämiengeförderte Eigenbeiträge leisten.

Auch für die Kollektivversicherung hat Versicherungsexperte Manfred Rapf ein Rechenbeispiel:

> *Für eine Gehaltserhöhung von brutto 762 Euro muss ein Arbeitgeber 1.000 Euro in die Hand nehmen, von denen 415 Euro beim Arbeitnehmer „ankommen". Bei einer Betriebspension landen 1.000 Euro beim Arbeitnehmer.*

Freiwillige Höherversicherung

Oft wird vergessen, dass man nicht nur in die zweite und dritte Säule des Pensionssystems, sondern auch in das staatliche Pensionssystem freiwillige Zuzahlungen leisten und auch so auf eine höhere Pension hoffen kann.

Freiwillig höhere Sozialversicherungsbeiträge werden vielleicht auch deshalb selten geleistet, weil man sich angesichts der hohen Abzüge auf seinem Gehaltszettel ohnedies schon denkt „Es reicht!" Obendrein ist diese sehr konservative Vorsorgevariante auch nicht gerade ein Renditeturbo.

Worum geht es? Man erhöht die künftige staatliche Pension, indem man freiwillig mehr in die Sozialversicherung einbezahlt. Hier gibt es einen jährlichen Grenzwert von 9.060 Euro. Die freiwillige Höherversicherung führt zu einem sogenannten Erhöhungsbetrag zur monatlichen Pension.

Der Ertrag kann in der Regel nicht mit privaten Produkten mithalten. Hier einige Rechenbeispiele der Pensionsversicherungsanstalt die zeigen, nach wie vielen Jahren und Monaten sich die freiwilligen zusätzlichen Einzahlungen in das „staatliche" Pensionssystem amortisieren, sprich: man mehr an Pension ausbezahlt bekommt, als man freiwillig mehr in das staatliche System eingezahlt hat.

> *Wer vor der Pension steht, sollte sich von der Pensionsversicherung ausrechnen lassen, ob sich auch der Nachkauf von Versicherungszeiten noch für einen höheren Pensionsanspruch auszahlt (Beispiele siehe Tabelle auf nachfolgenden Seiten). Die Rendite der Höherversicherung kann man dann mit jenen privater Rentenversicherungen vergleichen.*

Sterbegeldversicherung für's Begräbnis

Man redet und schreibt zwar nicht gerne darüber, aber es ist nun einmal so: am Ende steht der Tod. Und nicht einmal der ist umsonst. Die Begräbniskosten liegen je nach Bestattung zwischen 4.000 und 6.000 Euro.

Die Sorge, man könnte den Angehörigen auch noch nach dem Tod zur Last fallen, machen sich die sogenannten Sterbegeldversicherungen zunutze: Sie laufen nun in der Regel bei Abschluss mit 50 bis 64 Jahre zehn Jahre, bei Abschluss ab dem 65. bis zum (höchstens) 80. Lebensjahr bis 85 Jahre. Man muss einen bestimmten Begünstigten angeben. Ist dieser nicht auffindbar oder selbst schon verstorben, verfällt der Betrag.

> **TIPP** *Bei manchen Instituten kann man ein Bestattungsinstitut als zweiten Begünstigten angeben, so sind zumindest immer die Bestattungskosten gedeckt.*

Vor Abschluss sollte man sich jedenfalls erkundigen, welche Leistungen im Todesfall innerhalb der Aufbauzeit (wenn noch Prämien geleistet werden) und danach an den Begünstigten ausgezahlt werden. Das ist im Normalfall eine vereinbarte Versicherungsprämie plus gegebenenfalls ein „Todesfall-Bonus", eine Art Gewinnbeteiligung.

Wichtig zu klären ist, welche Leistung es bei Unfalltod gibt und inwieweit die Überführungskosten gedeckt sind – 10.000 Euro sollten es schon sein.

Die Prämien können wie auch Rentenversicherungen als Sonderausgaben gemäß §18 EStG abgesetzt werden.

	Freiwillige Höherversicherung -			
Versicherte/r	weibl.	männl.	männl.	weibl.
Jahrgang	1963	1963	1963	1983
Zeitraum der Entrichtung/Alter	01. 2013 – 12. 2022 (50.–59. Lj.)	01. 2013 – 12. 2022 (50.–59. Lj)	01. 2018 – 12. 2027 (55.–64. Lj.)	01. 2013 – 12. 2022 (30.–39. Lj.)
HV-Beiträge monatlich	€ 100,–	€ 100,–	€ 100,–	€ 100,–
Gesamtsumme der Beiträge (Topfsonderausgaben)	€ 12.000,–	€ 12.000,–	€ 12.000,–	€ 12.000,–
Stichtag Regelpensionsalter im Jahr	2023	2028	2028	2048
besonderer Steigerungsbetrag mtl. (75% steuerfrei)	€ 70,66	€ 105,19	€ 86,43	€ 130,19
Amortisation (ohne Steuerbegünstigung)	12 J. 2 Mte	8 J. 3 Mte	9 J. 11 Mte	6 J. 8 Mte
Quelle: Österreichische Pensionsversicherungsanstalt				

Bestattungs-Vorsorgepolizzen bieten die Generali (Versicherungssumme bis 10.000 Euro), die Ergodirekt (bis zu 5.000 Euro), aber auch Wüstenrot und der Wiener Verein an.

> *Mit der Sterbeversicherung schränkt man den Verwendungszweck sehr stark ein. Wir halten es für sinnvoller, die Begräbniskosten – testamentarisch festgehalten – mittels anderer Vermögenswerte oder Sparformen, etwa einer Ablebensversicherung mit testamentarischen Auflagen für den Begünstigten etc. – abzudecken.*

TIPP

Musterportfolios für 50+

Doch was kann man in der aktuellen Niedrigzinsphase mit seinem Geld konkret anfangen? Wie sollte der Anlagemix in diesem Lebensabschnitt aussehen, wenn man nicht für die Familie, sondern vor allem für sich selbst vorsorgen möchte?

Das hängt wiederum stark vom Alter, der Risikofreudigkeit und der allgemeinen Lebenssituation ab, die wir bei den folgenden Musterportfolios für 50+ naturgemäß stark vereinfacht haben. Sie können keinesfalls eine persönliche Beratung ersetzen, die auch eine Bestandsaufnahme der aktuellen Veranlagung Ihres Vermögens und Haushaltsrechnung einschließt. Sollten Sie etwa bereits überdurchschnittliche Gesundheitsausgaben haben oder erwarten, müssen Sie mehr frei verfügbares Einkommen einplanen – sprich: höhere Cash-Reserven halten. Ist für Sie eine garantierte Zusatzpension wichtiger als die Rendite, sollten Sie in erster Linie eine klassische Lebensversicherung oder Zukunftsvorsorge in Betracht ziehen usw.

was rausschauen kann

weibl.	weibl.	weibl.	männl.	männl.	männl.	männl.
1983	1983	1983	1983	1983	1983	1983
01. 2013 – 12. 2022	01. 2023 – 12. 2032	01. 2033 – 12. 2042	01. 2018 – 12. 2027	01. 2018 – 12. 2027	01. 2028 – 12. 2037	01. 2038 – 12. 2047
(30.–39.Lj.)	(40.–49.Lj.)	(50.–59.Lj.)	(35.–44.Lj.)	(35.–44.Lj.)	(45.–54.Lj.)	(55.–64.Lj.)
€ 200,–	€ 100,–	€ 100,–	€ 100,–	€ 200,–	€ 100,–	€ 100,–
€ 24.000,–	€ 12.000,–	€ 12.000,–	€ 12.000,–	€ 24.000,–	€ 12.000,–	€ 12.000,–
2048	2048	2048	2048	2048	2048	2048
€ 260,39	€ 94,63	€ 68,89	€ 154,27	€ 308,53	€ 117,42	€ 86,43
6 J. 8 Mte	9 J. 1 Mte	12 J. 6 Mte	5 J. 7 Mte	5 J. 7 Mte	7 J. 4 Mte	9 J. 11 Mte

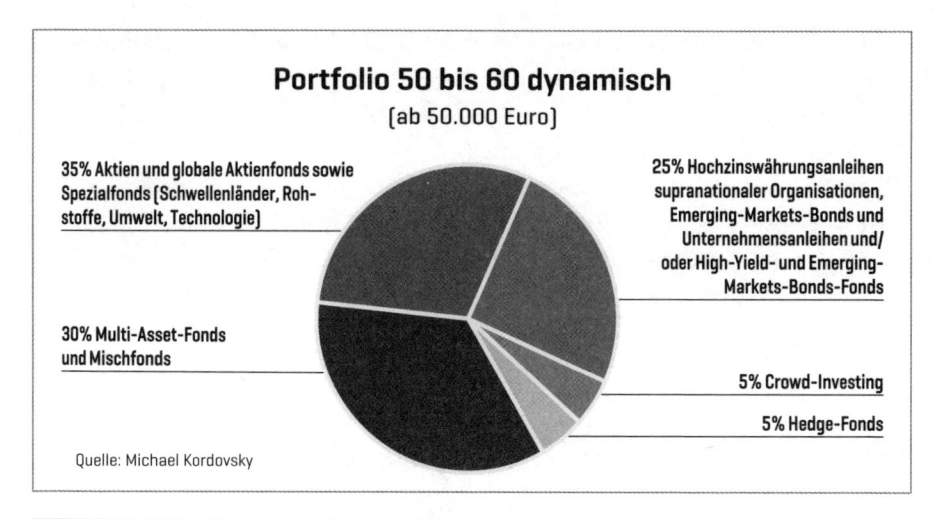

Portfolio 50 bis 60 dynamisch
(ab 50.000 Euro)

- 35% Aktien und globale Aktienfonds sowie Spezialfonds (Schwellenländer, Rohstoffe, Umwelt, Technologie)
- 30% Multi-Asset-Fonds und Mischfonds
- 25% Hochzinswährungsanleihen supranationaler Organisationen, Emerging-Markets-Bonds und Unternehmensanleihen und/oder High-Yield- und Emerging-Markets-Bonds-Fonds
- 5% Crowd-Investing
- 5% Hedge-Fonds

Quelle: Michael Kordovsky

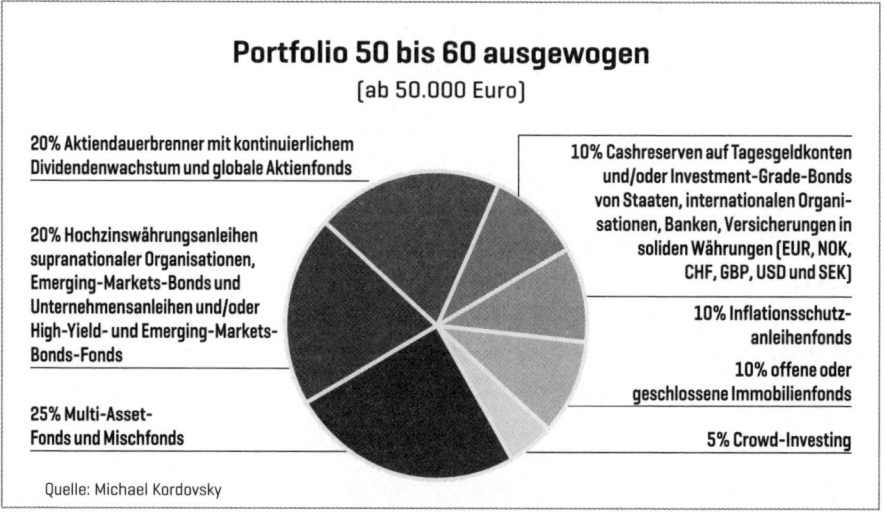

Portfolio 50 bis 60 ausgewogen
(ab 50.000 Euro)

- 20% Aktiendauerbrenner mit kontinuierlichem Dividendenwachstum und globale Aktienfonds
- 20% Hochzinswährungsanleihen supranationaler Organisationen, Emerging-Markets-Bonds und Unternehmensanleihen und/oder High-Yield- und Emerging-Markets-Bonds-Fonds
- 25% Multi-Asset-Fonds und Mischfonds
- 10% Cashreserven auf Tagesgeldkonten und/oder Investment-Grade-Bonds von Staaten, internationalen Organisationen, Banken, Versicherungen in soliden Währungen (EUR, NOK, CHF, GBP, USD und SEK)
- 10% Inflationsschutzanleihenfonds
- 10% offene oder geschlossene Immobilienfonds
- 5% Crowd-Investing

Quelle: Michael Kordovsky

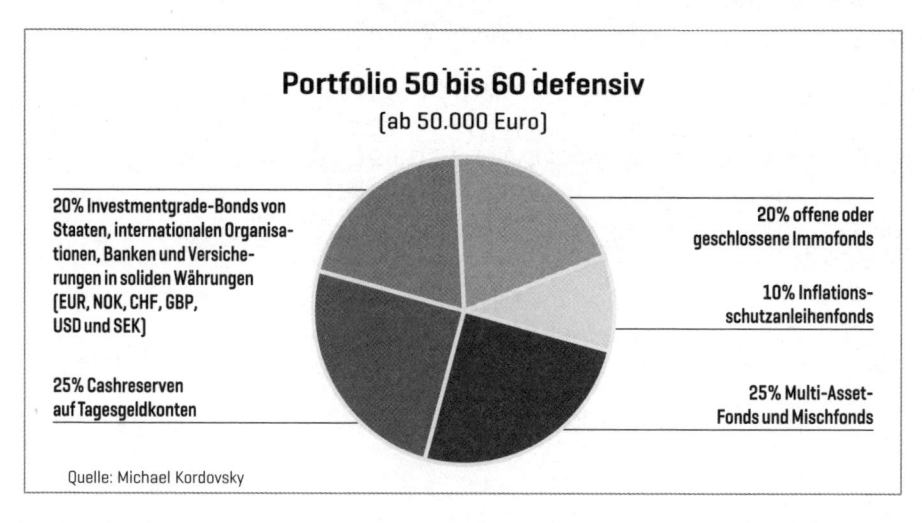

Portfolio 50 bis 60 defensiv
(ab 50.000 Euro)

- 20% Investmentgrade-Bonds von Staaten, internationalen Organisationen, Banken und Versicherungen in soliden Währungen (EUR, NOK, CHF, GBP, USD und SEK)
- 25% Cashreserven auf Tagesgeldkonten
- 20% offene oder geschlossene Immofonds
- 10% Inflationsschutzanleihenfonds
- 25% Multi-Asset-Fonds und Mischfonds

Quelle: Michael Kordovsky

Sollten Sie schon das Kapitel „Anlegen fürs Enkerl" vorgezogen haben, wundern Sie sich nicht: Das eigene Vorsorge-Depot setzt sich selbstverständlich anders zusammen, als ein Portfolio, mit dem Sie Ihre Kinder, Neffen und Nichten oder gar Enkerl absichern. Die eigene Anlagestrategie ist schon wegen der vergleichsweise kürzeren Ansparphase beziehungsweise baldigen Auszahlungsphase konservativer.

Musterportfolios für 50- bis 60-Jährige

Je defensiver Sie veranlagen möchten, umso geringer ist der Aktienanteil und je höher sind die Cashreserven (siehe Tortengrafiken). Zum dargestellten defensiven Portfolio gibt es noch eine sehr defensive, Alternative ab 110.000 Euro frei verfügbaren Vermögens: Eine Wohnung um 100.000 Euro vollständig mit Eigenmitteln zu kaufen, wobei noch ein „Notgroschen" von mindestens zehn Prozent des Wohnungskaufpreises für unvorhergesehene Ausgaben gehalten werden sollte.

> *Keinesfalls sollte man um jeden Preis eine Immobilie kaufen. Der Immobilienmarkt ist in Ballungsräumen schon überhitzt. In Österreich gilt dies vor allem für Salzburg, Graz und Wien, wo die Mieterlöse zuletzt nicht mehr entsprechend mit den Preisen für Eigentumswohnungen mitgestiegen sind.*

Alternativ oder auch zusätzlich kann man außerdem noch in ein steuerbegünstigtes Bauherrenmodell investieren. Hierfür schließen sich mehrere Investoren zusammen, um steuerbegünstigt gemeinsam eine Immobilie zu erwerben, diese umfassend zu sanieren und danach langfristig zu vermieten.

Anlagestrategie für über 60-Jährige

In diesem Lebensabschnitt haben natürlich mehr denn je Vermögenserhalt und sichere Erträge Vorrang. Will man das angesparte Kapital für die Altersvorsorge verwenden, kann man sich über defensive Mischfonds oder Geldmarkt-orientierte Rentenfonds monatlich eine Zusatzpension auszahlen lassen (siehe Punkt „Tipps für den Kapitalauf- und abbau"). Diese kann man etwa auch zur Überbrückung einer möglichen Einkommenslücke bis zum gesetzlichen Pensionsalter nutzen, wenn man vorzeitig in Rente gehen möchte oder muss (siehe auch Kapitel „Ab in die Frühpension" unter „Bridging").

Das Ziel muss aber nicht unbedingt der Kapitalverzehr sein. Vielleicht möchte man ja noch etwas vererben oder sich eine kleine Extrapension dazuverdienen. Letzteres funktioniert mittels Anleihenzinsen, Ausschüttungen aus ertragsorientierten Fonds, Dividendeneinkünften oder Mieterträgen.

Wie auch immer Ihre persönlichen Pläne aussehen, wir haben für Sie je nach Ihrer Risikoneigung Musterportfolios zusammengestellt.

Portfolio 60 plus dynamisch
(ab 50.000 Euro)

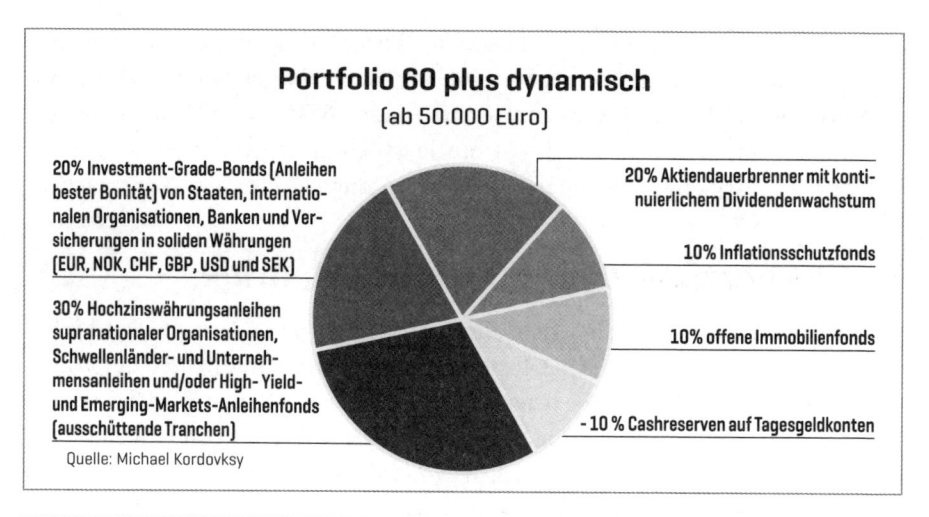

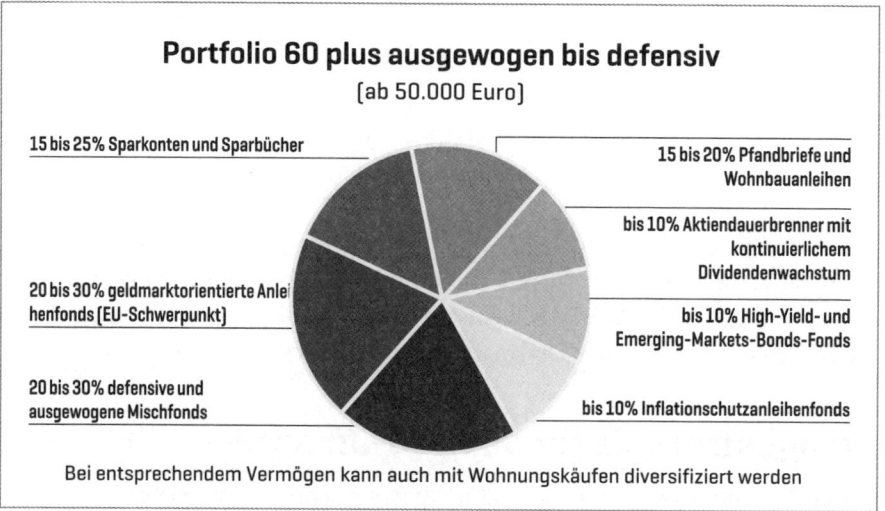

- 20% Investment-Grade-Bonds (Anleihen bester Bonität) von Staaten, internationalen Organisationen, Banken und Versicherungen in soliden Währungen (EUR, NOK, CHF, GBP, USD und SEK)
- 30% Hochzinswährungsanleihen supranationaler Organisationen, Schwellenländer- und Unternehmensanleihen und/oder High-Yield- und Emerging-Markets-Anleihenfonds (ausschüttende Tranchen)
- 20% Aktiendauerbrenner mit kontinuierlichem Dividendenwachstum
- 10% Inflationsschutzfonds
- 10% offene Immobilienfonds
- 10% Cashreserven auf Tagesgeldkonten

Quelle: Michael Kordovksy

Portfolio 60 plus ausgewogen bis defensiv
(ab 50.000 Euro)

- 15 bis 25% Sparkonten und Sparbücher
- 20 bis 30% geldmarktorientierte Anleihenfonds (EU-Schwerpunkt)
- 20 bis 30% defensive und ausgewogene Mischfonds
- 15 bis 20% Pfandbriefe und Wohnbauanleihen
- bis 10% Aktiendauerbrenner mit kontinuierlichem Dividendenwachstum
- bis 10% High-Yield- und Emerging-Markets-Bonds-Fonds
- bis 10% Inflationsschutzanleihenfonds

Bei entsprechendem Vermögen kann auch mit Wohnungskäufen diversifiziert werden

Produkte, die konkret in Frage kommen

Bei der Auswahl von konkreten Fonds sollten sich Anleger folgende Fragen stellen: Was hat Bestand? Wie hoch sind die Kosten? Inwieweit verspricht mir das Investment eine langfristige Topperformance?

Achten Sie auch auf die Höhe der Ausgabeaufschläge (Gebühr fällig beim Kauf) und die jährlichen Verwaltungsgebühren. Diese fallen in der aktuellen Niedrigzinsphase mehr denn je ins Gewicht.

Deutlich günstiger sind Indexfonds in Form der börsennotierten, nicht aktiv gemanagten ETFs (Exchange Traded Funds). Es gibt aber auch günstige Fondsdauerbrenner mit hohem Volumen (Beispiel: Templeton Growth Fund) und kostengünstige Dach- beziehungsweise Multi-Asset-Fonds.

Bei einzelnen Aktien empfiehlt sich auf eine lange Historie, starke Marken und ein solides Gewinn-, Cashflow- und Dividendenwachstum zu achten. In der Tabelle „Die Dividendenkaiser" finden Sie einige Beispiele.

Bei Staatsanleihen sind die Staatsverschuldung, das Haushaltsdefizit, die Entwicklung des Credit-Ratings sowie der „Corruption-Perception-Index" von Transparency International entscheidend. Hier wird die wahrgenommene Korruption im öffentlichen Dienst analysiert. Die aktuelle Korruptionsstatistik findet man auf http://cpi.transparency.org

> **TIPP**
>
> Aktuelle Anlagevorschläge findet man regelmäßig in GEWINN und TOP-GEWINN. Denn Anlegen ist Arbeit, man muss auch bereits getätigte Investments immer von Neuem analysieren und mit anderen Produkten vergleichen. Es empfiehlt sich daher unmittelbar vor einem konkreten Investment in ein Wertpapier einen Blick auf die aktuellen (Performance-)Daten auf www.gewinn.com, der Plattform Ihres Brokers oder speziellen Online-Plattformen wie www.onvista.de, www.finanzen.net bzw. bei Fonds auch auf www.morningstar.de zu werfen.

Die Dividendenkaiser

	ISIN	Dividendenrendite	Bereich
Defensive Dividendenaristokraten mit mind. 25 Jahre in Folge Dividendensteigerung			
AT&T	US00206R1023	5,2%	Telekommunikation
Consolidated Edison	US2091151041	4,6%	Versorger
McDonald's	US5801351017	3,2%	Fast-Food-Kette
Procter & Gamble	US7427181091	3,2%	Haushaltswaren
Clorox	US1890541097	3,2%	Haushaltswaren
Kimberly-Clark	US4943681035	3,0%	Haushaltswaren
Coca-Cola	US1912161007	3,0%	Getränke
PepsiCo	US7134481081	2,6%	Getränke
WalMart Stores	US9311421039	2,5%	Discounter-Kette
3M	US88579Y1010	2,4%	Mischkonzern
Colgate-Palmolive	US1941621039	2,2%	Haushaltswaren
McCormick & Company	US5797802064	2,1%	Gewürze, Aromastoffe
Weitere interessante Aktien			
Royal Dutch Shell	GB00B03MM408	4,7%	Öl & Gas integriert
BASF	DE000BASF111	3,4%	Chemie
Intel	US4581401001	3,3%	Halbleiter
Roche	CH0012032113	3,2%	Biotech/Pharma
Nestlé	CH0038863350	3,2%	Nahrungsmittel
Cisco Systems	US17275R1023	3,1%	IT, Internet
Microsoft	US5949181045	2,8%	IT
Amgen	US0311621009	2,1%	Biotech
Henkel	DE0006048432	1,5%	Haushaltswaren
Gilead Sciences	US3755581036	0,0%	Biotech

Quellen: NASDAQ, OnVista; Daten per 30. 5. 14

Tipps für den Kapitalauf- und -abbau

Rom wurde auch nicht an einem Tag erbaut. Und das war gut so. Das Gleiche gilt für den Vermögensaufbau, der in Etappen erfolgt. Nicht nur weil gewöhnlich die „Steine" fehlen, das Wertpapierdepot an einem Tag zu designen, sondern auch, weil man den richtigen Zeitpunkt für den Investmenteinstieg ohnedies nie trifft.

Anlegen auf Raten

Auf mehrere Monate und Jahre verteilt anzulegen, macht aber auch rein mathematisch Sinn, weil man mit der Eichhörnchentaktik bessere Durchschnittspreise erzielt.

Für ein Anlegen auf Raten eignen sich naturgemäß klassische Investmentfonds oder Index-Fonds (ETFs). Dabei wird meist monatlich der gleiche Betrag in dieselben Fonds investiert. Ist der Fondspreis gerade hoch, kauft man weniger, ist er niedriger, erwirbt man für die gleiche Ansparsumme mehr Anteile. Das hat als Nebeneffekt den positiven „Cost-Average-Effekt", der zu einer automatischen Verringerung des Einstandspreises und zu einer besseren Performance führt.

Ansparen in Etappen: So funktioniert der Cost-Average-Effekt

Wer etwa laufend Aktien ein und desselben Unternehmens kauft oder in einen Fondssparplan einzahlt (und vor allem nicht bei sinkenden Kursen das Handtuch wirft!), kann langfristig von einem günstigeren Durchschnittskurs profitieren und Schritt für Schritt ein kleines Vermögen aufbauen.

Das fiktive Beispiel unten verdeutlicht: Wer monatlich die Schwankungen für

Wie viel man monatlich ansparen muss, wenn man auf einen bestimmten Betrag hinarbeitet

Annahmen: Einzahlung monatlich vorschüssig; kein Startkapital

Ansparen auf... Endkapital:	...15 Jahre 100.000,-	...15 Jahre 250.000,-	...20 Jahre 100.000,-	...20 Jahre 250.000,-	...30 Jahre 100.000,-	...30 Jahre 250.000,-
bei einer Nettorendite						
von 2,0 %	476,71	1.191,79	339,30	848,24	203,21	508,04
von 3,0 %	440,89	1.102,23	305,17	762,93	172,36	430,90
von 4,5 %	391,41	978,52	259,31	648,28	133,35	333,36
von 6,0 %	346,75	866,88	219,41	548,52	102,09	255,22

Quelle: www.zinsen-berechnen.de

> ### Sparplan versus Einmalerlag – langfristig gewinnt nicht immer der Sparplan
>
> Die glättende Wirkung des Fondssparplans lässt von Jahr zu Jahr nach. Beim Einmalerlag heißt es „hopp oder dropp": erwischt man den Einstiegszeitpunkt gut, wie im Beispiel, fährt man besser als mit dem Sparplan, erwischt man ihn schlecht, ist es umgekehrt. Fondsbeispiel: DWS VermögensbildungsFonds 1, Fondswährung EUR (ISIN DE0008476524)
>
> | Performance | monatlicher Sparplan | | Einmalerlag | |
> |---|---|---|---|---|
> | | in Prozent p. a. | gesamt | in Prozent p. a. | gesamt |
> | 10-Jahres-Performance | 3,41 | 39,83 | 3,63 | **42,72** |
> | 3-Jahres-Performance | 7,52 | **24,29** | 3,63 | 11,29 |
>
> Quelle: Fondsrechner von www.fondsweb.at, Zeitraum 05/2004 bis 05/2014 bzw. 05/2011 bis 05/2014)

weitere Zukäufe nutzt, hat allein nach vier Monaten sechs Anteile zu einem Durchschnittskurs von 66,67 Euro. Mit einer Einmaleinlage zu Beginn hätte man 100 Euro je Fondsanteil bezahlt, also bei 400 Euro Startgeld nur vier Stück.

Je stärker dabei die Schwankungsbreite des Fonds ist, desto besser kommt der Cost-Average-Effekt, also der Vorteil durch günstigere Durchschnittskosten, zum Tragen.

> *Je länger der Sparplan läuft, desto niedriger ist der Wert jeder weiteren Monatsrate im Vergleich zu den bisher geleisteten Einzahlungen. Nach einem Jahr Laufzeit macht die nächste Rate noch 8,33 Prozent (1/12) der bisherigen Einzahlungen aus. Nach fünf Jahren wären es nur noch 1,67 Prozent (1/60). Jede weitere Einzahlung hat somit weniger Einfluss auf den Durchschnittspreis.*

Sparpläne sollte man ohnedies nicht einfach laufen lassen. Deshalb erfordert ein Sparplan im fortgeschrittenen Stadium durchaus einmal Portfolio-Anpassungen. Allein schon deshalb, weil im Lauf der Jahre aufgrund des stärkeren Wertzuwachses bei Aktienfonds der Aktienanteil im Portfolio womöglich mehr als es einem lieb ist, zugenommen hat.

Da kann es nicht schaden, einmal Gewinne mitzunehmen, um die Erlöse in defensivere Alternativen umzuschichten. Dazu folgendes Beispiel: Ein ausgewogener Anleger spart je zur Hälfte in Aktien- und Rentenfonds an. Aufgrund der starken Aktienperfor-

> ### Cost-Average, von Kurschwankungen profitieren:
> Besserer Mischkurs bei Monat für Monat gleichbleibend hohen Einzahlungen
>
> | Monat | regelmäßige Einzahlung | angenommener Fondskurs | Anteile |
> |---|---|---|---|
> | 1 | 100 Euro | 100 Euro | 1 |
> | 2 | 100 Euro | 50 Euro | 2 |
> | 3 | 100 Euro | 50 Euro | 2 |
> | 4 | 100 Euro | 100 Euro | 1 |

mance ist jedoch der Aktienfondsanteil nach fünf Jahren auf 60 Prozent gestiegen, während der Anleihenfondsanteil auf 40 Prozent zurückging. Um hier wieder eine Balance herzustellen, bei der man ruhig schlafen kann, können beispielsweise Aktienfonds in Höhe von 20 Prozent des Gesamtportfolios reduziert werden, um sie in die defensiveren Rentenfonds umzuschichten. Wer hier exakter vorgehen will, sollte frühestens nach vier, spätestens nach sechs Jahren den Chartverlauf der betreffenden Fonds betrachten und im Chartprogramm den gleitenden Durchschnitt von 200 bis 230 Tagen einstellen.

Solange der gleitende Durchschnitt von 200 bis 230 Tagen eines investierten Fonds am Ende des Monats nicht nach unten durchbrochen ist, kann der Fonds gehalten werden. Bei Unterschreitung zu diesem Zeitpunkt sollte man entweder drei Viertel der Position oder die gesamte Position glattstellen. Der Wiedereinstieg erfolgt, sobald am Ende des Monats der Fondspreis beispielsweise die 220-Tage-Linie nach oben durchschritten hat.

Anlegen im Lebenszyklus

Eine alternative Vorgangsweise wäre, dass man – unabhängig von Performance und Handelssignalen – mit fortschreitender Laufzeit des Sparplanes zunehmend defensiver wird. Unter der Annahme, dass nach zehnjähriger Ansparung dann via Entnahmeplan (Auszahlungsplan) das Kapital im Fonds langsam verzehrt wird, kann man in den ersten drei bis fünf Jahren durchaus ausschließlich Aktienfonds ansparen. Danach sollte ein Teil der angesparten Aktienfonds in defensive bis ausgewogene Mischfonds umgeschichtet werden.

> **Die Dummheiten, die ich gemacht habe, tun nicht weh, aber die, die ich noch vor mir habe.**
>
> **Polinischer Schriftsteller Karol Irzykowski (1873-1944)**

Das funktioniert so: Der Sparplan in den Aktienfonds wird zugunsten der defensiveren Alternativen reduziert. Spätestens nach sieben Jahren beziehungsweise im letzten Drittel der Ansparphase sollten die Aktienfonds in defensivere Fonds umgeschichtet werden. Der Sparplan in den Aktienfonds wird dann ebenfalls gestoppt. Stattdessen wird bereits in geldmarktnahen Fonds angespart. Am Ende der Ansparphase folgt die Umschichtung in entnahmeplanfähige geldmarktnahe Fonds, in Rentenfonds oder sehr defensive Dachfonds.

Damit die Auswahl beim Umschichten leichter fällt: Selbst Institute, die nur eine kleine Fondsauswahl haben, bieten meist einen dynamischen Fonds sowie eine ausgewogene und eine defensive Alternative. Das ist ausreichend, um das Lebenszyklusmodell umzusetzen:

Dynamische Phase: drei bis fünf Jahre
Risikofreudige Anleger können aktuell in Emerging-Markets-Aktienfonds, Rohstoff- und Goldminen-Aktienfonds ansparen. Bei ausgewogener Risikoneigung eignen sich klassische globale Aktienfondsdauerbrenner wie beispielsweise der Templeton Growth Fund, während Dividendenaktienfonds auch für defensive Anleger anspartauglich sind. Diese Selektion kann erspart bleiben, wenn man sich einfach für einen Aktienfonds-lastigen, aktiv gemanagten Dachfonds entscheidet.

Ausgewogene Phase: zwei bis vier Jahre
Teilumschichtung zugunsten von ausgewogenen (je zur Hälfte Aktien und Anleihen) oder defensiven (maximal 25 Prozent Aktien und mindestens 75 Prozent Anleihen und Geldmarkt) Dach- und Mischfonds heimischer Institute.

Ausgewogene bis defensive Schlussphase: drei Jahre
Jetzt hat Vermögenserhalt Vorrang. Die restlichen Aktienfondspositionen werden in defensive Mischfonds umgeschichtet und statt Aktienfonds werden von konservativ bis ausgewogen ausgerichteten Anlegern geldmarktnahe Euro-Anleihenfonds angespart, sofern danach ein Entnahmeplan erfolgt, ansonsten kann der Sparplan der defensiven Mischfonds aufgestockt werden.

Das Angebot von Ansparplänen

Die größte Auswahl bietet die Fondsplattform der Capitalbank. Hier sind über 3.000 Investments sparplanfähig. Allerdings müssen sich Privatanleger zwecks Abschluss an Finanzdienstleister mit entsprechendem Zugang zur Plattform wenden.

Zahlreiche Banken und Broker bieten den Privatkunden aber auch einen Direktzugang zu ihrem Angebot an Sparplänen. Mit rund 600 Fonds über ein breites Fondsspektrum verfügt dabei direktanlage.at, die eine standardmäßige Rabattierung

---

Ansparpläne aktuell im Angebot

BAWAG PSK: Als Inhaber einer nach dem 1. 11. 2008 eröffneten KontoBox erhalten Kunden für einen neu eröffneten Fondssparplan einen Bonus von 20 Euro

easybank: Zuschussmodell ab Juni 2014: Bei einem Fondssparplan ab 70 Euro gibt es Anteile in der Höhe von 50 Euro als Bonus (Mindestspardauer: ein Jahr)

flatex: Im außerbörslichen Fondshandel über ihren Premiumpartner Commerzbank bietet flatex nahezu 2.000 Fonds bei bis zu 50 Orders pro Monat ab einem Ordervolumen von 1.000 Euro vollkommen gebührenfrei an

direktanlage: Rund 600 anspartaugliche Fonds mit einem Dauerrabatt von 40 Prozent im Angebot

bankdirekt.at: Dauerhaft bis zu 45 Prozent Rabatt auf 300 Fonds

von 40 Prozent auf den Ausgabeaufschlag vorsieht. Bei einem Spektrum von über 300 Fonds Rabatte von bis zu 45 Prozent auf den Ausgabeaufschlag gibt es bei der bankdirekt.at und Rabatte von 50 Prozent bieten flatex sowie die easybank. Ein neuer Online-Broker in Österreich, DeGiro, will überhaupt Fonds ohne Ausgabeaufschlag verkaufen können, weil hier das Depot bei der ABM Amro Bank in den Niederlanden liegt und in Holland sogenannte „Kickback"-Provisionen an den Vertrieb – genau das sind Ausgabeaufschläge – verboten sind. Auch die Verwaltungsgebühren seien günstiger. Dafür werden Transaktionskosten verrechnet.

Während die Online-Broker primär mit günstigen Konditionen überzeugen, locken Banken mit Gebührenvorteilen für Stammkunden. Und der wird man, wenn man mehrere Dienstleistungen der Bank in Anspruch nimmt, etwa auch einen Wohnkredit abschließt.

Absparplan – die Rente zum Selberbasteln

Wer einen gewissen Kapitalstock angespart oder geerbt hat, kann diesen auf einen bestimmten Zeitraum als „Zusatzrente" aufbrauchen. Dabei möchte man meinen, dass die Banken hierfür Modelle mit einer fairen Verzinsung parat haben, die über dem normalen Satz liegen. Schließlich können die Banken bei einem vorher vereinbarten Entnahmeplan beispielsweise über 20 Jahr genau mit dem Geld des Kunden kalkulieren. Doch weit gefehlt! Eine Anfrage bei mehreren Groß- und Regionalbanken in Österreich, ob sie derartige Lösungen anbieten, blieb erfolglos. Man muss sich wohl in der aktuellen Niedrigzinsphase, in der zwei Prozent p. a. auf drei Jahre bereits Spitzenkonditionen auf Sparbüchern sind, mit wenig zufrieden geben. Dies, obwohl man bereit ist, das Geld erst in einem langen Zeitraum von zwei Jahrzehnten schrittweise zu entnehmen.

Wenn die Bank nicht will, bastelt man sich eben sein eigenes Absparmodell. Wie ein solches Modell in „harten Euro" aussehen kann, zeigt die Tabelle. Bei Annahme eines Portfolio-Ertrags von zwei Prozent p. a. kann man beispielsweise über zwanzig Jahre monatlich rund 500 Euro pro Monat entnehmen.

Monatsrenten (in EUR) von Entnahmeplänen mit Startkapital 100.000 Euro

Laufzeit [Jahre]	Portfolio-Rendite						
	1%	1,50%	2%	2,50%	3%	3,50%	4%
10	875,84	897,45	919,29	941,37	963,67	986,19	1.008,93
15	598,29	620,27	642,65	665,43	688,59	712,12	736,02
20	459,69	482,07	505,01	528,50	552,53	577,08	602,14
25	376,66	399,45	422,96	447,18	472,07	497,63	523,83

Quelle: Berechnung Michael Kordovsky

Und weil das Sparbuch für einen Absparplan nicht taugt, greift man zu Fonds. Eine Reihe von Banken bieten Fondsentnahmepläne an. Mischfonds, die etwa Aktien mit Unternehmensanleihen guter Bonität kombinieren, bieten ohnehin höhere Renditen als das Sparbuch. Was bei Absparplänen jedoch bedacht werden sollte:

Ein Entnahmeplan hat den umgekehrten Cost-Average-Effekt. Soll heißen: Während beim Sparplan beziehungsweise Kapitalaufbau der Cost-Average-Effekt zu einer vorteilhaften Glättung des Einstandspreises führt, da bei niedrigen Kursen mehr Anteile und höheren weniger gekauft werden, verhält es sich beim Entnahmeplan umgekehrt!

Je höher die in der Volatilität ausgedrückte Schwankungsintensität ist, desto stärker arbeitet der Cost-Average-Effekt gegen den „Rentenempfänger". Dazu folgendes Beispiel: Der Templeton Growth (Euro) Fund Class A (ISIN: LU0114760746) brachte es bei regulärem Ausgabeaufschlag (5,54 Prozent) in Form eines Sparplanes in den vergangenen zehn Jahren auf eine Performance von 83,30 Prozent, das sind 6,25 Prozent p. a. Wer hingegen vor zehn Jahren 30.000 Euro investierte und davon monatlich 250 Euro abschichtete, musste sich mit wesentlich weniger, nämlich 20,33 Prozent, somit 1,87 Prozent p. a., zufrieden geben. Im Vergleich dazu brachte es der Einmalerlag ohne Abschichtung auf 4,02 Prozent p. a.

Dem automatischen Performancenachteil eines Abschichtungsplans kann man mit möglichst defensiven Investments entgegensteuern, also mit Fonds mit möglichst geringer Schwankungsbreite. Dazu zählen etwa etablierte Fonds mit Anleihen bester Bonität oder mit langjährig dividendenstarken Bluechips.

Anleihenportfolios und Vermögensverwaltungskonzepte

Je stabiler die Wertentwicklung eines Fonds ist, desto besser eignet er sich für einen Abschichtungsplan. Heimische Banken bieten dazu diverse Mischfonds. Alternativ kann man ein Portfolio bestehend aus Anleihen unterschiedlicher Laufzeiten aufbauen und abreifen lassen. Zins- und Tilgungszahlungen werden als eine Art „Rente" kassiert.

Für begüterte Kunden der Schoellerbank gibt es zu diesem Zweck ab 200.000 Euro Veranlagungsvolumen die Möglichkeit eines gemäß Liquiditätsbedarf der Kunden individuellen Rentenportfolios. Dazu Stefan Kerschbaumer, Mitarbeiter der Abteilung Financial Planning: „Dieses Depot wird jeweils so konstruiert, dass über Kupons und Fälligkeiten der Anleihen der monatliche Liquiditätsbedarf des Kunden abgedeckt werden kann. Es wird ausschließlich in Schuldverschreibungen investiert, die unsere eigenen strengen Qualitätskriterien erfüllen. Dabei handelt es sich in erster Linie um Staatsanleihen hoher Bonität sowie Anleihen von Ländern, Kommunen oder Supranationalen Organisationen und um gedeckte Bankschuldverschreibungen."

Wie lange ich von meinem Sparplan zehren kann
Reichweite von Entnahmeplänen in Jahren, bei vorangegangener Ansparung von monatlich 300 Euro auf zehn Jahre

	Szenario A	Szenario B	Szenario C	Szenario D
Rendite bei Ansparung	4%	3%	2%	1%
angesparter Betrag	44.158	41.941	39.846	37.868
Rendite Entnahmeplan	2%	1,5%	1%	0,3%
Reichweite in Jahren bei Kapitalverzehr				
Monatsrente 300 EUR	14,0	12,8	11,7	10,7
Monatsrente 450 EUR	8,9	8,3	7,7	7,1
Monatsrente 600 EUR	6,5	6,1	5,7	5,3
Monatsrente 900 EUR	4,3	4,0	3,8	3,5

Quelle: www.zinsen-berechnen.de

Der Vorteil solcher Konstruktionen ist, dass die benötigten Entnahmebeträge zeitgerecht in gewünschter Höhe zur Verfügung stehen. Ähnlich geht auch „Hypo Flex" vor, eine Vermögensverwaltung mit Entnahmeplan, die von der Hypo Vorarlberg angeboten wird. Ab 50.000 Euro bei bestehenden und 250.000 Euro Erstinvestition bei neuen Mandaten ist man dabei. Angeboten werden unterschiedliche Anlagestrategien (Zinsertrag, Einkommen, Ausgewogen, Wachstum und Kapitalgewinn). Empfohlen wurde etwa 2014 eine Strategie mit höherem Aktienanteil.

Defensive Mischfonds und Lebensversicherungen mit Rente
Bank-Austria-Kunden erhalten je nach Risikoneigung als Auszahlungsplanvarianten entweder den PIA Komfort Invest Ausgewogen oder den noch defensiveren PIA Komfort Invest Konservativ angeboten. Letzterer investiert in Anleihenfonds und ist aktuell mit 59 Prozent in Euro-Staatsanleihen gewichtet.

Alternativ werden von der Bank Austria klassische Lebensversicherungen von ERGO angeboten. Der Active Capital Pension (Rente nach Tarif III A) sollte bei 100.000 Euro Kapital und Alter von 60 Jahren lebenslang beziehungsweise maximal auf 25 Jahre monatlich garantiert 378,08 Euro Rente ermöglichen. Inklusive der Bonusrente wären es 432,58 Euro. Wobei hier die Bank Austria von einem Ertrag inklusive Gewinnbeteiligungen von 3,25 Prozent p. a. ausgeht.

Die BAWAG PSK empfiehlt für langlaufende Entnahmepläne den BAWAG PSK Mix Konservativ Dachfonds, dessen Aktienanteil sich zwischen zehn und 30 Prozent bewegt. Eine Performance von 3,91 Prozent p. a. in den vergangenen zehn und 5,48 Prozent p. a. in den vergangenen fünf Jahren (Stichtag 30. 5. 2014) spricht für ein Investment.

Auch die RLB NÖ-Wien empfiehlt, für Absparpläne wertstabile Fonds zu wählen, und nennt aus ihrem Haus den Raiffeisenfonds Sicherheit, der es in den vergangenen fünf Jahren bei einem maximalen Verlust von nur 5,4 Prozent auf einen Wertzuwachs von 31,6 Prozent brachte.

Als weitere Rentenvariante wird die Kapitalversicherung „Meine Raiffeisen Pension Plus Sofort" angeboten. Diese sofort beginnende Rente zielt darauf ab, dass das Langlebigkeitsrisiko der Person abgesichert werden kann, sprich: garantiert eine monatliche und lebenslange Rente ausgezahlt werden kann. Im Falle eines Kapitals von 100.000 Euro kann eine 65-jährige Person eine garantierte lebenslange Monatsrente von 370 Euro bekommen, die inklusive Gewinnbeteiligung sogar mit 430 Euro pro Monat beziffert wird.

Es ist aber auch eine Begrenzung der Laufzeit auf 15 oder 20 Jahre möglich. Dann wären auch die garantierten Renten mit jeweils 603 und 484 Euro entsprechend höher. Inklusive Gewinnbeteiligung werden auf 15 und 20 Jahre sogar jeweils 656 und 540 Euro an Auszahlung erwartet.

> *Wer nicht auf eine höhere Rente angewiesen ist, sollte bei der Versicherungslösung als Entnahmemodell die garantierte lebenslange Monatsrente wählen. Die eigene Lebenserwartung wird im Schnitt um zehn Jahre unterschätzt und sie steigt zum Glück stetig!* **TIPP**

Eine Renten-Produktlösung bietet u. a. auch die Sparkassen-Versicherung. Wer mit 60 Jahren 100.000 Euro Kapital einsetzt, erhält hier unter der Annahme einer Gesamtverzinsung von 3,25 Prozent p. a. auf 15 Jahre 674,61 Euro und auf 20 Jahre 550,91 Euro pro Monat.

Die passende Rente

Alles nette Angebote, doch auf ein Pferd sollte man beim Anlegen nicht setzen, schon gar nicht im Alter. Es empfiehlt sich auf defensive Mischfondsabschichtungspläne mehrerer Banken zu streuen und bei entsprechendem Vermögen diese noch unter Absicherungsaspekten mit einer Lebensversicherung mit lebenslanger Monatsrente zu kombinieren.

Allerdings bieten nicht alle Institute Abschichtungspläne an. Macht nichts, möchte man meinen, dann nimmt man eben selbständig in regelmäßigen Abständen Geld aus dem Fonds.

Auch das geht nicht immer, da man bei manchen Banken und Brokern Fonds nur ganz oder gar nicht verkaufen kann – diesbezüglich sollte man sich vorab beim Depot-führenden Institut erkundigen.

Bei Instituten, die Abschichtungspläne anbieten, fallen teilweise Zusatzkosten dafür an. Diese können bis zu 0,75 Prozent der Auszahlungssumme betragen.

> *Man kann auch ganz einfach durch Sparbücher mit unterschiedlichen Laufzeiten von einem, drei und fünf Jahren etc. sowie mehreren Anleihen mit Laufzeiten von sechs bis 15 Jahren ein automatisch abreifendes Portfolio konstruieren. Als Anleihen sollten dabei primär Staatsanleihen, Bankenanleihen und Fremdwährungsanleihen multinationaler Organisationen gewählt werden.* **TIPP**

Anlegen fürs Enkerl

Wer für sich persönlich veranlagt, sucht häufig hohe Erträge und schnelle Gewinne. Will man hingegen für die liebe Familie vorsorgen, empfiehlt es sich dann doch, etwas besonnener vorzugehen. Besonders dann, wenn man für die Enkelgeneration, also sehr langfristig veranlagt.

Als Privatanleger kann man zwar die Investmentstrategien der US-Elite-Unis Harvard und Yale mangels Kapital und Beziehungen nicht vollständig kopieren. Man kann sich von ihnen allerdings einiges abschauen: Sie halten kaum Cash, da sie ihr Geld für sich arbeiten lassen. Sie investieren in ertragreiche Sachwerte wie Immobilieninvestments, Wälder und Infrastrukturbeteiligungen (Flughäfen, Stromnetze, Öl- & Gasfelder ...). Und sie bevorzugen Aktien mit solidem Dividendenwachstum und Unternehmensbeteiligungen als Ertragsbringer.

Dabei sind die langfristigen Renditen von Harvard und Yale mit zwölf bis 13,5 Prozent p. a. in den vergangenen zwanzig Jahren sehr beeindruckend (siehe Tabelle).

Eine ähnliche Erfolgsstrategie hat Investmentlegende Warren Buffett, der von 1965 bis 2013 den Buchwert seiner Investmentgesellschaft Berkshire Hathaway um knapp 20 Prozent p. a. steigern konnte. Damit schaffte er einen doppelt so starken jährlichen Anstieg wie die „Messlatte" S&P 500.

Erreicht wurde dies durch ein Portfolio, das neben Private Equity (Beteiligungen an nicht börsennotierten Unternehmen) aus soliden Aktien wie beispielsweise Coca-Cola, American Express, McDonald's, Procter&Gamble oder Exxon Mobil besteht.

So sind die Stiftungen der Eliteuniversitäten Harvard und Yale investiert

Die Strategie der Stiftungsportfolios: Durch Diversifikation mehr Rendite als mit dem Sparbuch und Immobilien zu erzielen

Yale-Stiftung (per 30. 6. 2013)		Harvard-Stiftung (per 30. 6. 2013)	
Private Equity*	32,0%	Private Equity*	16%
Immobilien	20,2%	Absolute Return**	15%
Absolute Return**	17,8%	Rohstoffe***	15%
Aktien Ausland	9,8%	Aktien Inland	11%
Rohstoffe***	7,9%	Aktien Ausland	11%
Aktien Inland	5,9%	Aktien Schwellenländer	11%
Anleihen	4,9%	Immobilien	10%
Cash	1,5%	Anleihen****	9%
		High Yield Bonds	2%
20-Jahres-Performance	13,5% p. a.	20-Jahres-Performance	12% p. a.

*) Beteiligung an nicht börsennotierten Firmen über Venture-Capital- und Buyout-Fonds (Unternehmensaufkauffonds
**) diverse Hedge-Fonds-Strategien, die darauf abzielen, in jeder Marktphase einen Wertzuwachs zu erzielen
) Öl- und Gasbeteiligungen, Wälder, Minen und börsennotierte Rohstoffe (im Falle von Harvard 2% des Portfolios) *) Inland, Ausland u. Inflationsschutz
Quellen: Stiftungen von Harvard und Yale

Was man noch von Harvard und Yale lernen kann: Wer das Geld ausschließlich auf Sparbücher legt, in ein paar Pfandbriefe und Wohnbauanleihen investiert und einen ausgewogenen „Standard-Dachfonds" beimischt, baut derzeit kaum zusätzliches reales Vermögen auf, da mit hoher Wahrscheinlichkeit die Nettoerträge nach KESt und Spesen unter den langfristigen Inflationsraten – 1,5 bis drei Prozent – liegen werden.

Diese Niedrigzinsphase kann – ähnlich wie jene in Japan – noch länger als ein Jahrzehnt anhalten, weshalb nachhaltige Erträge über der Inflationsrate, also der realer Vermögenserhalt, oberstes Ziel sein sollten. Daher sollte man sich fragen:

1. Was hat Bestand?
2. Was bringt Ertrag über der Inflationsrate?

Aktien und Anleihen mit Bestand
Ob man direkt in Aktien oder Anleihen investiert oder in breit gestreute Fonds: Man muss die Wertpapiere, in denen man veranlagt ist, im Auge behalten. Bei einem Fonds genügt etwa ein unglücklicher Wechsel im Fondsmanagement und ein „alter Dauerbrenner" kann fortan über eine längere Zeitperiode enttäuschen.

Interessant für den langfristigen Vermögensaufbau sind jedenfalls Aktien von Unternehmen mit einer Historie von über 60 bis mehreren hundert Jahren, die durch eine hohe Ertragskontinuität überzeugen. Mehrere davon befinden sich unter den 54 Dividendenaristokraten des S&P-500-Index. Allesamt Aktien, die in den vergangenen 25 Jahren in der Lage waren, ihre Dividendenausschüttung jedes Jahr in Folge zu steigern.

Für eine Aktie sprechen auch noch deren Weltmarktführerschaft in lukrativen Märkten und Nischen, starke Marken und eine gute politische Vernetzung. Wenn also Vorstände und Aufsichtsräte des Unternehmens bei der Bilderberg-Konferenz oder an einer Mitgliedschaft im Council on Foreign Relations (CFR) präsent sind. An der Bilderberg-Konferenz 2013 nahmen etwa die Unternehmen Siemens, Royal Dutch Shell und die Investmentbank Goldman Sachs teil. Aus dem Kreis der Mitglieder des CFR kommen Chevron, Coca-Cola, die Discounter-Kette WalMart und der Telekom-Gigant AT&T in Frage.

Ein hohes Maß an Sicherheit bieten auch Anleihen von Unternehmen dieser Kategorien, wobei hier vor allem eine langjährige Historie, solide Eigenkapitalquote und ein starker Cashflow im Verhältnis zur Bilanzsumme von Vorteil ist.

Bei den Staatsanleihen passt das Lieblingszitat der Großmutter: „An ihren Früchten werdet Ihr sie erkennen". Soll heißen: Favorisieren sollte man daher Papiere von Staaten, die seit 1800 beziehungsweise seit ihrer Gründung noch keine Auslandsschuldenkrise mit Umschuldungen und/oder Zahlungsausfall hatten. In diese Kategorie fallen Belgien, Dänemark, Finnland, Großbritannien, Norwegen, Schweden, die USA, Kanada, Australien und Neuseeland – wie Carmen M. Reinhart

Aktiendauerbrenner gereiht nach Performance

Eine Streuung auf diese Aktiengruppe hat fast schon einen ähnlichen Effekt wie ein solider Aktienfonds, nur ohne Aufschläge und Verwaltungsgebühren

	ISIN	Ursprung/ Gründung	20-Jahres-Performance	Branche/Bereich
Medtronic	US5850551061	1949	15,6% p. a.	Medizintechnik
BASF	DE000BASF111	1865	15,5% p. a.	Chemie
Becton Dickinson & Company	US0758871091	1897	14,9% p. a.	Laborausstattung
adidas*	DE000A1EWWW0	1924	14,8% p. a.	Sportartikel
Colgate-Palmolive	US1941621039	1806	14,4% p. a.	Haushaltswaren
Johnson & Johnson	US4781601046	1886	14,4% p. a.	Pharma
Caterpillar	US1491231015	1925	13,7% p. a.	Baumaschinen
Chevron	US1667641005	1879	13,2% p. a.	Öl & Gas integriert
Clorox	US1890541097	1913	13,2% p. a.	Haushaltswaren
Exxon Mobil	US30231G1022	1870*	13,1% p. a.	Öl & Gas integriert
Halliburton	US4062161017	1919	13,0% p. a.	Ölfeldausrüstung
Henkel Vz	DE0006048432	1886	12,8% p. a.	Konsumgüter, Waschmittel
McCormick & Company	US5797802064	1889	12,6% p. a.	Gewürze, Aromastoffe
McDonald's	US5801351017	1940/55	12,2% p. a.	Fast-Food-Kette
3M	US88579Y1010	1902	12,0% p. a.	Mischkonzern
PepsiCo	US7134481081	1932/61	11,9% p. a.	Getränke
Procter & Gamble	US7427181091	1837	11,7% p. a.	Haushaltswaren
Royal Dutch Shell**	GB00B03MLX29	1907	11,0% p. a.	Öl & Gas integriert
Kimberly-Clark	US4943681035	1872	10,5% p. a.	Haushaltswaren
Coca-Cola	US1912161007	1886	9,7% p. a.	Getränke
Siemens	DE0007236101	1847	8,7% p. a.	Anlagenbau, Technologie
Goldman Sachs***	US38141G1040	1869	7,7% p. a.	Investment-Banking
AT&T	US00206R1023	1879	7,0% p. a.	Telekommunikation

*] Performance seit 24. 11. 1995; **] War Teil von John D. Rockefellers Standard Oil Trust; ***] 15-Jahres-Performance
Daten per 19. 7. 2014; Quellen: Yahoo! Finance, Unternehmen

Staatsanleihen

Emittent	ISIN	Kupon in %	Fälligkeit
Neuseeland	NZLGFDT004C1	6,000%	15. 5. 21
Australien	AU000XCLWAG2	4,500%	21. 4. 33
USA	US912810QL52	4,250%	15. 11. 40
UK	GB0002404191	6,000%	7. 12. 28
Belgien	BE0000331406	3,750%	22. 6. 45
Kanada	CA135087C939	2,750%	1. 12. 64
Schweden	SE0002829192	3,500%	30. 3. 39
Norwegen	NO0010705536	3,000%	14. 3. 24
Finnland	FI4000046545	2,625%	4. 7. 42
Dänemark	DK0009922320	4,500%	15. 11. 39
Singapur	SG7J28931946	3,125%	1. 9. 22
Schweizerische Eidgenossenschaft	CH0009755197	4,000%	6. 1. 49

Quellen: OnVista und diverse Online-Quellen

und Kenneth S. Rogoff für ihr Buch „Dieses Mal ist alles anders – Acht Jahrhunderte Finanzkrisen" recherchierten. Typisch für diese Länder ist auch eine meist niedrige Verbreitung von Korruption im öffentlichen Dienst, die der Korruptionswahrnehmungsindex der Organisation Transparency International (TI) regelmäßig ausweist. Demnach fallen die Länder Dänemark, Neuseeland, Finnland, Schweden, Norwegen, Singapur und die Schweiz am wenigsten negativ durch Korruption auf. Singapur und die Schweiz weisen als sichere Häfen für Fluchtkapital ein hohes Maß an Stabilität auf und verfügen genauso wie Norwegen über solide Währungen.

Achten sollte man bei Anleihen natürlich auch auf die Währungsstabilität. Seit 2000 tendenziell aufgewertet haben die höher verzinsten Währungen australischer und neuseeländischer Dollar, während zwischen Euro und US-Dollar mittlerweile eine Art „Gleichgewicht des Schreckens" herrscht. Doch sollte der US-Dollar nachhaltig schwächeln, dann lassen sich diese Risiken relativ gut mittels Hebelzertifikaten oder an der Forex absichern.

Unternehmensbeteiligungen

Dafür braucht man oft weniger Geld zum Veranlagen, als man denken möchte. Dabei können sich dahinter schon Crowd-Investing-Modelle mit Mindestinvestment ab 100 Euro verbergen.

Bei dieser modernen Form der KMU-Finanzierung liegt in Österreich die Obergrenze bei 250.000 Euro. Dabei investieren viele Personen (die „Crowd") kleinere Beträge in ein Unternehmen und erhalten dafür entweder eine Verzinsung oder Gewinnbeteiligung am Unternehmen oder eine Kombination aus Mindestausschüttung und Gewinnbeteiligung. Eingegangen werden können diese Beteiligungen faktisch spesenfrei über diverse Crowd-Investing-Plattformen, die sich ihr

gereiht nach Rendite

Kurs 20.6.14	Rendite bis Laufzeitende	Stückelung bzw. Mindestinvestment	S&P-Rating	Börse	Währung
105,58	5,07%	10.000	AA	Stuttgart	NZD
104,08	4,21%	1.000	AAA	Stuttgart	AUD
115,37	3,38%	1.000	AA+	Stuttgart	USD
133,26	3,13%	100	AAA	Berlin	GBP
116,71	2,92%	1.000	AA	Stuttgart	EUR
98,21	2,83%	1.000	AAA	Stuttgart	CAD
116,50	2,58%	5.000	AAA	Stuttgart	SEK
103,62	2,57%	1.000	AAA	Stuttgart	NOK
104,86	2,38%	1.000	AAA	Stuttgart	EUR
141,34	2,32%	10.000	AAA	Stuttgart	DKK
106,40	2,27%	1.000	AAA	Stuttgart	SGD
165,14	1,55%	1.000	AAA	Stuttgart	CHF

Geld in Form einer Provision von den Emittenten holen. Die Obergrenze des Investments liegt – je nach Plattform bei 3.000 bis 5.000 Euro. Bei conda.at, 1000X1000.at und greenrocket.com etwa erfolgt die Beteiligung über ein Substanzgenussrecht, bei dem der Investor am Gewinn und am Unternehmenswert beteiligt ist. Reinhard Willfort von 1000X1000.at startete jetzt auch mit Crowdfunding-Immobilienprojekten, wo man selbstverständlich erst ab größeren Summen investieren kann und als einer von vielen Darlehensgebern am (Miet-)Ertrag der Immobilie mitnascht.

> **Was man in der Jugend wünscht, hat man im Alter die Fülle.**
>
> **Johann Wolfgang von Goethe (1749–1832)**

Als spekulative Beimischung gibt es immer wieder interessante Angebote, wobei darauf geachtet werden sollte, dass es sich schon um eine erfolgserprobte Geschäftsidee handelt oder dass bereits renommierte Geschäftspartner gefunden wurden.

Mit Crowd-Investments kann man Schritt für Schritt ein breites „Beteiligungs-Portfolio" aufbauen. Langfristig ideal wäre eine Streuung auf zwölf bis 30 Projekte, die dann maximal zehn Prozent des Portfolios ausmachen. Denn eines darf man nicht vergessen: Bei Unternehmen, die sich über Crowd-Investing finanzieren, handelt es sich meist um junge Unternehmen, die im Aufbau begriffen sind und erst beweisen müssen, ob ihr Businessplan auch tatsächlich aufgeht.

ACHTUNG *Crowd-Investing ist nur etwas für sehr risikofreudige Anleger, die Ausfallsraten sind nicht zu unterschätzen. Obendrein steckt das Finanzierungsmodell in Österreich noch in den Kinderschuhen.*

Unternehmensanleihen

Emittent	ISIN	Währung	Kupon in %
Medtronic	US585055BD73	USD	4,625%
McDonald's	US58013MEC47	USD	6,300%
Berkshire Hathaway	US549271AA22	USD	7,250%
Procter & Gamble	US742718DF34	USD	5,550%
Johnson & Johnson	US478160AV64	USD	4,500%
IBM	US459200BB69	USD	5,875%
WalMart Stores	XS0419834931	GBP	5,625%
BASF SE	XS0885399583	EUR	3,000%
Allianz Finance II B.V.	DE000A1HG1K6	EUR	3,000%

In dieser Niedrigzinsphase können Zusatzrenditen nur noch in höher verzinsten Währungen oder besonders langen Laufzeiten lukriert werden. Quellen: OnVista und diverse Online-Quellen

> *Über bestehende Crowd-Funding-Projekte informieren neben www.conda.at, www.greenrocket.com und 1000x1000.at die beiden Spendenplattformen „respect.net" und www.querk.at sowie das Forschungsförderungsportal www.inject-power.at.*
>
> **TIPP**

Alternativ zu Crowd-Investing bieten auch Private-Equity-Spezialisten wie RWB (rwb-austria.at) oder AWAG außerbörslich Unternehmensbeteiligungen an. In Österreich sind aufgrund einer Gesetzesänderung Private-Equity-Investments (PE-Dach- und Einzelfonds) nur noch ab 100.000 Euro möglich, wobei man als Anleger mit einem Finanzvermögen von unter 500.000 Euro nachweisen muss, dass man mindestens vier Jahre in Aktien investiert war.

Als Privatanleger kann man allerdings auch noch nach Deutschland ausweichen, wo es noch Private-Equity-(Dach-)Fonds mit Einstiegsmöglichkeiten ab Veranlagungssummen von 2.500 Euro aufwärts gibt.

> *Aktuelle Angebote von Private-Equity-Fonds findet man auf den deutschen Webseiten renommierter PE-Experten wie RWB oder AWAG.*
>
> **TIPP**

Oder man kauft B-Aktien der Berkshire Hathaway, der Beteiligungsholding des Investment-Gurus Warren Buffett. Eine Art Fonds, der Private-Equity-Investments und Versicherungsgeschäft mit einer Reihe solider Aktien diversifiziert.

Immobilieninvestments

Ab einer Portfoliogröße von 80.000 Euro (Eigenmittel) sollte man bei seinem Anlagemix auch an Immobilien denken. Für Großenkerl könnte Billa-Gründer Karl Wlaschek ein „Prototyp" sein, der sich 1996 nach dem Verkauf seiner Handelsgruppe entschied, den Erlös in Immobilien zu investieren. Wichtig ist dabei, dass es sich um Käufe von Liegenschaften in Österreich oder Deutschland handelt, deren Ver-

gereiht nach Rendite

Fälligkeit	Kurs 20.6.14	Rendite bis Laufzeitende	Stückelung bzw. Mindestinvestment	Moody's Rating	Handelsplatz
15. 3. 44	102,71	4,49%	2.000	A2	Stuttgart
15. 10. 37	126,65	4,48%	1.000	A2	Berlin
15. 6. 25	125,84	4,30%	1.000	Aa2	Frankfurt
5. 3. 37	118,96	4,27%	1.000	Aa3	Berlin
1. 9. 40	104,04	4,27%	2.000	Aaa	Frankfurt
29. 11. 32	122,76	4,13%	1.000	Aa3	Berlin
27. 3. 34	121,61	4,05%	50.000	Aa2	Frankfurt
7. 2. 33	101,66	2,88%	100.000	A1	Frankfurt
13. 3. 28	106,90	2,40%	100.000	Aa3	Stuttgart

genen Staatsanleihen wurden zumindest durchschnittlich 2,9, bei den Unternehmensanleihen durchschnittlich 3,9% Rendite p. a. erzielt.

waltung man selbst in die Hand nehmen kann, wobei man in Immobilien zu nicht überzogenen Preisen investiert, die einem auch für Eigengebrauch gefallen würden.

> *Speziell geschlossene Immobilienfonds sind nach den zahlreichen Schieflagen in der Vergangenheit (zum Beispiel bei geschlossenen Holland-Immobilienfonds) nicht unbedingt dazu geeignet, um generationenübergreifend darin zu veranlagen.*

Bei offenen Immobilienfonds wird langfristiges Immobilienvermögen mit jederzeit rücklösbaren Fondsanteilen finanziert. Kommt es eines Tages zu einem stärkeren Verkaufsschub bei den Fondsanteilen, muss der Fonds vorübergehend geschlossen werden. Das verstärkt – wie die Entwicklungen der vergangenen Jahre zeigten – nochmals den Verkaufsdruck und die Anteile werden an der Börse mit hohen Abschlägen zum NAV (Nettovermögenswert) gehandelt. Häufig folgt darauf die Liquidation der Fonds – die aufgrund eines gewissen Zeitdrucks in der Veräußerung der Liegenschaften zu einem finanziellen Abenteuer werden kann.

> **Als ich klein war, glaubte ich, Geld sei das Wichtigste im Leben. Heute, da ich alt bin, weiß ich: Es stimmt.**
>
> **Oscar Wilde (1854–1900)**

Bei so einem langfristigen Anlagehorizont ist Vorsicht auch bei den steuerlich benachteiligten REITs und bei Immobilienaktien angebracht, deren Risiken in den Jahren 2007 bis 2009 schlagend wurden.

Das Direktinvestmentkonzept in Immobilien ist hingegen besser durchschaubar: Idealerweise sucht man in Universitätsstädten nach Ein- bis Zwei-Zimmer-Wohnungen mit Balkon und vermietet vor allem die Garçonniere an Studenten. Garçonnieren kann man beispielsweise in Graz – je nach Ausstattung – zwischen 70.000 und 100.000 Euro erwerben und kommt mit 35.000 bis 50.000 Euro Eigenmittel aus. Den Rest finanziert man auf Kredit, wobei die Kreditraten über die Mieterträge rückgeführt werden. Mietrenditen von vier bis fünf Prozent sind beispielsweise in Graz noch möglich.

Doch bevor man noch in eine Vorsorgewohnung veranlagt, sollte man in seine eigenen vier Wände investieren, um seine Lebenshaltungskosten zu dezimieren – vorausgesetzt der Vermieter verkauft und das zu einem angemessenen Preis.

Waldinvestments

Größere Vermögen ab einer Million Euro können auch in Waldflächen investiert werden. Allerdings stiegen die Waldpreise seit der Finanzkrise um 50 bis 100 Prozent und mittlerweile kostet der Quadratmeter Waldfläche 1,50 bis zwei Euro, was die laufende Rendite aus guter Bewirtschaftung auf ein bis zwei Prozent p. a. drückt. Bedenkt man, dass auch der Wald infolge des Borkenkäfers und zunehmender Naturkatastrophen nicht risikolos ist, dann erscheint diese Rendite mager. Wer trotzdem überschüssiges Geld in Wälder veranlagen möchte, kann sich zwecks objektiver Beurteilung der zum Kauf anstehenden Fläche und der anschließenden Bewirtschaftung an die Bundesforste wenden.

Der ideale und gut nachhaltig bewirtschaftbare Wald besteht aus unterschiedlichen Baumarten mit gemischter Altersstruktur, die eine regelmäßige „Entnahme" ermöglicht. Die laufenden Renditen betragen trotz allem aufgrund der bereits stark gestiegenen Preise für Wald und Boden nur ein bis zwei Prozent.

Für den kleineren Geldbeutel gibt es die Möglichkeit geschlossener Waldfonds. Eine gute Adresse dafür ist Nordcapital (www.nordcapital.com), deren bereits platzierter Waldfonds 2 in Rumänien aktiv ist, wo die Preise noch weit unter westeuropäischem Niveau liegen.

Rohstoffe

In Rohstoffe kann man vor allem über einschlägige Rohstoff-Index-ETFs investieren. Das Vermögen dieser Produkte gilt im Falle einer Insolvenz des Anbieters als Sondervermögen. Als Hauptinflationstreiber sollten die Energierohstoffe, insbesondere Erdöl entsprechend gewichtet sein. Der Ölpreis (Illinois Crude) stieg nämlich von 1946 bis 2013 um 6,2 Prozent p. a., was in diesem Zeitraum selbst inflationsbereinigt fast eine Verfünffachung (+376 Prozent) darstellt.

Diversifiziert werden sollten Energierohstoffe mit Industriemetallen sowie den Edelmetallen Platin und Palladium. Mit dieser Kombination profitiert man indirekt von der Urbanisierung der Schwellenländer, die zunehmend mehr Geld in die Infrastruktur (Straßen, Häfen und Flughäfen, Fahrzeuge) stecken. Der RBS-Market-

Rohstoff-ETFs und -ETCs (gereiht nach Performance)			
	ISIN	Perf. 5 Jahre	Anmerkung
ETFS Physical Palladium (von ETF Securities)	DE000A0N62E5	266,01%	notiert in Deutschland
ETFS Physical Platinum (von ETF Securities)	DE000A0N62D7	32,24%	notiert in Deutschland
Market Access RICI M Index Fund	LU0259320728	31,00%	Metalle
S&P GSCI®Capped Com.35/20 Theam ETF A	LU0203243414	27,55%	69% Energie
Daten per 15. 7. 2014			Quelle: FIAP, www.fondsprofessionell.at

Vermögen zwischen 30.000 und 50.000 Euro
(tendenziell Präferenz für Geldwerte)

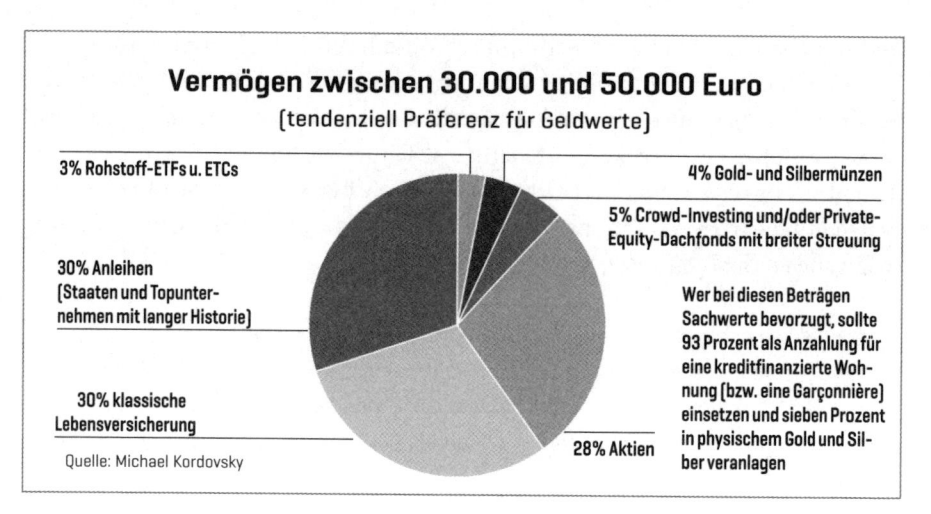

- 3% Rohstoff-ETFs u. ETCs
- 30% Anleihen (Staaten und Topunternehmen mit langer Historie)
- 30% klassische Lebensversicherung
- 28% Aktien
- 4% Gold- und Silbermünzen
- 5% Crowd-Investing und/oder Private-Equity-Dachfonds mit breiter Streuung

Wer bei diesen Beträgen Sachwerte bevorzugt, sollte 93 Prozent als Anzahlung für eine kreditfinanzierte Wohnung (bzw. eine Garçonnière) einsetzen und sieben Prozent in physischem Gold und Silber veranlagen

Quelle: Michael Kordovsky

Höhere Beträge ermöglichen größere Diversifikationsspielräume: Vermögen ab 50.000 Euro
(tendenzielle Geldwertpräferenz)

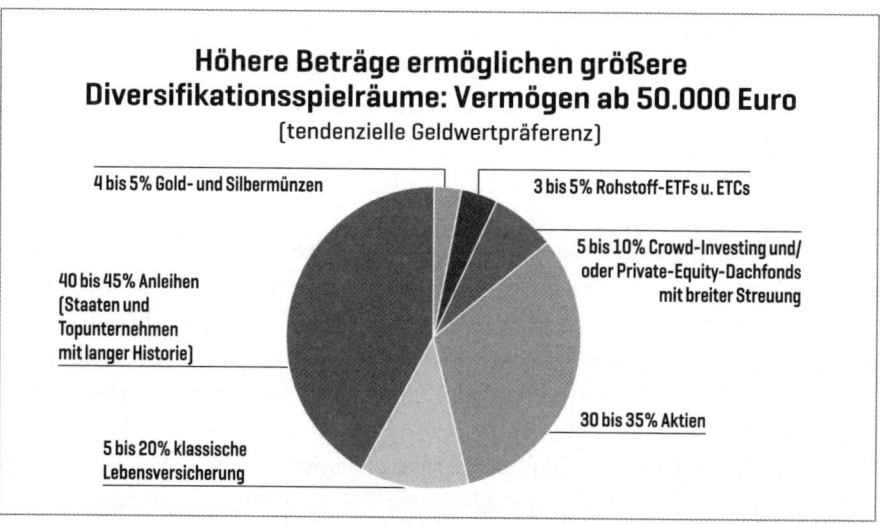

- 4 bis 5% Gold- und Silbermünzen
- 40 bis 45% Anleihen (Staaten und Topunternehmen mit langer Historie)
- 5 bis 20% klassische Lebensversicherung
- 3 bis 5% Rohstoff-ETFs u. ETCs
- 5 bis 10% Crowd-Investing und/oder Private-Equity-Dachfonds mit breiter Streuung
- 30 bis 35% Aktien

Vermögen ab 80.000 Euro
(tendenzielle Präferenz für Sachwerte)

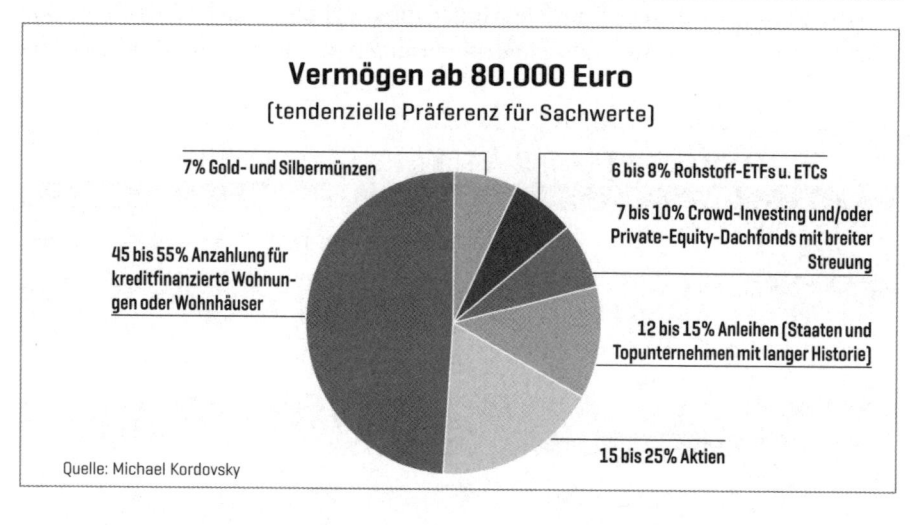

- 7% Gold- und Silbermünzen
- 45 bis 55% Anzahlung für kreditfinanzierte Wohnungen oder Wohnhäuser
- 6 bis 8% Rohstoff-ETFs u. ETCs
- 7 bis 10% Crowd-Investing und/oder Private-Equity-Dachfonds mit breiter Streuung
- 12 bis 15% Anleihen (Staaten und Topunternehmen mit langer Historie)
- 15 bis 25% Aktien

Quelle: Michael Kordovsky

Access-RICI-Metals-Index-ETF, der die Entwicklung von zehn Metallen inklusive Gold und Silber abdeckt, und Kupfer, Aluminium sowie Gold zusammen mit über 50 Prozent am stärksten gewichtet, ist dazu ein geeignetes Investment zumal auch Platin und Palladium mit je 8,5 und 1,4 Prozent berücksichtigt sind. Wer Platin und Palladium stärker gewichten möchte, kann dies über ETCs (Exchange Traded Commodities), die durch physisches Platin bzw. Palladium besichert sind (siehe Tabelle S. 45) tun.

Die Palladiumminenproduktion bleibt weiterhin knapp. Das Metall findet vor allem in Autokatalysatoren Einsatz und profitiert von der zunehmenden Motorisierung der Schwellenländer.

Ablebensversicherung und Gold für alle Fälle

Wenn man sein Enkerl sehr lieb hat, kann es keinesfalls falsch sein, es als Begünstigten einer reinen Ablebens- oder klassischen Er- und Ablebensversicherung einzusetzen. Damit geht man ganz auf Nummer sicher, auch wenn sich die Renditeaussichten aufgrund der niedrigen Zinsen derzeit in engen Grenzen halten. In Grenzen hält sich dafür auch das Risiko, das darin besteht, dass die jeweilige Versicherung, die die Polizze ausgibt, pleite geht. Derzeit droht diesbezüglich keine Gefahr.

Da sich Staatsbankrotte und Währungsreformen wie Meilensteine durch die Geschichte ziehen, sollte man bei einem so langen Anlagehorizont – auch wenn das Enkerl vielleicht „gefühlt" sehr schnell heranwächst – auch in Gold- und Silbermünzen veranlagt sein, die im Krisenfall das bessere Zahlungsmittel wären. Diese können zwischen drei und sieben Prozent des Gesamtvermögens gewichtet werden und dienen als hübsche wie wertvolle „Familienerbstücke" zur Absicherung der nächsten Generation.

> Alt ist man dann, wenn man nicht mehr zusammen mit seinen Zähnen schläft.
>
> **Komiker Enzo Petrucci**

Das Enkerlportfolio

Die genaue Zusammensetzung des Portfolios hängt natürlich von der Höhe des Vermögens, der Risikobereitschaft, der Vorliebe für Sach- oder Geldwerte und nicht zuletzt dem Alter des Enkerls (Anlagehorizont) ab. Sollte man dem Enkerl – es kann natürlich auch der Neffe oder die Nichte sein – ohnedies schon die eigene Wohnung oder das eigene Haus vermachen, kann man natürlich im Anlageportfolio fürs Enkerl die Immobilienkomponente auch bei Vermögen über 80.000 Euro weglassen und entsprechend der beiden anderen erwähnten Portfolios investieren. Links finden Sie Vorschläge für Portfoliokombinationen.

Das Wichtigste zum Schluss

Anlegen macht viel Arbeit. Nicht nur weil die Kapitalmärkte ständig in Bewegung sind, sondern auch, weil die richtige Strategie so stark von den individuellen Lebensumständen, die sich von Jahr zu Jahr ändern, abhängt.

Doch unabhängig von Ihrem Alter, Ihrer Risikoneigung, Ihrer Persönlichkeit und auch von der Marktsituation gibt es bei der Geldanlage eine Reihe zeitloser Grundsätze, die Verluste und viel Ärger ersparen können:

1. Schuldentilgung hat Vorrang

Wer hoch verschuldet ist, sollte jedes verfügbare Vermögen zuerst einmal in die Schuldentilgung investieren. Denn die Zinsen bleiben nicht ewig so niedrig! Das lohnt sich vor allem bei Konsumkrediten, die derzeit effektiv zwischen fünf und neun Prozent p. a. kosten.

Aber auch Hypothekarkredite sehen beim aktuellen Drei-Monats-EURIBOR (0,317 Prozent) plus zwei Prozent Aufschlag mit einem Gesamtkreditzins von 2,317 Prozent p. a. leistbar aus. Jetzt noch. Doch wie sieht das künftig aus? Bei langen Restlaufzeiten von 15 bis 25 Jahren kann noch viel passieren.

> **TIPP** *Bevor Sie ans Anlegen denken, sollten alle persönlichen Schulden nur maximal 20 Prozent des gesamten Nettovermögens (Vermögen inklusive Immobilien minus Schulden) betragen.*

2. In die eigenen vier Wände investiert

Das soll aber nicht heißen, dass Sie mit 50 Jahren und älter keinen Kredit zum Erwerb Ihrer eigenen vier Wände mehr aufnehmen sollten. Tun Sie es! In Österreich müssen Kredite bis zum 75. Lebensjahr zurückbezahlt werden. Die Bank gibt Ihnen bei einer soliden Immobilie als Sicherheit und mindestens 30 Prozent Eigenkapital gerne einen Hypothekarkredit. Die monatliche Rate ist womöglich niedriger als eine Miete und Sie reduzieren damit langfristig Ihre Lebenshaltungskosten, der „dicke Brocken" Miete fällt weg! Die Rechnung geht natürlich nur auf, wenn man nicht um jeden Preis, sprich: zu teuer kauft.

3. Frühzeitig mit dem Ansparen beginnen

Je später man mit dem Ansparen auf die Rente beginnt, desto kürzer ist die Laufzeit und umso größer müssen die monatlichen Einzahlungen sein, um eine Rente in einer entsprechenden Höhe zu erhalten.

4. Vorsichtiger mit zunehmendem Alter

Gerade weil Alter nicht vor Torheit schützt, sollte man bedenken, dass man Jahr für Jahr weniger Zeit hat, begangene (Anlage-)Fehler wieder auszubügeln. Je mehr man sich dem Pensionsalter nähert, desto wichtiger werden gesicherte Erträge, auch wenn man damit auf Gewinnchancen verzichtet. Umgekehrt: Je jünger man ist, desto mehr Risiko kann man eingehen, wenn das Verhältnis zwischen Nettovermögen und Schulden passt (Punkt 1).

5. Risikofreude und Einkommen zählen
Je höher das regelmäßige Einkommen ist, desto mehr kann man riskieren. Und das umso mehr, je risikofreudiger man „gestrickt" ist. Entscheidend ist hierfür auch das Verhältnis zwischen dem Veranlagungsvolumen und dem Gesamtvermögen. Je kleiner dieser Teil am Gesamtvermögen (inklusive Wohneigentum) ist, desto dynamischer, sprich: riskanter, kann die persönliche Anlagestrategie sein.

6. Ablebensschutz – der Familie zuliebe, Erlebensschutz für sich selbst
Klassische Lebensversicherungen sind grundsätzlich ein guter und beliebter Ansatz, um gleichzeitig sicher anzulegen und die Familie abzusichern. Allerdings sichert ein garantierter Rechnungszins von 1,75 Prozent kaum noch nennenswerte Erträge. Wobei zum Garantiezins noch eine Gewinnbeteiligung dazukommt. Manfred Rapf vom Versicherungsverband VVO betont, dass im Branchenschnitt selbst 2013 noch ein Gesamtzins von 3,25 Prozent geboten wurde. Man kann ja eine Lebensversicherung auf den Garantiesatz beschränken und die Geldanlage bei fondsgebundenen Modellen selbst in die Hand nehmen. Wer keine Lieben hat, die er im Todesfall bedenken möchte, kann sich auf eine Erlebensversicherung beschränken. Das lohnt sich auch in einer späteren Lebensphase noch umso mehr, als die Mindestlaufzeit für Einmalerläge in Lebensversicherungen mit März 2014 generell wieder von 15 auf zehn Jahre gesenkt wurde.

7. Gold und Silber bringen keine Zinsen
Gold und Silber eignen sich als eiserne Reserve für den Krisenfall (hat sich in Kriegen und Krisen stets als Alternativwährung bewährt), weniger um Vermögen zu vermehren. Edelmetalle werfen keine Zinsen ab, die Preise schwanken stark und es gibt politische Risiken. Mit dem Bretton-Woods-System wurde der Goldpreis von 1944 bis 1971 schon einmal politisch festgesetzt, nämlich bei 35 US-Dollar je Unze.

8. Das Steuerzuckerl allein ist kein Kaufargument
Wer spart nicht gerne Steuern und das ist auch gut so. Nur ein Steuervorteil allein sollte nicht das Kaufargument für ein Anlageprodukt per se sein. Wir erinnern an das Jahr 2012: Im April wurden die steuerlichen Prämien für Zukunftsvorsorge und Bausparverträge kurzerhand halbiert!

Nicht ohne.

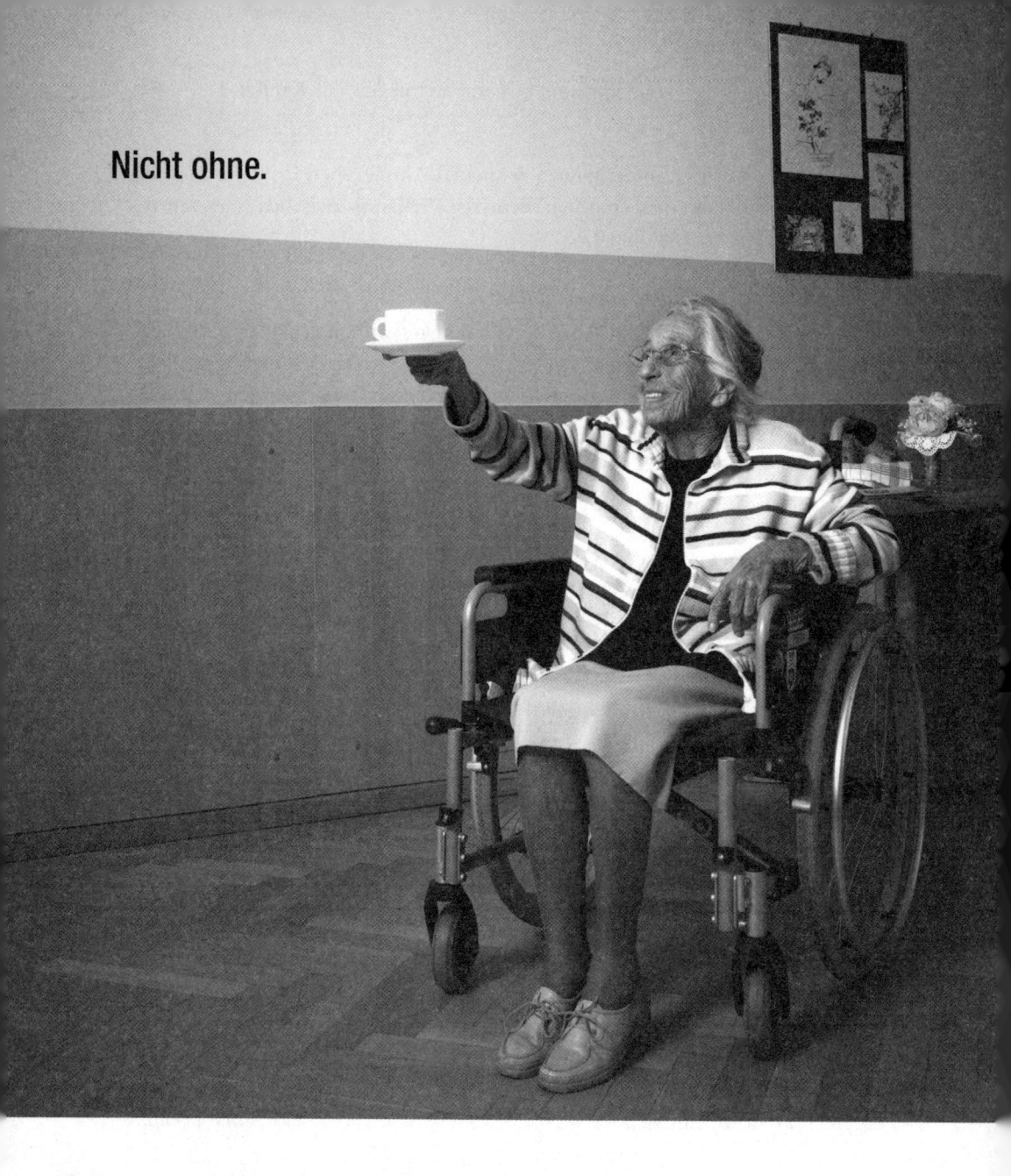

**Menschliche Betreuung schenkt Wärme.
Aber nicht ohne Unterstützung.**

Ein harmonisches und menschengerechtes Miteinander ist eine wertvolle Errungenschaft unserer Gesellschaft. Dafür die sozialen Rahmenbedingungen zu schaffen und deren Ausbau zu fördern, ist uns ein großes Anliegen. So unterstützen wir zum Beispiel die zahlreichen Initiativen im Pflegebereich. www.wst-versicherungsverein.at

WIENER STÄDTISCHE VERSICHERUNGSVEREIN

WIENER STÄDTISCHE
VIENNA INSURANCE GROUP

donau
VIENNA INSURANCE GROUP

S-VERSICHERUNG
VIENNA INSURANCE GROUP

Abgesichert im Alltag

- Pensionen – was rausschaut
- Alterssitz im Ausland
- Kreditwürdig mit 50+

Pension

AUF- ODER ABSTIEG?

Haushaltsbudget 50+:
Wofür wir in der Pension mehr und weniger Geld ausgeben

Pensionistenindex PIPH 2014
allgemeiner Verbraucherpreisindex (VPI 2014)

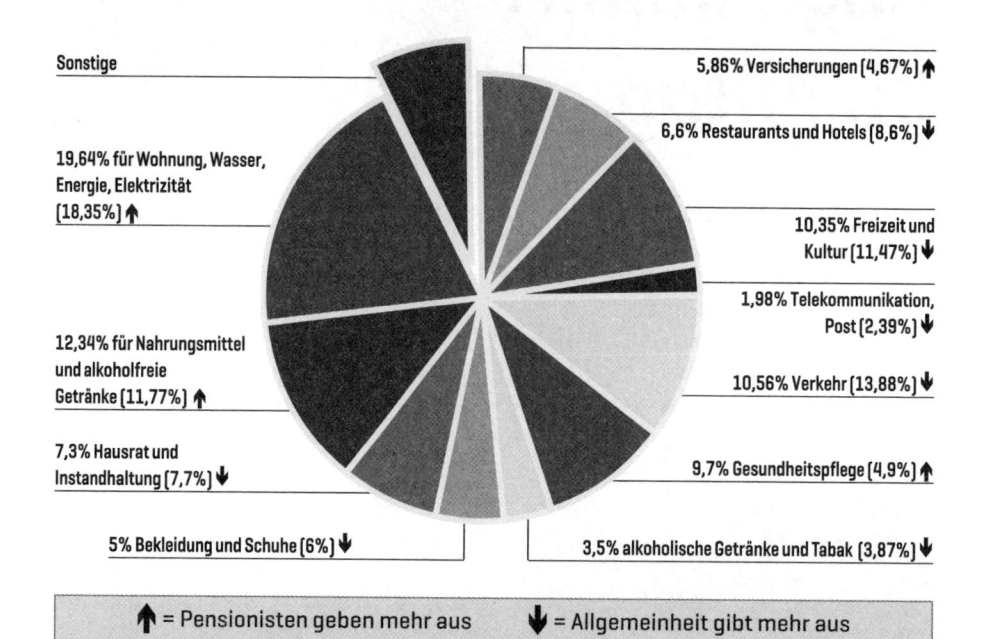

Sonstige

19,64% für Wohnung, Wasser, Energie, Elektrizität (18,35%) ↑

12,34% für Nahrungsmittel und alkoholfreie Getränke (11,77%) ↑

7,3% Hausrat und Instandhaltung (7,7%) ↓

5% Bekleidung und Schuhe (6%) ↓

5,86% Versicherungen (4,67%) ↑

6,6% Restaurants und Hotels (8,6%) ↓

10,35% Freizeit und Kultur (11,47%) ↓

1,98% Telekommunikation, Post (2,39%) ↓

10,56% Verkehr (13,88%) ↓

9,7% Gesundheitspflege (4,9%) ↑

3,5% alkoholische Getränke und Tabak (3,87%) ↓

↑ = Pensionisten geben mehr aus   ↓ = Allgemeinheit gibt mehr aus

Laut Wirtschaftsinstitut Wifo sinken die Konsumausgaben in der Pension um fünf bis 15 Prozent.

Quelle: Statistik Austria

Anstieg der Preise für Pensionistenhaushalte
im Vergleich zum Allgemeinen Preisanstieg

PIPH* = Preisindex für Pensionistenhaushalte
VPI* = allgemeiner Verbraucherpreisindex

Quelle: Statistik Austria

Langsam arbeiten wir länger
Durchschnittsalter der Pensionsneuzugänge

	2009	2010	2011	2012	2013
Durchschnittsalter ♂	59,1	59,1	59,2	59,4	59,6
Durchschnittsalter ♀	57,1	57,1	57,3	57,4	57,5

Höhe der Pensionen – Nettoersatzraten im Jahr 2013
Was Pensionsneuzugänger 2013 in Prozent ihres Letztbezuges (ohne Sonderzahlung) erhalten

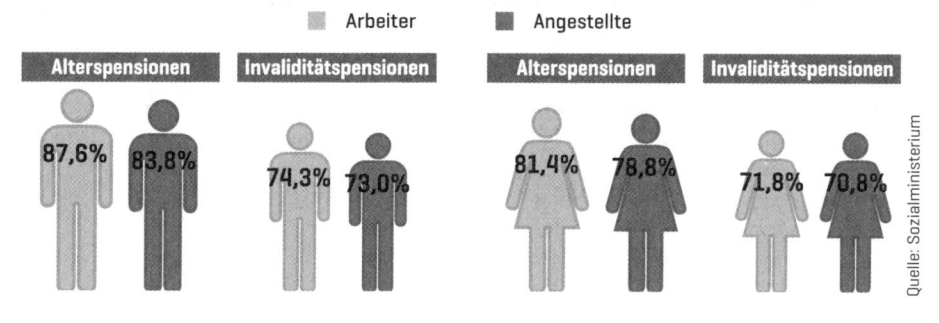

■ Arbeiter   ■ Angestellte

Alterspensionen: 87,6% / 83,8%
Invaliditätspensionen: 74,3% / 73,0%
Alterspensionen: 81,4% / 78,8%
Invaliditätspensionen: 71,8% / 70,8%

Quelle: Sozialministerium

Aufwand für die Pensionen
Durchschnittsalter der Pensionsneuzugänge

(Diagramm 2009–2014: Gesamtaufwand der Pensionsversicherungen inklusive Ausgleichszulagen; davon Bundeszuschüsse aus dem Budget)

Während das österreichische Bruttoinlandsprodukt von 2009 bis Mitte Mai 2014 um 16,9 Prozent angestiegen ist, ist der Pensionsaufwand um 21,7 Prozent gestiegen. Die Bundeszuschüsse erhöhten sich um 22,7 Prozent – der Staat muss von Jahr zu Jahr mehr zum Pensionssystem Mittel zuschießen – 2014 voraussichtlich über 10,5 Milliarden Euro – weil die Einnahmen aus den Beiträgen nicht ausreichen!

Quelle: Sozialministerium

Österreichische Durchschnittspensionen ohne Zulagen und Zuschüsse

	Männer	Frauen	Männer + Frauen	Veränderungen zu 2012 in %
Alle Direktpensionen (IP+AP)	1.435	889	1.143	2,70%
Alterspensionen	1.500	899	1.162	2,80%
davon normale AP	1.443	867	1.111	3,10%
davon Langzeitversicherte	2.191	1.528	1.888	-0,30%
Invaliditätspensionen	1.113	740	997	1,60%
Witwen/rpensionen	312	666	632	2,60%
Waisenpensionen	253	253	253	2,50%

Quelle: Sozialministerium

Haushaltskosten – vor und nach der Pensionierung

Die für die Geldbörse gute Nachricht vom österreichischen Wirtschaftsforschungsinstitut Wifo: Empirische Untersuchungen zeigen, dass die Konsumausgaben nach der Pensionierung insgesamt um fünf bis 15 Prozent sinken!

Man kauft nicht nur weniger ein, sondern konsumiert auch andere Dinge im Alter. Mehr wird naturgemäß für Gesundheit(-spflege), Medikamente und Rezeptgebühren ausgegeben. Höher sind die Ausgaben für private Krankenzusatz- und Unfallversicherungen.

Als Pensionist erspart man sich dafür rund die Hälfte bei häufig berufsbedingten Ausgaben wie Fahrtkosten und Bekleidung. Die Wohnkosten bleiben hingegen oft die gleichen, weil man seine lang bewohnten, eigenen vier Wände nicht aufgibt, auch wenn die Großfamilie längst ausgezogen oder der Partner bereits verstorben ist.

Die Kosten für Heizung, Beleuchtung, Wasser sind meist höher, aus dem einfachen Grund, dass man öfter zu Hause ist als im Berufsleben. Weniger wird hingegen für Freizeitaktivitäten und in der Gastronomie ausgegeben (siehe Tortengrafik auf den vorhergehenden Seiten). Der Kasten unten zeigt, wie die Ausgaben eines Pensionistenhaushalts ausschauen könnten.

Auch wenn die Pensionisten weniger ausgeben, als der Durchschnitt der Bevölkerung, bleibt ihnen nicht mehr im Börsl. Sie haben auch geringere Einkommen. Das jährliche Durchschnittsnettoeinkommen der Österreicher liegt laut Eurostat zwar europaweit an siebter Stelle mit einem Durchschnittseinkommen von 20.447

Haushalts-Budget eines Pensionistenpaares
Referenzhaushalt (Seniorenpaar, 65 und 69 Jahre)
Gesamtausgaben: 3.000 Euro/Monat

	Anteil in %	Ausgaben in €
Ernährung, alkoholfreie Getränke	12,4	372
alkoholische Getränke/Tabakwaren	2,2	66
Bekleidung, Schuhe	4,9	147
Wohnen, Energie	24,8	744
Wohnungsausstattung	7,4	222
Gesundheit	4,5	135
Verkehr	14,6	438
Kommunikation	1,5	45
Freizeit, Sport, Hobby	12,4	372
Café, Restaurant	5,2	156
sonstige Ausgaben	10,1	303

Zusammengestellt von Michael Kordovsky

und 31.289 Euro je nach Bildungsabschluss. Männer im Ruhestand müssen sich laut Statistik Austria aber mit einem durchschnittlichen Nettoeinkommen von 19.803, Pensionistinnen gar mit 13.244 Euro begnügen!

Pensionsansprüche

Die Pensionen sind meist niedriger als das Letztgehalt – das leuchtet ein. Doch was schaut denn wirklich bei der staatlichen, umlage-finanzierten Pension raus? Kann die jüngere Generation, die stark steigende Zahl der Pensionsempfänger künftig noch finanzieren? Wenn man in die Glaskugel schaut, sieht man da noch die eine oder andere Pensionsreform auf uns zukommen, die darauf abzielt, dass die Menschen länger arbeiten und damit weiter Beiträge leisten, anstelle Pensionen zu beziehen.

Faktum ist, dass die Ausgaben für die Pensionen deutlich dynamischer sind als das Wachstum der österreichischen Wirtschaftsleistung (BIP). So sind laut Sozialministerium (Factsheet Juli 2014) der Aufwand für Pensionen inklusive Ausgleichszulagen von 2009 bis 2014 um 21,7 Prozent, das BIP aber nur um 16,9 Prozent gestiegen. Insgesamt werden 38,64 Milliarden Euro an Österreichs Senioren ausgezahlt, die längst nicht mehr zur Gänze von den Beiträgen bezahlten werden können. Der Staat muss zur Deckung aus dem Budget rund 10,5 Milliarden Euro 2014 beisteuern und der Bundeszuschuss steigt stetig an. Hier sind noch nicht die netto 6,34 Milliarden Euro hinzu gerechnet, die der Staat nach Abzug der Pensionsbeiträge der Beamten für seine pragmatisierten Angestellten benötigt.

Es ist aber nicht so, dass bisher nichts geschehen ist. In der Vergangenheit hat es schon einige einschneidende Pensionsreformen gegeben (siehe nächste Seite).

Bei den folgenden Pensionsmusterbeispielen gehen wir von der derzeitigen Gesetzeslage aus, wobei die nächste Reform wohl nicht lange auf sich warten lässt. Ohne weitere Einschnitte bei den (Früh-)Pensionen wird der Finanzminister das Budget nur schwer sanieren können ...

Ansprüche aus der „erste Säule" – Die „staatliche Pension"

Die Höhe der staatlichen Pension hängt von vielen Faktoren ab: Von Ihrem Geburtsjahr, von der Höhe Ihres Verdienstes, ob die Einkommenskurve bei Ihnen relativ gleichmäßig verlief, ob Sie Teilzeit oder auch mit Unterbrechungen gearbeitet haben, von der Anzahl der Versicherungs- und Beitragsjahre, ob sie früher in Pension gehen, ob sie Beamter sind oder nicht usw.

In jedem Fall können Sie nicht mit der Höhe Ihres Letztbezuges rechnen, sondern nur mit der Nettoersatzrate. Sie gibt an, welchen Prozentsatz die Pension im Vergleich zum Letztbezug ausmacht. Sie liegt laut Gewerkschaft der Privatangestellten in Österreich bei 82 Prozent (Männer 85 Prozent, Frauen 80 Prozent). Das

Die wichtigsten Gesetzesänderungen betreffend die PV von 1980 bis 2014

1980 34. ASVG-Novelle – Einführung der Mehrfachversicherung
1981 36. ASVG-Novelle – Gleichstellung des Witwers mit der Witwe
1984 40. ASVG-Novelle – Erhöhung der Bemessungszeit von den letzten 60 Monaten auf die letzten 120 Monate
1987 44. ASVG-Novelle – Streichung der Schul- bzw. Studienzeiten als leistungswirksame Ersatzzeiten und Verlängerung der Bemessungszeit auf die letzten 180 Monate
1990 48. ASVG-Novelle – Änderungen im Ausgleichszulagenrecht zur Verbesserung der Lage der Bezieher kleinster Pensionen
1992 Bundesverfassungsgesetz über unterschiedliche Altersgrenzen von männlichen und weiblichen Sozialversicherten – Zulässigkeit gesetzlicher Regelungen, die unterschiedliche Altersgrenzen für Frauen und Männer vorsehen und Erhöhung des Regelpensionsalters für Frauen von 2024 bis 2033 vom 60. auf das 65. Lebensjahr
1993 51. ASVG-Novelle – Einführung der Gleitpension und der Anrechnung von Kindererziehungszeiten (max. 4 Jahre pro Kind), neue Pensionsbemessung durch die besten 180 Monate
1996 Strukturanpassungsgesetz – 1996 und 53. ASVG-Novelle – Gesetzliche Verankerung des Grundsatzes „Rehabilitation vor Pension", Umstellung der Pensionsauszahlung auf monatlich im Nachhinein und Vorschussleistung, Anspruchs- und Leistungswirksamkeit von Schul- bzw. Studienzeiten nur noch infolge Einkaufs, Verlängerung der Wartezeit für die vorzeitigen Alterspensionen
1998 ASRÄG 1997 und 55. ASVG-Novelle – Neuregelung der Pensionsberechnung: Ersatz des Systems von Zu- und Abschlägen durch ein System, das nur noch Abschläge bei einem Pensionsantritt vor dem Regelpensionsalter kennt (2 Steigerungs© SVA, Abt. VII 10. 09. 2014 Seite 2 von 3 Punkte für je 12 Monate des Pensionsantritts vor Vollendung des 60. (Frauen) bzw. 65. (Männer) Lebensjahres, max. 10 Steigerungspunkte bzw. 15% der Steigerungspunkte), Bemessungsgrundlage für Kindererziehungszeiten in Höhe des AZ-Einzelrichtsatzes
2000 SVÄG 2000 und SRÄG 2000 – Abschaffung der vorzeitigen Alterspension wegen geminderter Arbeitsfähigkeit, neuer Invaliditäts- bzw. Erwerbsunfähigkeitsbegriff (Tätigkeitsschutz), Erhöhung der Altersgrenze für die vorzeitige Alterspension auf 61,5 bzw. 56,5 Jahre, Erhöhung der Abschläge bei der Pensionsberechnung für vorzeitige Leistungen, Abschaffung der Altersteilpension
2003 BBG 2003 und 2. SVÄG 2003 – Verlängerung des Bemessungszeitraums auf 480 Monate bis 2028, Verminderung der Steigerungsbeträge von 2% auf 1,78%, Erhöhung der Bemessungsgrundlage für Kindererziehungszeiten auf 150% des AZ-Einzelrichtsatzes bis 2028, Berechnung einer Vergleichspension nach Rechtslage 12/2003 für Pensionsstichtage ab 2004 (Verlustdeckelung), stufenweise Anhebung des Anfallsalters für die vorzeitige Alterspension bei langer Versicherungsdauer auf das Regelpensionsalter und Auslaufen dieser Pensionsart 2017, Abschaffung der vorzeitigen Alterspension bei Arbeitslosigkeit und Abschaffung der Gleitpension, Einführung der Langzeitversicherung (Männer, geb. bis 1946 und Frauen, geb. bis 1951: Vollendung des 60./55. Lebensjahres Männer, geb. ab 1947 bis 1958 und Frauen, geb. ab 1952 bis 1963: Vollendung des 60./55. Lebensjahres + Langzeitschwerarbeit)
2005 APG – Einführung des individuellen Pensionskontos, Pensionsberechnung mittels Parallelrechnung, Einführung der Korridorpension und der Schwerarbeits© SVA, Abt. VII 10. 09. 2014 Seite 3 von 3 Pension, Wegfall der Nettoanpassung und Ersatz durch eine jährliche Anpassung auf Basis der Verbraucherpreisentwicklung
2008 SRÄG 2008 – Ausweitung der Langzeitversicherung auf weitere Geburtsjahrgänge (Männer, geb. bis 1953 und Frauen, geb. bis 1958: Vollendung des 60./55. Lebensjahres)
2010 EPG – Einbeziehung von eingetragenen Partnern in die gesetzliche Sozialversicherung (grds. Gleichstellung mit Ehepartnern)
2011 BBG 2011 – Ausweitung der Langzeitversicherung (Männer, geb. ab 1954 und Frauen, geb. ab 1959: Vollendung des 62./57.-62. Lebensjahres), Erhöhung des Beitrags für Schul- und Studienzeiten, Einführung der Härtefallregelung im Zusammenhang mit der Pension aufgrund geminderter Arbeitsfähigkeit, Verstärkung des Grundsatzes „Rehabilitation vor Pension"
2012 2. Stabilitätsgesetz – Abschaffung der Parallelrechnung und Ersatz durch die Kontoerstgutschrift
2013 SRÄG 2012 und SVÄG 2013 – Neuregelung der Invaliditäts(Berufsunfähigkeits-)pension und der Rehabilitation, Anpassungen bei der Erstgutschrift (Berechnung der Erstgutschrift mit Mindestwerten bei vorläufigen GSVG-Beitragsgrundlagen bei Mehrfachversicherung, Fristverlängerung für die Mitteilung der Kontoerstgutschrift bis 31. 12. 2014)

ist vor allem im Vergleich zu Deutschland noch sehr anständig.

Österreichs Pensionisten, die sich mit einem durchschnittlichen Pensionsantrittsalter von 58,5 Jahren im Jahr 2013 sehr früh in den Ruhestand verabschieden, kommen im internationalen Vergleich auch dann gut weg, wenn man die Ersatzrate – so wie die OECD in der Tabelle – auf das durchschnittliche Erwerbseinkommen über die gesamte Erwerbsperiode und nicht auf den Letztbezug bezieht.

Die Ersatzrate sagt natürlich nichts aus über die absolute Höhe der Pensionen und ihrer Kaufkraft. Die durchschnittliche Pension in Österreich beträgt laut Sozialministerium ohne Zuschläge und Zulagen 1.143 Euro (Männern 1.435 Euro, Frauen 889 Euro).

Österreich liegt mit einem Anteil armutsgefährdeter älterer Menschen von 16 Prozent im EU-Durchschnitt. Die Armutsgefährdung älterer Frauen ist wie überall aufgrund von geringeren Löhnen und Gehältern und weniger Versicherungszeiten deutlich höher.

Während die Armutsgefährdungsquoten aber EU-weit in den letzten Jahren deutlich gesunken sind, ist sie in Österreich gleich geblieben (siehe Tabelle).

Einfach kompliziert – die Pensionsberechnung

Durch die vielen Pensionsreformen, bei denen man jeweils den älteren Arbeitnehmern beziehungsweise Wählern nicht weh tun wollte, gab es bisher ein kompliziertes Nebeneinander von Berechnungen nach altem und neuen Pensionsrecht mit großzügigen Übergangsregelungen. Die Begründung: Jene, die wenige Jahre vor der Pension stehen, hätten ihre Lebensplanung schon auf eine bestimmte Pensionshöhe und einen (früheren) Pensionszeitpunkt abgestellt.

Armutsgefährdungsquoten älterer Menschen
in Österreich und der EU (in %)

Österreich	16,0	14,3
Frauen	19,3	17,6
Männer	11,4	9,6
EU-27*	16,0	25,6
Frauen	18,1	21,1
Männer	13,2	15,9
EU-15*	16,4	21,8
Frauen	18,4	22,1
Männer	13,9	16,9

Quelle: Eurostat; Sozialministerium
* Eurostat Schätzung

Bruttoersatzraten für die Alterspension 2013
in Prozent

Österreich	76,6
Belgien	41
Tschechien	43,5
Dänemark	78,5
Finnland	54,8
Frankreich	58,8
Deutschland	42
Italien	71,2
Niederlande	90,7
Polen	48,8
Spanien	73,9
Schweden	55,6
OECD 34 Durchschnitt	54
EU 27	57,6

Quelle: OECD
(http://www.dnet.at/opis/International.aspx)

Die OECD berechnet die Ersatzrate nicht auf Basis des Letzteinkommens vor der Pension, sondern mittels durchschnittlichem Einkommen über die gesamte Erwerbsperiode.

Diese Doppelgleisigkeit soll mit dem 2014 eingeführten „Pensionskonto Neu" langsam auslaufen. Dies gilt für alle ab 1955 Geborenen. Ziel der Kontogutschrift mit Stichtag 1. Jänner 2014 ist es, dem Versicherten seine Pensionsansprüche transparent mitzuteilen und ihm die bisher erworbene Pensionshöhe bereits darzustellen. Das Ganze selbstverständlich ohne Gewähr, da künftige Pensionsreformen sich noch auf die Bezüge (negativ) auswirken könnten, aber natürlich auch weitere Berufsjahre und Einzahlungen die Ansprüche noch erhöhen.

Auch werden die dargestellten Gutschriften jährlich mit einem Faktor 1,78 aufgewertet – das ist nicht ganz die Inflation, aber immerhin!

Das „Pensionskonto Neu" soll einem auch die Frühpension verleiden: Es wird individuell vorgerechnet, wie hoch die Abzüge sind, wenn man früher in Pension geht und wie viel höher die Pension ist, wenn man länger arbeitet. Vielleicht hält es auch den einen oder anderen wieder vor Augen, dass sich nicht alles mit Geld aufwiegen lässt ...

Was genau auf dem „Pensionskonto Neu" aufgebucht wird, hängt davon ab, ob man Versicherungszeiten bereits vor oder ausschließlich nach 2005 erworben hat. Bei jenen, die erst ab 1. 1. 2005 Versicherungszeiten erworben haben, wird die Pension in einem einzigen, persönlichen Pensionskonto berechnet. Hat man aber auch schon Versicherungszeiten vor 2005 erworben, erfolgt die Ermittlung der Pensionshöhe in Form der Parallelrechnung. Dabei wird aus allen bis Ende 2013 erworbenen Versicherungsmonaten eine „Kontoerstgutschrift" zum 1. 1. 2014 gebildet und im neuen Pensionskonto zusätzlich zu den erworbenen Ansprüchen ab 2014 eingetragen. Das betrifft 3,6 der 4,9 Millionen Konten bei der Pensionsversicherungsanstalt. Zwei Drittel dieser Konten sind allerdings lückenhaft. Deshalb wurden jene Versicherten im Rahmen des Datenergänzungsverfahrens schriftlich kontaktiert. Vor al-

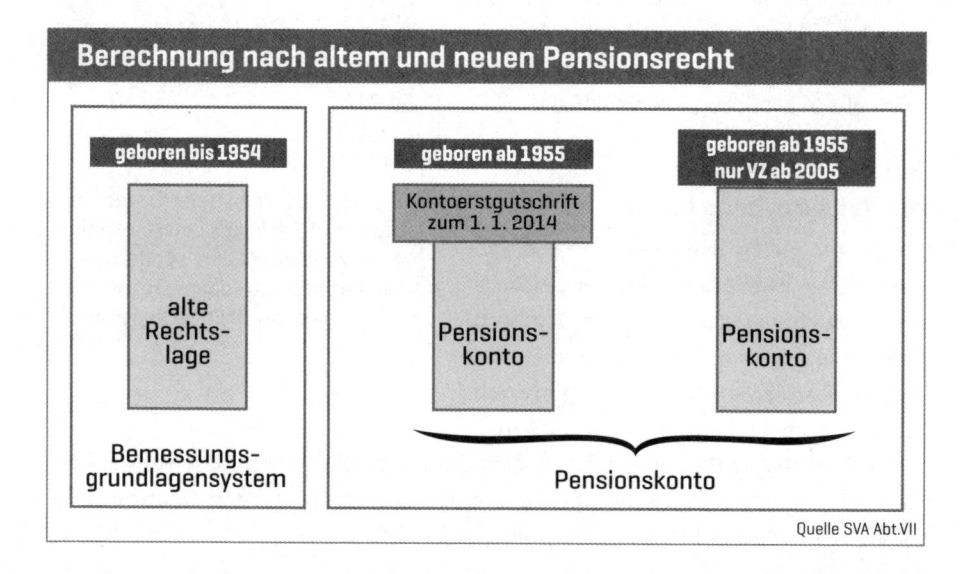

Berechnung nach altem und neuen Pensionsrecht

geboren bis 1954: alte Rechtslage — Bemessungsgrundlagensystem

geboren ab 1955: Kontoerstgutschrift zum 1. 1. 2014 → Pensionskonto

geboren ab 1955 nur VZ ab 2005: Pensionskonto

Pensionskonto

Quelle SVA Abt.VII

lem Studien- und Ausbildungszeiten mussten nachgetragen werden.

Unterm Strich wird aber die neue Berechnung mit Kontogutschrift auf dem Pensionskonto nicht genau das Gleiche ergeben, wie die alte Ermittlung nach den ASVG-Bestimmungen von 2004. Deshalb wird eine fiktive Pension jeweils nach beiden Methoden berechnet, wobei die möglichen Verluste oder Gewinne durch die Umstellung der Berechnungsmethode für jeden Jahrgang gedeckelt sind (siehe Tabelle).

Je jünger man ist, desto größer ist somit die Gewinn- und Verlustspanne. Wer ab 1965 geboren ist, kann demnach 3,5 Prozent Pension mehr oder weniger gegenüber der alten Berechnung erhalten.

Was man mit dem Pensionskonto Neu" gegenüber der bisherigen Berechnung maximal verlieren und gewinnen kann:

Jahrgang	Untergrenze	Obergrenze
1955	98,5%	101,5%
1956	98,3%	101,7%
1957	98,1%	101,9%
1958	97,9%	102,1%
1959	97,7%	102,3%
1960	97,5%	102,5%
1961	97,3%	102,7%
1962	97,1%	102,9%
1963	96,9%	103,1%
1964	96,7%	103,3%
ab 1965	96,5%	103,5%

Quelle SVA, Abteilung VII

Zu den Gewinnern der Einführung des „Pensionskonto Neu" zählt man im Allgemeinen, wenn man einen über die Jahre gleich bleibenden Verdienst mit vielen Versicherungsjahren hat. Mit weniger Pension ist laut Arbeiterkammer bei weniger Versicherungsjahren, bei stark steigendem Verdienst im Lauf des Arbeitslebens oder bei längeren Phasen von Teilzeitarbeit zu rechnen.

Unter https://www.sozialversicherung.at/pktesv/ (Login mittels Handy-Signatur oder Bürgerkarte) kann man detaillierten Einblick in sein Konto samt Gutschriften nehmen und die Anzahl der Versicherungsmonate ablesen, sowie den monatlich ermittelten fiktiven Pensionswert.

TIPP

Reguläre Alterspension – mit was man konkret rechnen kann

Wie die Pensionshöhe konkret ermittelt wird nach den drei verschiedenen Berechnungsarten (Jahrgänge vor 1955, Jahrgänge nach 1955 mit und ohne Versicherungszeiten vor 2005) zeigen folgende Rechenbeispiele der Sozialversicherungsanstalt, Abteilung 7.

Beispiel 1: Pensionsberechnung nach dem Altrecht

Ein im Juli 1949 geborener Mann geht zum Regelpensionsalter (65 Lebensjahr) am 01. 08. 2014 in Pension. Da er vor 1955 geboren ist, wird seine Rente noch nach altem Recht von 2003 ermittelt:

Berechnungsschritt 1 (Stichtagsrecht):
Er hat 400 Versicherungsmonate erworben. Die Bemessungsgrundlage beträgt € 2.000. Er erhält 59,33 (400x1,78/12) Pensionsprozente. 59,33 Prozent von € 2.000 ergibt den Betrag von € 1.186,66. Dieser ermittelte Wert wird mit der Vergleichspension (Rechtslage 2003) abgeglichen.

Berechnungsschritt 2 (Rechtslage 2003):
Die Bemessungsgrundlage nach der Rechtslage 2003 beträgt € 2.100. Für 400 Versicherungsmonate ergibt sich ein Prozentsatz von 66,667 (= 400x2/12).
66,667 Prozent von € 2.100 ergibt € 1.400,00.
Der Verlustdeckel fur 2014 ist 7,50 Prozent. Die Vergleichspension macht daher € 1.295 (= 92,50 Prozent von € 1.400) aus. Das ist höher als die Pension nach Stichtagsrecht. Die Pension des Mannes beträgt daher € 1.295 brutto, wovon natürlich noch Steuern und Abgaben zu leisten sind – jedoch dazu mehr im nächsten Unterkapitel.

Beispiel 2: Pensionskonto Neu mit Kontogutschrift

Eine Frau, geboren 13. 05. 1965, hat vor 2005 Versicherungszeiten erworben. Sie erreicht das Anfallsalter fur die Alterspension (Anhebung des Anfallsalters auf 61,5 Jahren) im November 2026. Der Pensionsstichtag für die Regelalterspension ist der 01. 12. 2. 026.

Die Frau hat bereits Versicherungszeiten vor 2005 erworben, daher erhält sie für die „alten Zeiten" zum Start des Pensionskontos eine Kontogutschrift aufgebucht. Dafür wird für jedes Monat gesammelter Zeiten das Bruttoeinkommen mit dem Faktor 1,78 Prozent multipliziert (14 Monate pro Jahr). Weiters gibt es eine jährliche Aufwertungszahl, die sich aus der Steigerung der durchschnittlichen Beitragsgrundlage im Vorjahr gegenüber dem Jahr zuvor ergibt.

Jahr	Jahressumme der Beitragsgrundlage	Teilgutschrift (= 1,78% der BGL-Summe)	Aufwertungs-faktor	Gesamtgutschrift = Teilgutschrift + aufgewertete Gutschrift
	Kontoerstgutschrift			6.000,00 €
2014	29.600,00 €	526,88 €	1,02	6.646,88 €
2015	30.600,00 €	544,68 €	1,02	7.324,50 €
2016	31.600,00 €	562,48 €	1,02	8.033,47 €
usw.				
2024	39.600,00 €	704,88 €	1,02	14.911,86 €
2025	40.600,00 €	722,68 €	1,02	15.932,77 €
Nov. 26	38.133,33 €	678,77 €	1,02	16.930,20 €

Aufwertung ab 2014 mit dem fiktiven Faktor 1,02   Quelle SVA, Abt. 7

In Zahlen für dieses Beispiel bedeutet das:
Die Gesamtgutschrift beträgt also € 16.930,20, davon ein Vierzehntel (zwei Sonderzahlungen im Jahr) ergibt für die Frau eine Alterspension von € 1.209,30 brutto im Monat (16.930,20/14).

Beispiel 3: Es gilt das reine Pensionskonto
Ein Mann, geboren am 12. 12. 1984, hat vor 2005 keine Versicherungszeiten erworben und erhält daher auch keine Kontogutschrift. Der junge Mann erreicht das Regelpensionsalter (65 Jahre) mit Dezember 1949. Für ihn gilt folgende Berechnung:

Jahr	Jahressumme der Beitragsgrundlage	Teilgutschrift (= 1,78% der BGL-Summe)	Aufwertungsfaktor	Gesamtgutschrift = Teilgutschrift + aufgewertete Gutschrift
2005	20.600,00 €	366,68 €		366,68 €
2006	21.600,00 €	384,48 €	1,024	759,96 €
2007	22.600,00 €	402,28 €	1,023	1.179,72 €
usw.				
2047	62.600,00 €	1.114,28 €	1,02	46.156,78 €
2048	63.600,00 €	1.132,08 €	1,02	48.211,99 €
2049	64.600,00 €	1.149,88 €	1,02	50.326,11 €

Aufwertung ab 2014 mit dem fiktiven Faktor 1,02   Quelle SVA, Abt. 7

Von der Gesamtgutschrift (€ 50.326,11) wird wiederum ein Vierzehntel genommen. So ergibt sich für ihn vom heutigen Standpunkt eine monatliche Alterspension von € 3.594,72 brutto.

Früher in Pension – weniger Lohn

Das „Pensionskonto Neu" verdeutlicht nochmals, was der Versicherte ohnedies weiß: Wer früher als gesetzlich vorgesehen in Pension gehen möchte, muss gewaltige Abstriche machen. Hierzu wiederum einige Rechenbeispiele, erstellt von der Sozialversicherung. Die Details über die Abschläge und Frühpensionsmöglichkeiten finden Sie in Kapitel vier.

Beispiel 1: Vorzeitige Alterspension
Ein im Mai 1950 geborener Mann geht zum frühest möglichen Zeitpunkt mit 64 Jahren und zwei Monaten (zehn Monate vor dem Regelpensionsalter 65. Lebensjahr) am 01. 08. 2014 in eine vorzeitige Alterspension.

Berechnungsschritt 1 (Stichtagsrecht):
Er hat 45 Versicherungsjahre (540 Versicherungsmonate) erworben. Die Bemessungsgrundlage beträgt € 2.000. Er erhält zunächst 80,10 (45 Jahre à 1,78 Prozent) Pensionsprozente. 80,10 Prozent von € 2.000 ergibt einen Betrag von € 1.602.

Von diesem werden € 56,07 (10x0,3 =3,5 Prozent von € 1.602) als Abschlag für zehn Monate vor dem 65. Lebensjahr (Regelpensionsalter) abgezogen. Das ergibt € 1.545,93 (€ 1.602–56,07). Dieser ermittelte Wert wird mit der Vergleichspension (Rechtslage 2003) abgeglichen.

Berechnungsschritt 2 (Rechtslage 2003):
Die Bemessungsgrundlage nach der Rechtslage 2003 beträgt € 2.100. Für 45 Versicherungsjahre (540 Versicherungsmonate) ergibt sich ein Prozentsatz von 90 (= 45x2 Prozent).

Von diesem Prozentsatz werden 2,5 Punkte (3 Punktex10/12) als Abschlag für zehn Monate vor dem 65. Lebensjahr (Regelpensionsalter) abgezogen. 90 Prozent abzüglich 2,5 Prozent ergeben 87,5 Prozent. Nach dieser Rechtslage darf der Steigerungsbetrag 80 Prozent der Bemessungsgrundlage nicht übersteigen. 80 Prozent von € 2.100 ergibt € 1.680.

Der Verlustdeckel fur 2014 ist 7,5 Prozent. Die Vergleichspension macht daher € 1.554 (= 92,50 Prozent von € 1.680) aus. Das ist höher als die Pension nach dem Stichtagsrecht.

Die Pension des Mannes beträgt daher € 1.554 brutto.

Beispiel 2: Erwerbsunfähigkeitspension
Wenn die Pension aus Gesundheitsgründen vor dem 60. Lebensjahr in Anspruch genommen werden muss, wird die Pension aufgestockt, um eine unverschuldete Kleinstpension zu verhindern. Für diese Aufstockung werden auch jene Monate berücksichtigt, die bei Weiterarbeit bis zum 60. Lebensjahr erworben worden wären.

Hier das Beispiel eines im Dezember 1954 geborenen Mannes. Er hat 28 Versicherungsjahre (336 Versicherungsmonate) erworben und bekommt mit 59,5 Jahren (5,5 Jahre vor dem 65. Geburtstag) am 01. 07. 2014 die Erwerbsunfähigkeitspension zuerkannt.

Berechnungsschritt 1 (Stichtagsrecht):
Die Bemessungsgrundlage beträgt € 1.000. Weil er sechs Kalendermonate vor dem 60. Lebensjahr in Pension geht, werden ihm sechs Zurechnungsmonate angerechnet.

Das ergibt insgesamt 50,73 Steigerungspunkte (336+6=342x1,78/12) und eine Leistung von € 507,30 (1.000x50,73 Prozent). Der Abschlag für 5,5 Jahre vor dem 65. Geburtstag beträgt € 70 (Maximalabschlag von 13,8 Prozent).

Die Pension beträgt somit € 437,29 brutto.

Berechnungsschritt 2 (Rechtslage 2003):
Die Bemessungsgrundlage beträgt € 1.000. Zurechnungsmonate werden nach der Rechtslage 2003 nur bis zum Alter von 56,5 Lebensjahren vergeben. Es werden somit keine Zurechnungsmonate angerechnet.

Das ergibt insgesamt 56 Steigerungspunkte (336x2/12). Der Abschlag beträgt 15 Prozent (Maximalabschlag) von 56 Steigerungspunkten und ergibt 8,4 Steigerungspunkte.

47,6 Prozent (56–8,4=47,6) von der Bemessungsgrundlage € 1.000 ergibt die Vergleichspension € 476 brutto. Es gilt auch hier der Verlustdeckel für 2014 von 7,5 Prozent. Die Vergleichspension macht daher € 440,30 (= 92,50 Prozent von € 476) aus. Das ist höher als die Pension nach dem Stichtagsrecht.

Die Pension des Mannes beträgt daher € 440,30 brutto pro Monat.

Beispiel 3: Schwerarbeitspension
Eine Frau, geboren am 13. 05. 1965 erreicht das Anfallsalter für die Alterspension (Anhebung des Anfallsalters auf 61,5 Jahren) im November 2026. Der Pensionsstichtag für die Regelalterspension ist somit der 01. 12. 2026. Sie beantragt zum 01. 06. 2025 (60. Lebensjahr), aufgrund von 540 Versicherungsmonaten und zehn Jahren Schwerarbeit in den letzten 20 Kalenderjahren vor dem Stichtag, die Schwerarbeitspension.

Sie hat es bis dahin auf eine Gutschrift auf ihrem Pensionskonto von € 15.511, 21 gebracht, was ihr – hätte sie schon das Regelpensionsalter erreicht – eine monatliche Bruttopension von € 1.107,94 beschert hätte. Bei der Berechnung der Schwerarbeitspension wird ein Abschlag von 0,15 Prozent pro Monat verrechnet, den man früher in den Ruhestand tritt. Bei ihr beträgt also der Abschlag 2,7 Prozent (0,15x18 Monate Inanspruchnahme vor dem Anfallsalters für die Alterspension), absolut sind es € 29,91 Abschlag. Ihre Pension beträgt somit € 1.078,03 brutto pro Monat (1.107,94–€ 29,91).

Beispiel 4: Korridorpension
Ein Mann, geboren am 12. 12. 1987, erreicht im Dezember 2049 das Anfallsalter für die Korridorpension (62 Lebensjahre) und hat 480 Versicherungsmonate erworben. Der Pensionsstichtag ist der 01. 01. 2050.

Bis zum Pensionsstichtag hat er auf seinem Pensionskonto eine Gutschrift von € 50.325,11 stehen. Dies würde – wäre er schon im Regelpensionsalter – für ihn eine monatliche Bruttopension von € 3.594,72 ergeben. Beim vorzeitigen Pensionsantritt mit 62 Jahren ist jedoch ein Abschlag von 0,425 Prozent pro Monat fällig, den er vor dem Regelpensionsalter (65. Lebensjahr) in Pension geht. Das gibt einen Abschlag von der monatlichen Bruttopension von € 549,99 (0,425 Prozentx36 Monate = 15,3 Prozent). Die monatliche Rente beträgt somit „nur" € 3.044,73.

> **Jugend hat kein Alter.**
>
> **Pablo Picasso (1881–1973)**

Die Pensionseinbußen durch die Abschläge bei Frühpensionen sind also beträchtlich. Noch dazu gelten sie lebenslänglich und nicht nur bis zum Erreichen des Regelpensionsalters.

Bei einer durchschnittlichen Lebenserwartung von 80 Jahren, kann man also noch leicht 20 Jahre und länger in den Pensionsgenuss kommen, und da fallen die Abschläge dann schwer ins Gewicht.

Im Beispiel der Frau, die nur zehn Monate früher als vorgesehen die vorzeitige Alterspension antritt, summieren sich die Abschläge über 20 Jahre auf 13.440 Euro.

> *Statt frühzeitig Alterspension zu beziehen, kann man sich auch selbst bis zum Regelpensionsalter versichern und sich durch Eigenvorsorge finanziell absichern (private Bridging-Modelle siehe Kapitel 4). Ob man mit der ausschließlich eigenfinanzierten Überbrückungspension wirklich besser fährt, als lebenslange Abschläge zu akzeptieren, muss man individuell ausrechnen.*

Wer mit der Pension nicht sein Auslangen findet oder einfach noch beruflich aktiv sein möchte, kann übrigens so viel dazuverdienen, wie er will, ohne dass die Pension gekürzt wird, vorausgesetzt er bezieht die „normale" Alterspension, die Frauen ab 60, Männern ab 65 Jahre zusteht. Für Frühpensionisten gibt es strenge Zuverdienstgrenzen – mehr dazu in Kapitel 3.

> *Wie hoch Ihre persönliche Pensionslücke, also die Differenz zwischen dem jetzigen Einkommen und der zukünftigen hochgerechneten Pension tatsächlich ist, können Sie beispielsweise mit dem Pensionslückenrechner auf www.pensionskonto.at berechnen. Auch Banken und Versicherungen haben auf Ihre Internet-Seiten längst Pensionslückenrechner gestellt, so zum Beispiel die Bank Austria (www.bankaustria.at/rechner-pensionslueckenrechner.jsp), die Erste Bank und Sparkassen (https://rechner.sparkasse.at/calc/PensionsGap/Home), die Wiener Städtische (https://www.kapdion.com/pension14wst/), die Generali (https://www.generali.at/service/pensionslueckenrechner.html) usw.*

Ansprüche aus der betrieblichen Vorsorge

Die zweite Säule des Pensionssystems ist in Österreich nicht gerade die tragende (siehe Tabelle rechts). Doch 300 bis 400 Euro zusätzliche Pension vom Unternehmen zu haben oder nicht haben macht bei durchschnittlichen Angestelltenalterspensionen von 2.004 Euro brutto für Männer und 1.186 Euro für Frauen schon einen Unterschied.

Während in Österreich Pensionskassenverträge oder direkte Leistungszusagen für Geschäftsführer und Topmanager nicht allzu verbreitet sind, wurde mit 2003 die „Abfertigung Neu", betriebliche Vorsorgekassen für die breiten Massen geschaffen.

„Abfertigung Neu" für fast alle

In den Genuss der „Abfertigung Neu" kommen alle, die nach 2003 einen neuen Dienstvertrag abgeschlossen haben. Auch für langjährige Arbeitnehmer wird automatisch in eine Form der betrieblichen Vorsorge angespart, wenn sie sich mit ihrem Dienstgeber aktiv auf einen Umstieg von Abfertigung Alt auf Neu geeinigt haben. Ebenfalls darunter fallen seit 2008 alle freien Dienstnehmer sowie selbständige GSVG-Versicherte. Freiberufler können sich üblicherweise freiwillig dafür entscheiden. „Einmal dabei, ist aber kein Hinausoptieren mehr möglich", warnt Betriebliche-Vorsorge-Experte Peter Prandstätter, Geschäftsführer von benefit consulting.

Für sie alle werden 1,53 Prozent ihres Bruttoentgelts lohnsteuerfrei Monat für Monat in die jeweilige Vorsorgekasse eingelegt. Spätestens mit Antritt der Pension hat man dann die Wahl: einmalige Auszahlung oder lebenslange Rente?

Lässt man sich das Kapital auszahlen, fällt dafür ein Lohnsteuersatz von sechs Prozent an. Entscheidet man sich dagegen für eine Zusatzpension lebenslang, bleiben die Zahlungen zur Gänze steuerfrei.

Wie viel dabei am Ende herausschauen kann, kommt natürlich auf die Dauer der Einzahlung, die Höhe des Einkommens des jeweiligen Arbeitnehmers und auf die Performance der Vorsorgekasse an. Die Tabelle zeigt, wie hoch die jährliche Rendite ist, mit der Ihre künftigen Ansprüche aus der „Abfertigung Neu" aktuell verzinst werden:

Vorsorgekassen: Das bringen sie aktuell	
Rendite in Prozent, 2. Quartal 2013	
APK	2,02%
BAWAG ALLIANZ	2,54%
BONUS	2,82%
BUAK	2,56%
FAIR-FINANCE	3,78%
NÖVK	2,55%
VALIDA	1,85%
VALIDA MVK Plus	2,32%
VBV	2,44%
Victoria-Volksbanken VK	2,20%
Quelle: Mercer	

Was am Ende bei der „Abfertigung Neu" herausschauen kann, haben Versicherungsmathematiker von Valida Consulting anhand von zwei Beispielen ausgerechnet.

Akademiker, der mit 26 Jahren ins Berufsleben einsteigt

Ab dem 43. Lebensjahr verdient er über der Höchstbeitragsgrundlage. Zuletzt, mit 65 Jahren, ist er bei einem Netto-Monatsgehalt von 4.310 Euro. Die Durchschnittsperformance der Vorsorgekasse liegt bei 2,5 Prozent. Das ergibt ein Abfertigungsguthaben bei Pensionsantritt von 110.100 Euro. Oder eine lebenslange, steuerfreie Zusatzpension aus der Abfertigung von 338 Euro monatlich, 14mal im Jahr.

Beispiel 2: Maturantin mit Teilzeitjahren, Berufseinstieg mit 19 Jahren

Die Maturantin hatte zwei gehaltslose Jahre wegen Mutterkarenz, zehn Jahre Teilzeitbeschäftigung, dabei einen kontinuierlichen Gehaltsanstieg. Das Letztgehalt liegt bei 3.000 Euro netto. Das ergibt ein Abfertigungsguthaben bei Pensionsantritt von 78.610 Euro. Oder eine lebenslange, steuerfreie Zusatzpension aus der Abfertigung von 236 Euro monatlich, 14mal im Jahr.

TIPP *Ihre eigenen Werte – sowohl für die Abfertigung Alt wie die Abfertigung Neu – können Sie übrigens im Internet unter https://abfertigung.arbeiterkammer.at berechnen!*

Zugriff auf die Abfertigung Neu haben Sie übrigens auch, wenn Sie unverschuldet zum Frühpensionisten werden: Sobald man in einem Unternehmen mindestens drei Jahre beschäftigt war und danach vom Arbeitgeber gekündigt wird, einvernehmlich ausscheidet (oder berechtigt vorzeitig austritt), darf man auf das bis dahin in der Vorsorgekasse angesparte Geld zugreifen.

€ *Nimmt man das Kapital zu Gänze aus der Vorsorgekasse, muss man sechs Prozent Lohnsteuer zahlen, wählt man die Rente, bleibt die Auszahlung lebenslang steuerfrei.*

Zukunftssicherung – das 300-Euro-Zuckerl

Für viele Angestellte und auch Bundes-, Landes- oder Vertragsbedienstete wird vom Arbeitgeber in die Betriebliche Zukunftssicherung nach § 3 (1) Zi. 15 lit. a EStG angespart, kurz „Zukunftssicherung" genannt.

So mickrig leider der maximal begünstigte Ansparbetrag ist – 25 Euro im Monat, macht 300 Euro im Jahr –, so großzügig ist an sich die Begünstigung.

Bei der Zukunftssicherung gibt es zwei Varianten:

1. Der Arbeitgeber finanziert die maximal 25 Euro im Monat (= 300 Euro im Jahr) als Sozialleistung.
2. Der Arbeitnehmer verwendet einen Teil seines Einkommens dafür (Ge-

Zukunftssicherung: Mehr als das Doppelte dank Steuervorteil!

Annahmen: Einzahlung vom 30. bis 65. Lebensjahr, Gesamtverzinsung 3,4% (Stand 05/2014 bei s Versicherung), einbezahlte Prämien abzüg. VerSt. und diversen Kosten

	Gehaltserhöhung	Modell 1: Sozialleistung	Modell 2: Gehaltsumwandlung
Aufwand Unternehmen p. a.	389,19	300,00	365,49
Sozialversicherungsbeitrag AG (21,83%)	65,49	-	65,49
Lohnnebenkosten 7,9%	23,70	-	-
Bruttolohn p. a./Einzahlung p. a.	300,00	300,00	300,00
Sozialversicherungsbeitrag AN (18,07%)	54,00	-	54,00
Lohnsteuer (43,214%)	106,31	-	-
Nettolohn p. a./Einzahlung p. a.	139,69	300,00	300,00
prognostizierte Auszahlung mit 65 Jahren	**7.304,64**	**18.800,78**	**18.800,78**

Quelle: DI Manfred Rapf/VVO

haltsumwandlung).

In beiden Fällen fallen die Lohnnebenkosten weg und der Arbeitnehmer erspart sich die Lohnsteuer. Finanziert der Arbeitgeber die Vorsorge, fallen auch noch die Sozialversicherungsabgaben (beim Arbeitgeber und beim Arbeitnehmer) weg. Weiters kann der Arbeitgeber die Kosten als Betriebsausgabe absetzen.

Wie viel mehr das Zukunftssicherungsmodell im Vergleich zu einer Gehaltserhöhung bringt, hat Manfred Rapf, Vorstand der sVersicherung, durchgerechnet (siehe Tabelle links).

Ergebnis: Wird die Zukunftssicherung mit 30 Jahren abgeschlossen und man hält 35 Jahre durch, erhält man am Ende mit 65 Jahren 18.801 Euro ausbezahlt – oder man entscheidet sich für eine Rente, in Höhe von etwa 90 Euro monatlich.

Hätte man die 300 Euro jährlich hingegen als zusätzlichen Bruttolohn erhalten (Gehaltserhöhung), hätte man gut 60 Prozent weniger netto heraus erhalten: und zwar lediglich 7.305 Euro insgesamt!

Auch wenn Sie sich vielleicht nicht mehr auf 30 Jahre „zurückbeamen" können – mit 50 bis Mitte 50 hat man immer noch ein paar Jährchen vor sich, bei denen man die Möglichkeit der Zukunftssicherung über das Unternehmen nutzen kann.

Pensionskasse, Anspruch nicht für die Masse

Pensionskassen, die wohl bekannteste Form der betrieblichen Vorsorge, kommen nur 23 Prozent der heimischen Arbeitnehmern zugute, besagt eine Studie von Mercer aus 2013 – eben dann, wenn sich der Arbeitgeber dafür entscheidet. Wenn, dann zahlt sich so eine Rente aber aus, zumindest für heutige Pensionisten: rund 470 Euro monatlich (14mal jährlich) erhalten sie derzeit im Durchschnitt ausgezahlt.

Sie als Arbeitnehmer eines Unternehmens mit Pensionskasse können selbst noch etwas dazu ansparen (maximal in Höhe der Einzahlung des Arbeitgebers). Und ab dem 55. Lebensjahr kann man auch entscheiden, ob man nicht lieber in eine Versicherungslösung (Betriebliche Kollektivversicherung, kurz BKV) überwechseln mag.

Diese Wahlfreiheit hat man aber nur, wenn der Arbeitgeber zusammen mit dem Betriebsrat die vertraglichen Voraussetzungen dafür, einen BKV-Rahmenvertrag, geschaffen hat.

Seit 1991 brachten sie im Schnitt 5,63 Prozent im Jahr ein, auch wenn es einzelne Jahre ein deutliches Minus gab (2002: –6,31 Prozent, 2008: –12,93 Prozent). Im ersten Halbjahr 2014 waren die Kassen, wie ganz aktuelle Zahlen von Mercer zeigen, zwischen 2,6 Prozent in der magersten Defensivveranlagung und 5,95 Prozent in der besten dynamischen Veranlagung recht erfolgreich unterwegs.

Ab dem 55. Lebensjahr kann man auch in sogenannte „Sicherheits-VRGs" wechseln. Hier kann die künftige Pensionshöhe nicht mehr unter die erstmals ausbezahlte Monatspension fallen. Das bietet eine gewisse Einkommenssicherheit. Es wird aber nicht, wie bei der Betrieblichen Kollektivversicherung, ein Garantiezuwachs von 1,75 Prozent geboten.

Betriebliche Kollektivversicherung (BKV) mit Garantiezins

Die Betriebliche Kollektivversicherung (BKV) ist derzeit noch ein Minderheitenprogramm für 22.000 Beschäftigte. Unternehmen können sie bis zu 10,25 Prozent der Bruttolohn- und -gehaltssumme (beitragsorientierte Variante) in die betriebliche Kollektivversicherung einzahlen – mit dem Vorteil, dass diese Beiträge von allen Lohnnebenkosten befreit und steuerlich absetzbar sind.

Der garantierte Rechnungszins von 1,75 Prozent (fällt 2014 auf 1,5 Prozent) gilt bei der BKV schon für die Ansparphase und natürlich auch während des Pensionsbezugs. Zusätzlich gibt es dann noch die jährlich ermittelte Gewinnbeteiligung, so wie bei Lebensversicherungen. So hat etwa die Wiener Städtische mit Stichtag 31. Oktober 2013 eine Gesamtverzinsung von 3,25 Prozent angeboten.

Und auch die Rententafeln sind bereits ab dem Beginn der Anwartschaftsberechtigung, schon lange vor dem Pensionsantritt, verbindlich festgelegt.

Was bei der Betrieblichen Kollektivversicherung für den Arbeitnehmer herausschauen kann, hängt wiederum von der Dauer und der Höhe der Einzahlung (bis zu 10,25 Prozent des Bruttoentgelts) ab.

Wenn beispielsweise Ihr Parade-Arbeitgeber 35 Jahre lang für Sie die maximal mögliche Summe einbezahlte und Ihr Letztbezug bei 3.500 Euro brutto liegt, kann die Zusatzpension aus der BKV 800 Euro pro Monat oder 40 Prozent Ihrer staatlichen Pension ausmachen.

Ansprüche aus der privaten Vorsorge

Die Vielzahl an Möglichkeiten, selbständig vorzusorgen – ohne Staat und ohne Unternehmen –, können Sie im Kapitel 1 nachlesen. Hier erhalten Sie einen groben Überblick und finden Rechenbeispiele, welche Erträge mit den verschiedenen privaten Vorsorgeprodukten realistisch sind.

Lebensversicherung – was schaut raus

Was sich bei Lebensversicherungen auf die spätere Rentenauszahlung kräftig auswirkt, ist nicht nur der garantierte Rechnungszins, der 2015 von 1,75 auf 1,5 Prozent sinkt, sondern auch die steigende Lebenserwartung.

Denn bei der Berechnung der Pensionshöhe spielen die zugrunde liegenden Sterbetafeln eine Rolle, die regelmäßig an die steigenden Lebenserwartungen angepasst werden. Helmut Horeth, ehemaliger Vorstand der Nürnberger Versicherung in Österreich, hat einmal ein interessantes Vergleichsbeispiel geliefert: Ein Mann, geboren 1930, Vertragsende 1990 erhält für seine 100.000 Euro erspartes Kapital eine monatlich Rente von 508 Euro. Ein Mann, zwanzig Jahre später geboren, Vertragsende 2010, erhält für die gleiche Ansparsumme von 100.000 Euro nur noch 357 Euro Zusatzpension pro Monat – 30 Prozent weniger wegen seiner höheren Lebenserwartung.

Bei der Lebensversicherung gilt aufgrund von sinkenden Rechnungszinsen und den sich ändernden Sterbetafeln – sie werden an die steigende Lebenserwartung angepasst – umso mehr, dass man sie besser früher als später abschließen sollte, wenn man eine garantierte Verzinsung sucht und langfristig anlegen will.

Selbst mit 50+ können Sie – wenn Sicherheit, nicht die Rendite im Vordergrund steht – noch eine Lebensversicherung abschließen. Was rausschauen kann, zeigt folgendes Beispiel: Eine 55-jährige Person will 100.000 Euro auf zehn Jahre einlegen. Das Ergebnis: An garantiertem Kapital werden aus 100.000 Euro nach zehn Jahren je nach Anbieter zwischen rund 108.000 und 112.115 Euro (Wiener Städtische) versprochen. Prognostiziert, also inklusive Gewinnbeteiligung (aufgrund aktueller Renditewerte), sind zwischen knapp 125.000 und 133.581 Euro (ÖBV) drin. Was beim garantierten Kapital einer jährlichen Nettorendite zwischen 0,73 und 1,15 Prozent entspricht.

Zuzüglich der Gewinnbeteiligung (die aufgrund der aktuellen Niedrigzinslage ohnehin vorsichtig kalkuliert wird) kommt man auf Gesamtnettorenditen von immerhin 2,25 bis 2,94 Prozent pro Jahr und das KESt-frei.

Bei einer Rentenversicherung werden bei einem Einmalerlag von 100.000 Euro ab 65 Jahren im besten Fall 434 Euro monatlich garantiert ausbezahlt (Wiener Städtische), inklusive der prognostizierten Gewinnbeteiligung sind es sogar bis zu 658 Euro pro Monat bei der ÖBV. Bei einem Einmalerlag von 20.000 Euro wären es garantiert bis zu 86,75 Euro beziehungsweise inklusive Gewinnbeteiligung bis zu 130,95 Euro. Wobei streng genommen nur jene Summe, die auch garantiert wird, fix und vergleichbar ist. Die Gewinnbeteiligung beruht ja immer nur auf Annahmen.

Werden ab dem 65. Lebensjahr 430 Euro ausbezahlt, erhält man ab 84 Jahren mehr ausbezahlt, als man einbezahlt hat.

Wer die Lieben mit einem Hinterbliebenenschutz bedacht hat („lebenslange Rente mit Rückgewähr des unverbrauchten Kapitals") muss mit einer um 30 bis 40 Euro pro Monat niedrigeren lebenslangen Rente rechnen als bei Produkten ohne Hinterbliebenenschutz.

Vorsicht, ein frühzeitiger Ausstieg aus einer Renten- beziehungsweise klassischen Lebensversicherung kommt teuer, da sich anfangs erst die Abschlusskosten amortisieren müssen und statt vier gleich sieben Prozent Versicherungssteuer fällig werden. Nach fünf Jahren erhält man – so die Faustregel – nur rund 83 Prozent des Geldes zurück, das man ursprünglich einbezahlt hat. Zumindest den Steuernachteil hat man nicht, wenn man höchstens 25 Prozent des angesparten Geldes entnimmt.

Zukunftsvorsorge – zahlt sie sich aus?

Durch den Wegfall der Versicherungssteuer und durch die staatliche Förderprämie kommt man bei der Zukunftsvorsorge finanziell etwas besser weg, als bei der klassischen Lebensversicherung, hat dafür aber nicht die Sicherheit einer Garantieversprechung. Besser kommt man allerdings nur mit den neuen Produkten weg, die von der Reform 2014 profitieren (mehr dazu im Kapitel 1). Die Erträge der Zukunftsvorsorgeprodukte nach dem alten Recht waren und sind trotz staatlicher Prämie nicht berauschend: Laut FMA lag die Durchschnittsperformance der über 1,5 Millionen Zukunftsvorsorgeprodukte 2013 bei mageren 1,27 Prozent. Das betrifft die Versicherungsprodukte. Die immer rarer werdenden Fondsprodukte der Zukunftsvorsorge fuhren sogar ein leichtes Minus von 0,12 Prozent ein.

> Mit dem Alter verlangsamt sich alles, nur nicht die Zeit, mit der sich Kuchen und Eiscreme auf den Hüften niederschlägt.
>
> **John Wagner (1949), amerikanischer Comic-Autor**

Haben Sie beispielsweise gleich mit Einführung der Zukunftsvorsorge im Jahr 2003 als damals 36-jährige Frau im Mai mit dem Ansparen in ein solches Fondsprodukt begonnen und zehn Jahre lang nahezu immer die höchstmögliche geförderte Summe einbezahlt – insgesamt rund 20.500 Euro – gibt es für Sie jetzt mit 47 Jahren daraus eine monatliche bescheidene, dafür steuerfreie Zusatzrente von knapp 53 Euro bis ans Lebensende. Die kosten fürs Handy und den Internet-Anschluss könnten sich damit knapp ausgehen ...

Für die Zukunftsvorsorge spricht u. a. die Prämienförderung. Der große Vorteil liegt darin, dass man die Rente nicht versteuern muss! Doch nichts ist fix, wie man 2012 gesehen hat: Die Regierung griff in bestehende Verträge rückwirkend ein, halbierte die staatliche Förderprämie auf 4,25 Prozent.

Fondssparplan kann Freude machen

Was kann nun bei einem Fondssparplan herauskommen? Bei einem globalen Rentenfonds kann man sich langfristig zwei bis drei Prozent pro Jahr nach Abzug der Steuern und Spesen erwarten. Bei ausgewogenen Misch- und Dachfonds sind drei Prozent p. a. realistisch. Bei Schwellenländer- und High-Yield-Bond-Fonds, bei denen man deutlich mehr Risiko eingeht, sind drei bis vier Prozent

Wie viel man monatlich

Ansparen auf ... Endkapital:
bei einer Nettorendite von 2,0%
bei einer Nettorendite von 3,0%
bei einer Nettorendite von 4,5%
bei einer Nettorendite von 6,0%

Fondsentnahmepläne: So viel Zusatzpension schaut raus

In diesem Rechenbeispiel hat der Anleger 10.000 Euro in Fonds angespart, und möchte nun monatlich eine Auszahlung daraus als Zusatzrente beziehen.

monatliche Auszahlung: 50 Euro erwartete Rendite (netto): 3% p. a. Laufzeit: 22,91 Jahre				monatliche Auszahlung: 100 Euro erwartete Rendite (netto): 3% p. a. Laufzeit: 9,55 Jahre			
Jahr	Entnahme pro Jahr	Entnahme summiert	Depotwert (Jahresende)	Jahr	Entnahme pro Jahr	Entnahme summiert	Depotwert (Jahresende)
1	600,-	600,-	9.682,-	1	1.200,-	1.200,-	9.064,-
5	600,-	3.000,-	8.312,-	5	1.200,-	6.000,-	5.031,-
10	600,-	6.000,-	6.354,-	10	491,-	11.291,-	0,-
23	289,-	13.489,-	0,-				

Quelle: Finanzpartner.de

p. a. drin, bei Aktienfonds rund fünf Prozent p. a.

Wie viel man je nach Rendite Monat für Monat einzahlen muss, um nach einer 15-, 20- oder 30-jährigen Ansparphase mit 100.000 Euro beziehungsweise 250.000 Euro gut leben zu können, zeigt die Tabelle unten. Sie demonstriert wieder einmal: Je früher man mit der Vorsorge beginnt, desto leistbarer werden die Monatsraten. Nicht nur die Zeit, sondern auch der Zinseszinseffekt arbeitet für Sie!

Wenn Sie die 100.000 Euro nicht gleich benötigen, können Sie meist einen Absparplan vereinbaren. Oder Sie legen alternativ das Geld auf Sparbücher mit unterschiedlich langen Laufzeiten und basteln sich so selbst einen Absparplan.

Nehmen wir an, Sie haben 10.000 Euro angespart und Sie erwarten weiterhin eine Nettorendite nach Abzug der Spesen und Steuern von drei Prozent. Wenn Sie sich 50 Euro pro Monat auszahlen lassen wollen, kommen Sie damit knapp 23 Jahre aus. Wollen Sie sich 100 Euro pro Monat gönnen, ist Ihr Fondsguthaben in rund 9,5 Jahren aufgebraucht (siehe Tabelle). Wenn Sie 100.000 Euro, also das Zehnfache, zur Verfügung haben, können Sie sich immerhin schon 500 beziehungsweise 1.000 Euro im Monat auszahlen lassen.

Sollten Sie beim Ansparen sehr dynamische Fonds gewählt haben, dann lassen Sie sich das Geld besser auszahlen und schichten Sie – möglichst gratis – in risikoärmere Produkte um.

ansparen muss, wenn man auf einen bestimmten Betrag hinarbeitet

Annahmen: Einzahlung monatlich vorschüssig; kein Startkapital

...15 Jahre 100.000,-	...15 Jahre 250.000,-	...20 Jahre 100.000,-	...20 Jahre 250.000,-	...30 Jahre 100.000,-	...30 Jahre 250.000,-
476,71	1.191,79	339,30	848,24	203,21	508,04
440,89	1.102,23	305,17	762,93	172,36	430,90
391,41	978,52	259,31	648,28	133,35	333,36
346,75	866,88	219,41	548,52	102,09	255,22

Quelle: www.zinsen-berechnen.de

Steuern und Abgaben auf Pensionen

Wer glaubt, nur Berufstätige zahlen Steuer auf Löhne und Einkommen, der irrt. Die Lohnsteuer von Pensionen wird nach den Bestimmungen des Einkommensteuergesetzes ermittelt.

Generell gelten für Pensionisten somit die gleichen Steuertarife wie für Arbeitnehmer (siehe Tabelle), die sich mit der nächsten Steuerreform zumindest zum Vorteil der kleineren Einkommen – und dazu zählen häufig die Pensionen – ändern sollten.

Aktuelle Steuertarife

Jahreseinkommen*	Steuersatz
11.000–25.000 €	36,5%
25.000–60.000 €	43,2%
ab 60.000 €	50,0%

*) Bemessungsgrundlage: Bruttobezug abzüglich Sozialversicherung, diverse Zulagen, Pendlerpauschale, eCard-Gebühr etc.

Quelle ÖGB/AK

Bis zu einer Steuerbemessungsgrundlage von maximal 1.013 Euro (= Bruttopension von 1.067,44 Euro abzüglich Krankenkassenbeitrag etc.) sind Pensionen steuerfrei. Steht dem Pensionisten auch der Alleinverdiener-/Alleinerzieherabsetzbetrag zu, ist die Pension bis zu einer monatlichen Steuerbemessungsgrundlage von 1.096 Euro steuerfrei. Das Pflegegeld und die Ausgleichszulage sind nie zu versteuern.

Die rund 1,1 Millionen lohnsteuerbefreiten Ruheständler mit Monatspensionen unter 1.067 Euro können die Sparbuchsteuer (die mit 25 Prozent pauschalierte KESt) über den Jahresausgleich vom Finanzamt zurückholen. Dann nämlich, wenn die Zinsen auf dem Pensionskonto, Sparbuch, Fonds und anderen Wertpapieren zusammen mit den anderen Einkommen (Pension etc.) unter der Steuerfreigrenze liegen.

Auch steuerbefreite Pensionisten zahlen Krankenversicherungsbeiträge! Für sie gibt es jedoch keine Gutschrift (Negativsteuer) so wie für Arbeitnehmer mit Einkommen bis zu 1.200 Euro. Da könnte sich aber bei der nächsten Steuerreform etwas zugunsten der Pensionisten tun.

Sonderzahlungen – auch Pensionen werden 14mal pro Jahr ausbezahlt – werden bis zu einem Freibetrag von 620 Euro nicht versteuert, alles darüber mit sechs Prozent. Sollten die jährlichen Sonderzahlungen innerhalb des Jahressechstels die Freigrenze von 2.100 Euro nicht übersteigen, werden sie nicht besteuert.

Statt der Arbeitnehmer- und Verkehrsabsetzbeträge gibt es für Pensionisten den Pensionistenabsetzbetrag von 400 Euro jährlich bis zu Bezügen von 17.000 Euro. Danach schleift sich der Absetzbetrag bei Bezügen bis 25.000 Euro auf null ein. Entsprechend eingeschliffen wird auch der erhöhte Pensionistenabsetzbetrag

> Eines Tages bist du alt genug, um nochmals zu beginnen, Märchen zu lesen. «
>
> **C. S. Lewis, Irischer Schriftsteller (1898–1963)**

von 764 Euro. Er wird bei der pensionsauszahlenden Stelle mittels Formular E30 beantragt.

Der erhöhte Absetzbetrag gebührt Paaren ohne Anspruch auf den Alleinverdienerabsetzbetrag, wenn die gemeinsamen Pensionseinkünfte insgesamt 19.930 Euro nicht übersteigen.

Sonderausgaben werden ohne besonderen Nachweis mit einer Pauschale von 60 Euro berücksichtigt.

„Außergewöhnliche Belastungen" sind für fortgeschrittene Semester auch ein interessanter Punkt im Jahresausgleich. Bei Behinderung, Diätverpflegung und Gehbehinderung gibt es einige Möglichkeiten, die Steuerpflicht ohne Selbstbehalt zu vermindern, bis zur Berücksichtigung von belegten Taxifahrten.

Auch für den Pensionisten lohnt es sich Geld über die Arbeitnehmerveranlagung – vulgo „Jahresausgleich" – zurückzuholen. So sind Mitgliedsbeiträge zu Seniorenverbänden ebenso bis zu fünf Jahre zurück als Werbungskosten steuerlich absetzbar wie Gewerkschaftsbeiträge. Kirchenbeiträge sind bis zu 400 Euro absetzbar usw.
Ein Jahresausgleich ist verpflichtend, wenn Sie mehrere Pensionen beziehen (z. B. gesetzliche Pension, Firmenpension etc.)!

Übrigens, sollten Sie auf Ihre Enkerl aufpassen und nicht gemeinsam mit Ihnen unter einem Dach wohnen, dann werden Sie für Ihre Kinder zum Absetzposten „Kinderbetreuungskosten". Vorausgesetzt Sie können eine Ausbildung im Rahmen von acht Stunden vorweisen (Babysitter-Kurs, Tageseltern-Lehrgang etc.).

Mehr Informationen zur Versteuerung der Pension auf www.help.gv.at

Im Ausland erworbene Pensionsansprüche

Die Flucht ins Ausland ist zwecklos: Die österreichische Finanz interessiert sich auch für Pensionsansprüche, die man im Ausland erworben hat. Nehmen wir deutsche Pensionen als Beispiel: Hier besteht eine Art Doppelbesteuerungsabkommen. Für Pensionisten, die in Österreich leben und neben einer österreichischen auch noch eine deutsche Pension beziehen – egal ob Altersrente, Erbwerbsminderungs- oder Hinterbliebenenrente, Waisenrente, betriebliche oder Privatvorsorge – gilt Folgendes: Zunächst werden die österreichische und die deutsche Rente zusammen-

Pension im Zielland versteuern

Besteht ein Doppelbesteuerungsabkommen (DBA) zur Vermeidung von Doppelbesteuerungen, dann sind Pensionen, die ins Ausland überwiesen werden, nur einmal zu versteuern. Ohne Versteuerung sind Leistungen an Pensionisten anzuweisen, die ihren Wohnsitz oder gewöhnlichen Aufenthalt in den folgenden Staaten haben. Das heißt die Pension ist im neuem Wohnsitzland zur Gänze zu versteuern.

- Albanien, Armenien, Aserbaidschan, Australien, Ägypten
- Bahrain, Barbados, Belize, Bosnien-Herzegowina, Bulgarien
- Estland
- Frankreich
- Georgien, Griechenland, Großbritannien und Nordirland
- Hongkong
- Indien, Iran, Irland, Israel, Italien
- Kasachstan, Katar, Kirgisistan, Korea (Republik), Kroatien, Kuba, Kuwait
- Lettland, Liechtenstein, Litauen
- Malaysia, Malta, Mexiko, Moldau
- Neuseeland
- Pakistan, Polen, Portugal
- Russische Föderation
- Saudi-Arabien, Schweiz, Singapur, Slowakei, Slowenien, Spanien
- Tadschikistan, Thailand, Tschechien, Tunesien, Turkmenistan, Türkei
- Ungarn, Usbekistan
- Vereinigte Arab. Emirate, Vietnam
- Zypern

gerechnet und hiervon der Steuersatz errechnet. Somit bezahlt jeder, der eine zusätzliche Rente aus Deutschland bezieht, auch mehr Steuer für seine österreichische Pension. Seit 2010 müssen die armen „Doppelbezieher" auch ihre deutsche Pension – und das in Deutschland – versteuern, gegebenenfalls sogar bis 2005 zurück Steuern nachzahlen. Das Ganze ist ziemlich kompliziert. Hilfestellung findet man auf der Webseite des Finanzministeriums (www.bmf.gv.at, Suche: Deutsche Pension).

Welches Finanzamt für Sie zuständig ist, finden Sie auf http://dienststellen.bmf.gv.at/). Für Ihre Pension in Deutschland ist das Finanzamt Neubrandenburg zuständig (http://www.finanzamt-rente-im-ausland.de).

Pensionen unter Palmen: Rente im Ausland beziehen

Und irgendwann bleib i dann dort ... Wer träumt nicht davon, seinen Lebensabend unter Kokosnusspalmen verbringen zu können. Damit sich der Traum vom Platz an der Sonne auch erfüllt, muss man einiges gründlich vorbereiten.

Lieber Kreuzfahrt als Altersheim. Diese Geschichte geistert schon seit Jahren durchs Internet. Die Vorteile auf den ersten Blick scheinen ja auch bestechend. Freie Mahlzeiten, Room-Service, Shows mit bekannten und internationalen Stars, ein Kulturprogramm mit Theatervorstellungen und Lesungen, die neuesten Filme sowie Skat- und Pokerrunden. Swimmingpools, die das ganze Jahr geöffnet sind. Fitnessräume und Saunen stehen den ganzen Tag zur freien Verfügung. Waschmaschinen, Trockner, Reinigung, Friseure und Geschäfte sind rund um die Uhr geöffnet. In der Kabine kostenlos Zahnpasta, Seife, Shampoo, Duschgel usw. Frische Bettwäsche und Handtücher gibt es selbstverständlich jeden Tag. Kabinen- und Badreinigung täglich, der Room-Service mit inbegriffen. Bei diesem Service muss man in einer Seniorenresidenz – sofern sie überhaupt den Luxus und die frische Luft bieten kann – schon tief in die Tasche greifen.

Das muss man allerdings bei Kreuzfahrten auch. Im Premium-Bereich muss man etwa mit 1.500 bis 3.000 Euro die Woche rechnen. Ganz abgesehen von den teilweise beträchtlichen Nebenkosten, die anfallen. Das können hohe Getränkekosten, 15prozentige Service-Gebühren für Getränke an der Bar, Ausflüge, Spa- und Gesundheitsbehandlungen, Kreditkartengebühren oder auch unverschämt hohe Gebühren für Internet und Telefon sein.

> *Bei Kreuzfahrten – so wie bei allen Pauschalpreisen – sind nur jene Leistungen inklusive, die im (Katalog-)Angebot auch ausdrücklich aufgeführt sind. Eine Kreuzfahrtwoche kann zwischen 800 und 3.000 Euro kosten.*

Sollte die Dauer-Kreuzfahrt das Geldbörsel doch zu sehr belasten. Vielleicht tut es ja auch Mallorca oder man verbringt den gemütlichen Lebensabend am Strand von Griechenland. Doch zahlt es sich finanziell aus, den Lebensabend fern der Heimat zu verbringen? Durchaus, wenn man bereit ist, auf ein paar Dinge zu verzichten. Betrachtet man die mittlere Höhe (Median) der Alterspensionen (ohne zwischenstaatliche Teilleistungen) aus der gesetzlichen Pensionsversicherung, dann betrugen laut Sozialministerium die monatlichen Bruttopensionsbezüge der Frauen 2013 im Mittel 889 Euro und jene der Männer 1.435 Euro. Hier sind Beamte im Ruhestand nicht berücksichtigt. Zum Vergleich: Der monatliche Durchschnittsverdienst in Thailand liegt bei rund 14.000 Baht, umgerechnet etwa 310 Euro. Da lässt es sich mit einer österreichischen Pension schon gut leben (in Kapitel 5 finden Sie konkrete Infos über eine Seniorenresidenz in Thailand).

Fürstlich leben im Ausland

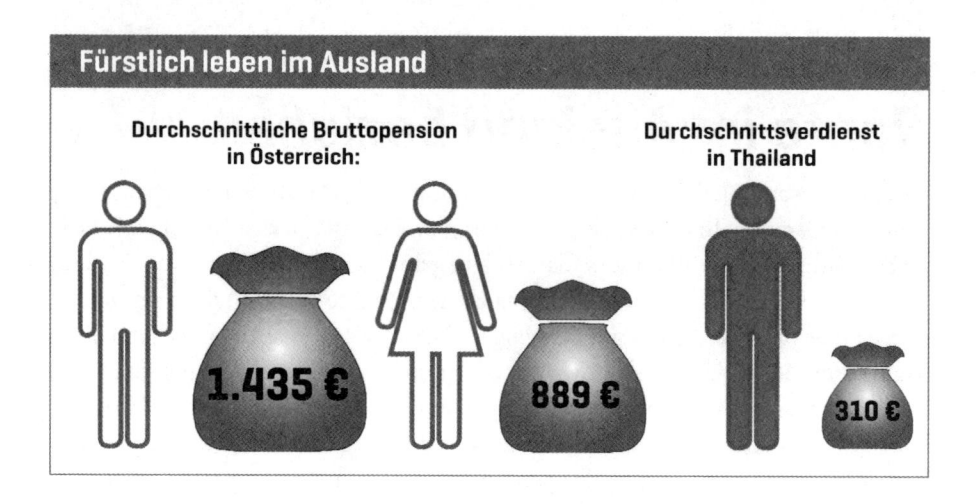

Durchschnittliche Bruttopension in Österreich: 1.435 € / 889 €

Durchschnittsverdienst in Thailand: 310 €

Der eine oder andere österreichische Pensionist soll auch schon in der Türkei die Zelte aufschlagen, um sich ein Zuhause – das Mittelmeer in Gehweite – leisten zu können. Sonne und Salzwasser wirken obendrein wie ein Jungbrunnen.

Angesichts der stark steigenden Lebenshaltungskosten in Österreich, der Mietsituation und den explodierenden Kosten für Heizung und Energie suchen sich insbesondere Senioren mit einer bescheidenen Rente ein Land mit niedrigen Lebenserhaltungskosten.

Doch ein Blick in die Statistik zeigt, dass zwar viele mit dem Gedanken spielen, aber nur wenige ihren Traum tatsächlich verwirklichen. Die meisten Senioren zieht es ins europäische Ausland. Laut Statistik der Pensionsversicherungsanstalt (PVA) wurden im Jahr 2013 in Summe 791.643.548,50 Euro an 259.819 im Ausland lebende Pensionsbezieher überwiesen. Beinahe jeder Vierte (96.257) lebt in Deutschland. Im sonnigen Süden Spaniens und Portugals sind es zusammen gerade einmal 1.440. Auch der Blick auf die Philippinen enttäuscht: Nur 141 genießen ihren Lebensabend am Pazifischen Ozean.

Das hat wohl einerseits mit der Angst zu tun, die medizinische Versorgung sei im Ausland unzureichend. Andererseits sind es die bürokratischen Fallstricke, die allerorts lauern.

Altersruhesitz im Ausland – Pension im Rucksack

Wer plant, seinen Altersruhesitz dauerhaft ins Ausland zu verlagern, sollte sich umfassend vorbereiten – der traditionelle Urlaubsort ist nämlich nicht immer die beste Wahl. Wichtig ist zunächst einmal, dass die Rente auch tatsächlich ankommt. „Grundsätzlich kann die Rente in jedes Land der Erde überwiesen werden", betont Beatrix Böhm von der Pensionsversicherungsanstalt (PVA). Sie rät aber allen Auswanderungswilligen sich rechtzeitig mit der PVA ins Einvernehmen zu setzen, um böse Überraschungen zu vermeiden.

Dies gilt übrigens auch für die private Altersvorsorge. Innerhalb der Europäischen Union müssen Rentner nach der Rechtsprechung des Europäischen Gerichtshofes zwar die staatliche Förderung nicht zurückzahlen.

> *Vorsicht ist allerdings geboten, wenn der Wohnsitz ins nicht europäische Ausland verlegt wird. Erhaltene Förderungen für die private Vorsorge (etwa bei der Zukunftsvorsorge), müssen vollständig zurückbezahlt werden, wenn man als Rentner dauerhaft im Ausland weilt.*

Denn auch wenn man nicht mehr in Österreich lebt, nascht der Fiskus an der Pension mit. Auslandsrentner sind „beschränkt steuerpflichtig". Das allerdings ist eine nette Umschreibung für einige Nachteile für Ruheständler, die Österreich den Rücken kehren.

Mit einigen Ländern wurden Abkommen geschlossen, dass die Rente dort versteuert werden kann. Auch darüber gilt es, sich vorher zu erkundigen. Beliebtestes Rentnerparadies der Österreicher im Ausland ist – man höre und staune – Deutschland: Hier gibt es Abkommen. Deutschland besteuert österreichische Renten (nur) teilweise, daher schlägt auch noch der österreichische Fiskus zu. In Summe kommt es so zu einer höheren Steuerlast.

> *Mit Rentnern, die ihren Wohnsitz nicht ins Ausland verlegen, sondern nur die Wintermonate im sonnigen Süden an weißen Stränden mit Blick auf das türkisgrüne Meer verbringen, hat die heimische Finanz kein Erbarmen. Sie bleiben ganz normal in Österreich steuerpflichtig.*

Auslandsaufenthalt – wenn die Pension ruht

Die Pension ruht zur Gänze, solange sich der Pensionsbezieher im Ausland aufhält. Dies gilt nicht,
- wenn sich der Pensionsbezieher in einem Mitgliedstaat des Europäischen Wirtschaftsraums (EWR) aufhält, oder
- wenn durch ein Sozialversicherungsabkommen anderes bestimmt wird, oder
- wenn sich der Pensionsbezieher mit Zustimmung der pensionsauszahlenden Stelle im Ausland aufhält, oder
- wenn der Auslandsaufenthalt in einem Kalenderjahr zwei Monate nicht überschreitet.

Ruht die Pension wegen Auslandsaufenthalt, freut sich die Verwandtschaft: Denn so gebührt denen sich im Inland aufhaltenden Angehörigen, die im Falle des Todes des Pensionisten Anspruch auf eine Hinterbliebenenpension hätten, über Antrag ein Teil der Pension!

Steuerpflichtig in Österreich sind umgekehrt aber auch Pensionsansprüche, die man im Ausland erworben hat (siehe vorhergehendes Unterkapitel „Steuern und Abgaben auf Pensionen").

> **ACHTUNG** Es ist nicht sicher, dass man auf jeden Fall seine Pension auch tatsächlich ausbezahlt bekommt, wenn man dauerhaft im Ausland weilt.

„Die Pension ruht, solange sich der Pensionist im Ausland aufhält", erklärte Böhm von der PVA, schränkte jedoch ein: „Dies gilt nicht, wenn der Auslandsaufenthalt im Jahr zwei Monate nicht überschreitet, wenn ein zwischenstaatliches Sozialversicherungsabkommen mit dem Wohnortstaat besteht oder die Zustimmung des Pensionsversicherungsträgers für den Auslandsaufenthalt vorliegt."

Ob von der PVA die Zustimmung zum Auslandsaufenthalt erteilt wird, werde im Einzelfall geprüft. Das hänge unter anderem davon ab, ob der Pensionist eine Erwerbstätigkeit aufnehmen möchte, welche pensionsschädlich ist oder ob möglicherweise bei Bezug einer Berufsunfähigkeits- oder Invaliditätspension krankheitsbedingt ein Auslandsaufenthalt nicht möglich sei. „In der Regel wird die Genehmigung erteilt." Ziel der Zustimmung, sei mit den Antragstellern ins Gespräch zu kommen, und sie so umfassend informieren zu können.

Krankenversicherung – wer kann das bezahlen?

Ein Wohnsitzwechsel ins Ausland kann aber nicht nur Auswirkungen auf einen möglichen Bezug der gesamten Pension oder auch der Ausgleichszulage sowie auf das Pflegegeld haben.

> **ACHTUNG** Bei einem Umzug ins Ausland kann ebenso der Krankenversicherungsschutz wegfallen!

So warnt PVA-Expertin Beatrix Böhm, denn: „Nur wer mehr als 183 Tage an seinem österreichischen Wohnsitz verbringt, kann weiter in der gesetzlichen Krankenversicherung bleiben." Rentner, die ihren Wohnsitz dauerhaft in den sonnigen Süden verlegt haben, riskieren somit ihren Versicherungsschutz. „Als Bezieher einer österreichischen Pension mit Hauptwohnsitz in Österreich sind Sie in der staatlichen österreichischen Krankenversicherung versichert. Haben Sie Ihren Wohnsitz im Ausland, sind Sie von dieser Krankenversicherung nicht erfasst", erklärt Böhm.

Dann muss man sich entweder eine Krankenversicherung vor Ort suchen oder eine langfristige Auslandskrankenversicherung abschließen. Diese kann allerdings maximal über fünf Jahre abgeschlossen werden.

Viele Auslandsreisekrankenversicherungen haben darüber hinaus auch Altersbeschränkungen, die für Rentner nicht unerheblich sind. Auch eine internationale Krankenversicherung kann abgeschlossen werden.

> Es gibt internationale Krankenversicherungen, doch die sind für den Durchschnittsrentner oft unerschwinglich. Die Kosten können 1.000 Euro monatlich durchaus übersteigen.

Genaue Kosten kann man zum Beispiel über die Website der Allianz www.allianzworldwidecare.com abrufen. „In der Regel werden diese Versicherungen von Unternehmen für ihre im Ausland tätigen Mitarbeiter gebucht", so Josef Glatzl, Unternehmenssprecher bei der Allianz – weniger von Pensionisten.

Kein Wunder bei den Kosten: Wenn Sie gerade 69 Jahre geworden sind und nach Thailand auswandern wollen, aber einen heimischen Standard in der Krankenversicherung wünschen, müssen Sie stolze 34.000 Euro Jahresprämie auf den Tisch legen. Günstiger geht es mit lokalen Versicherungen. Dafür muss man in der Regel bei der Leistung Abstriche machen.

Kosten runter, Lebensqualität rauf

Geht's Ihnen manchmal wie Austropopper Peter Cornelius? „Mei ganze Energie geht auf, für Sachen, die i gar net brauch, für Sachen ohne die i sicher glücklicher bin" ...

Man muss ja nicht gleich auf alles verzichten. Es reicht schon, wenn Sie sich auf lohnende Einsparposten wie Ausgaben fürs Wohnen und das Auto konzentrieren.

Und gerade als Pensionist sollte man die vielen Seniorenrabatte und -karten nutzen, wenn sie schon angeboten werden – meist schon mit 60 und nicht erst mit 66 Jahren, fängt das Leben als Schnäppchenjäger an!

Vergünstigungen für Senioren

Alt werden bringt durchaus Vorteile mit sich: So fahren Senioren günstiger mit den Öffis, sparen bei Eintritten in Museen und bekommen sogar Rabatt im Supermarkt.

Öffentliche Verkehrsmittel

Bahnfahrer können sich freuen: Für Besitzer der ÖBB „Vorteilscard Senior" (29 Euro pro Jahr, ab 61 Jahren) kosten Einzeltickets nur die Hälfte. Wer eine Ausgleichszulage- oder Ergänzungszulage bezieht, bekommt die Vorteilscard kostenlos. Ebenso bekommt man damit Rabatte bis minus 50 Prozent bei den meisten Privatbahnen und bei Öffis in Städten (z. B. Halbpreisticket beim Autobus in Salzburg).

Bei den Wiener Linien bekommt man die Seniorenkarte ab dem vollendeten 61. Lebensjahr um 224 Euro (bei monatlicher Abbuchung) statt regulär 365 Euro.

Der „Seniorenfahrschein" für zwei Fahrten (hin und retour) kostet 2,60 Euro, im Vergleich zu zwei regulären Einzelfahrscheinen à 2,10 Euro spart man hier 1,60 Euro pro Ausfahrt.

Auch bei den Innsbrucker Verkehrsbetrieben gibt es ermäßigte Tarife für Senioren. Hier zahlen Frauen und Männer ab 61 Jahren nur noch 240 Euro pro Jahr und ab 75 Jahren sinkt der Jahrestarif auf 120 Euro. Das Besondere daran: Das Jahresticket SeniorIn gilt in ganz Tirol inklusive Innsbruck (Kernzone).

Seniorenfreundliche Tarife bieten auch die meisten anderen Städte wie etwa Linz: Ab 61 Jahren zahlt man 218 Euro pro Jahr (bei Barzahlung) und erhält Sonderkonditionen beim Sammel-Taxi, Autovermieter Sixt sowie Zipcar carsharing.

Karten und Pässe

Grundsätzlich gilt: Alter macht bezahlt! Als Pensionist kann man fast überall Ermäßigungen ergattern. Ob Theater, Museen, Bäder, Bildungseinrichtungen oder Tiergärten.

Personen mit niedrigem Einkommen und Bezieher einer Mindestpension können in vielen Städten Vergünstigungen in Anspruch nehmen. Besonders seniorenfreundlich zeigt sich die Stadt Salzburg: Verbilligte Mittagsmenüs in Seniorenheimen (Stadt Salzburg) oder Taxigutscheine.

In Wien gibt es für Bezieher von Mindestpensionen oder Bewohner von Pensionistenwohnheimen, denen nur das Mindestsicherungstaschengeld zur Verfügung steht, den Mobilpass (Sozialpass „P") Wien der Stadt Wien. Damit bekommt man unter anderem Ermäßigungen bei der Jahreskarte der Büchereien Wien (3,70 Euro statt 23 Euro), beim Eintritt in Städtische Bäder (z.B. Jahreskarte 147,60 statt 198 Euro) sowie bei den Angeboten städtischer Pensionistenklubs. Zusätzlich gibt es Ermäßigungen bei Essen auf Rädern bei z.B. Arbeiter-Samariterbund, Volkshilfe, Rotes Kreuz.

In Niederösterreich kann man (Männer ab 60, Frauen ab 55) um sieben Euro pro Jahr mit der „aktiv-plus-karte" Preisnachlässe in rund 700 Partnerbetrieben bekommen, zum Beispiel in Gasthäusern, in Geschäften oder in Freizeiteinrichtungen. Zusätzlich ist man mit der Karte unfallversichert.

Bezieher einer Mindestpension können in den meisten Bundesländern auch den Kulturpass beantragen. Damit erhält man kostenlosen Eintritt in die meisten Museen sowie bei Tanz- und Musikveranstaltungen. Erhältlich ist der Pass bei Hilfsorganisationen, wie etwa der Caritas. Notwendig dafür ist ein Einkommensnachweis.

Vorsicht vor dem Anbieter www.pensionstenausweis.at. Es handelt sich dabei um keinen offiziellen Ausweis, sondern um einen privaten Rabattclub. Zwar gibt es gegen Vorweis auch ein paar kleine Ermäßigungen, zum Beispiel bei Golfshops, doch den Preis von jährlich 29 Euro muss man damit erst mal hereinbekommen.

Behindertenausweis

Ab einem Behinderungsgrad von 50 Prozent kann man beim Sozialministerium einen bundesweit gültigen Behindertenausweis (vormals Behindertenpass) beantragen. Zur groben Orientierung: Eine mittelgradige Gehbehinderung (auch altersbedingt) macht 50 Prozent aus, genauso wie starkes chronisches Asthma. Auch nach einem Schlaganfall oder Herzinfarkt kann ein Arzt mitunter solch einen Behinderungsgrad temporär attestieren. Blinde und Rollstuhlfahrer haben meist 100 Prozent. Neben Ermäßigungen bei Freizeit- und Kultureinrichtungen, bekommen Besitzer eines Behindertenausweises, denen eine Unzumutbarkeit der Benützung von Öffentlichen Verkehrsmitteln (z.B. schwere Gehbehinderung, Inkontinenz, schwere Herzerkrankung) bescheinigt wurde, die Autobahnvignette gratis. Zudem sind sie von der motorbezogenen Versicherungssteuer befreit und können einen Parkausweis für Behinderte beim Sozialministerium beantragen.

Rezeptgebühr

Wer monatlich weniger als 857 Euro an Nettoeinkünften hat, kann sich beim jeweiligen Krankenversicherungsträger von der Rezeptgebühr (5,40 Euro) befreien lassen. Für Ehepaare liegt die Grenze bei 1.286 Euro an Haushaltseinkommen. Ebenso kann man eine Befreiung bei erhöhtem Medikamentenbedarf beantragen – hier liegt die Grenze für Alleinstehende bei 986 Euro.

Zielpunkt

Jeden Mittwoch gibt es bei der Supermarktkette „Zielpunkt" den Generationentag mit zehn Prozent Rabatt auf beinahe das gesamte Sortiment. Voraussetzung: Man ist 1951 oder früher geboren (unbedingt Ausweis mitnehmen!) Übrigens gilt diese Aktion auch für alle Schüler, Lehrlinge und Studenten, die diesen Status mit Ausweis belegen können.

Rundfunkgebühr

Von der Rundfunkgebühr (zwischen 20 und 25 Euro pro Monat) können sich jene Pensionisten, deren monatliches Haushaltsnettoeinkommen (zu Zweit) nicht mehr als 1.440 Euro ausmacht, befreien lassen. Im Zuge dessen kann man sich auch gleich von der Ökostrompauschale (elf Euro/Jahr) befreien lassen und einen Zuschuss zum Fernsprechentgelt beantragen.

Versicherungen

Unfallversicherungen können für Senioren eine teure Angelegenheit werden, denn mit dem Alter wird meist die Prämie erhöht, die Versicherungssumme reduziert oder ein Risikozuschlag verlangt. Anders sieht es bei der Unfallversicherung „Zeit & Genießen" von der UNIQA für alle ab 60 Jahren aus. Die monatliche Prämie von 17,62 Euro bleibt gleich – das Alter hat keinen Einfluss auf die Höhe.

So sparen Sie bei den großen Posten der Lebenserhaltungskosten

Die Wohnkosten sind die höchsten Kostenposten im Haushaltsbudget. Sie verursachen im Schnitt ein Viertel aller Ausgaben. Es lohnt sich also, über folgende Maßnahmen zumindest einmal nachzudenken:

Veräußerung wenig genutzter (Freizeit-)Immobilien

Wird das Wochenendhaus oder das alte Haus oder die Wohnung aus der Erbschaft wirklich genutzt? Die frei werdenden Mittel können ertragreich veranlagt werden. Erhält man für so eine Immobilie beispielsweise 100.000 Euro, dann wären es im Falle einer langfristigen Rendite von drei Prozent p. a. bereits jährlich 3.000 Euro an Opportunitätskosten, wenn man dieses Objekt behält. Da mag es besser sein, das Objekt zu veräußern, den Erlös beispielsweise in einen defensiven Mischfonds zu veranlagen und ihn sich auf 15 bis 25 Jahre monatlich auszahlen zu lassen. Mit den erhaltenen Zahlungen von beispielsweise 5.000 Euro pro Jahr kann man sich schon einen hervorragenden Urlaub leisten.

Vermietung ungenutzter Wohnflächen

Wohnt man beispielsweise in einem mehrstöckigen Haus und die Kinder sind aus dem Haus, kann man ganze Stockwerke vermieten und auf diese Weise zusätzliche Einnahmen erzielen. Gleiches gilt auch für leerstehende, qualitativ hochwertige Wohnungen in guten Lagen.

Übersiedlung in kleinere Wohnungen

Man verlässt natürlich nur ungerne seine über Jahrzehnte liebgewonnenen vier Wände, doch aus Kostengründen kann es Sinn machen. Umso mehr, wenn die Zwei- bis Drei-Zimmer-Wohnung für einen allein zu groß ist. Bei den aktuell hohen Immobilienpreisen kann es mitunter günstiger sein, zukünftig in Miete zu leben und den erhaltenen Verkaufserlös ertragreich zu veranlagen oder sich einfach etwas zu gönnen.

Auch sind auf dem Land Immobilien günstiger. Als Pensionist, der nicht pendeln muss, ist das vielleicht auch eine grüne, ruhigere Alternative – sofern man nicht auf Fachärzte in unmittelbarer Nähe angewiesen ist.

Preiswerte Alternativen zum Auto

Der zweite große Kostenpunkt ist das Auto. Selbst sparsame kleinere Gebrauchtwagen erfordern monatlich mindestens 300 Euro für Versicherung, Steuer, Treibstoff, Reparaturen, Service und Parkgebühren. Mittelklassewagen kommen hier oft schon auf über 500 Euro – das ist weit mehr als ein Jahresticket der Wiener Verkehrsbetriebe (siehe „Vergünstigungen für Senioren"). Die jährlichen Wertverluste und eventuelle Mieten für Abstellplätze sind da noch nicht einmal berücksichtigt.

> *Kauft man einen Neuwagen um beispielsweise 45.000 Euro, bleibt nach 15 Jahren nur noch ein Restwert von 5.000 Euro übrig. So werden in den 15 Jahren 222,22 Euro pro Monat vernichtet!*

Über 220 Euro pro Monat für das Gefährt, und das noch ohne dass es fährt – Sprit exklusive! Das muss nicht sein. Wer in einer mittleren bis größeren Stadt lebt, ist auf das eigene Auto nicht angewiesen und kann notfalls immer noch ins Taxi, den Mietwagen oder in diverse Car-Sharing-Autos einsteigen. Beispielsweise hat etwa das Car-Sharing-Unternehmen Car2Go in Wien ein flächendeckendes Netz an kleinen Smart-Autos.

Man kann sie bis zu einer halben Stunde vor Fahrtbeginn reservieren. Die Autos lassen sich mit der Membercard öffnen, die per Online-Registrierung und Führerscheinnachweis im Shop ausgehändigt wird. Am Ende der Mietzeit stellt man das Fahrzeug einfach wieder auf einem öffentlichen Parkplatz in Wien ab.

Die Registrierung für die Membercard kostet einmalig 19 Euro (Stand September 2014). Weiters fallen 0,31 Euro pro gefahrene Minute oder 14,90 Euro pro Stunde an (je länger genützt, desto günstiger). Für Standzeiten zahlt man 0,19 Euro pro Minute. Die Kostenobergrenze liegt beim 24-Stunden-Tarif bei 69 Euro. Der Selbstbehalt im Schadenfall liegt bei 500 Euro und kann für weitere 9,90 Euro pro Monat auf null reduziert werden. Für die Betankung kann es Gutschriften geben.

Wer monatlich zweimal 24-Stunden-Tarife benötigt und pro Woche ca. eine Stunde fährt und drei Stunden parkt (in jeweils einem Mietvorgang), kommt auf monatlich 350,77 Euro (ohne Treibstoff). Wird der Wagen nur einmal monatlich für 24 Stunden gebucht und alle zwei Wochen eine Stunde gefahren und zwei Stunden geparkt, reduzieren sich die Kosten bereits auf 150,68 Euro (ohne Treibstoff).

> *Wer sich nicht selbst hinter das Lenkrad klemmen will oder auch sein eigenes Auto „sharen" möchte, findet am Portal www.mitfahrgelegenheit.at Freude.*
>
> **TIPP**

> *Budgetiert man als Seniorenpaar monatlich 150 Euro für Bahnfahrten, 60 Euro für den öffentlichen Verkehr und 100 Euro für Taxifahrten und Carsharing, so bewahrt man noch immer eine hohe Lebensqualität und begrenzt die gesamten Mobilitätskosten auf 310 Euro anstatt 400 bis 700 Euro pro Monat beim Auto.*

Auf dem Land wird man nicht ganz auf ein eigenes Gefährt verzichten können, aber vielleicht ist ein Roller oder ein sparsamerer Kleinwagen (z. B. ein 40-km-Aixam) eine Alternative.

Mehrere kleinere Ausgaben senken

Kleinvieh macht auch Mist: Es gibt noch Einsparpotenziale bei Strom und Gas, Versicherungen, Bankkonten, Telefon/Internet und optimierten Einkäufen der Güter des täglichen Bedarfs. Die Arbeiterkammer Oberösterreich hat da ein konkretes Beispiel eines Rentnerpaares parat: Es wohnt in einer 80-Quadratmeter-Wohnung in Linz, verbraucht 3.000 kw/h Strom und 11.000 kw/h Gas, hat ein gemeinsames Gehaltskonto und fährt einen neuen Skoda Oktavia Kombi (77 kW, Listenpreis 22.900 Euro, Bonus-Malus-Stufe 2. Es erspart sich u. a. durch den Wechsel des Kfz-Versicherers, des Energieanbieters und seiner Hausbank bis zu 1.038 Euro pro Jahr!

Ihre individuellen Einsparungen sowie Kostenoptimierungen bei Handy und Internet können Sie mittels diverser „Spar-Rechner" der Arbeiterkammer ausloten (www.ooe.konsumentenschutz.at).

Kreditwürdig mit 50+

„Kredite, so günstig wie noch nie"– die Wahrheit schaut oft anders aus, sobald man ein gewisses Alter überschritten und nur ein geringes Einkommen wie eine Pension vorzuweisen hat. Und es ist nicht nur die bescheidene Pension, die Ihrer Bonität schadet.

Als maximales Endalter für einen Kredit gilt bei den meisten Banken für einen Hypothekarkredit das 70. Lebensjahr, mitunter das 75.

Das treibt skurrile Blüten: So kann schon ein 45-Jähriger, der einen Kredit auf 25 Jahre aufnehmen möchte (= Endalter 70), aufgefordert werden, seinen Pensionsauszug vorzulegen. Hier rechnet die Bank mit einem – aus heutiger Sicht – sehr hohen fiktiven Zins von rund fünf Prozent, eine Art Stresstest für den Kreditkunden, um abzuklären, ob er den Kredit auch bei höheren Zinsen noch rückführen könnte.

Kann man die Kreditraten mit der mutmaßlichen Pension nicht ausreichend bedienen, sagt die Bank nein. Egal, wie gut man im Moment verdient.

Großzügiger werden die Banken, wenn man maximal 80 Prozent des Immobilienwertes beleiht, erst recht, wenn es nur 60 bis 70 Prozent sind.

Grundsätzlich lassen Banken Pensionen aber nicht gerne lange in die Pension hinein laufen.

ACHTUNG *Üblicherweise muss der Kredit mit Pensionsantritt (65 Jahre) zurückgeführt sein. Für 50-jährige Kreditnehmer bedeutet dies sehr kurze Laufzeiten. Oder sie fordern teilweise auch Kreditrestschuld- bzw. Ablebensversicherungen. Diese sind im fortgeschrittenen Alter überdimensional teuer.*

Wenn Sie durch den Kredit nur noch wenig finanziellen Spielraum haben, lohnt es sich in jedem Fall, längere Laufzeiten auszuhandeln. Das reduziert die monatliche Kreditrate, die sich dann leichter mit der schmalen Pension ausgeht.

Die Kreditlaufzeiten der Bausparkassen liegen bei bis zu 35 Jahren und die Zinsobergrenze beträgt sechs Prozent.

Für ältere Semester sind Bauspardarlehen empfehlenswert. Hier ist keine Ablebens- oder Kreditrestschuldversicherung erforderlich. Vor allem aber gibt es etwa bei ABV und sBausparkasse kein Endalter. Bei Wüstenrot liegt es bei 80 Jahren, wobei es bei einer Beleihung von maximal 60 Prozent des Immobilienwerts auch kein Endalter gibt.

Umkehrhypothek zur Geldbeschaffung

Zu alt für den Hypothekarkredit? Niemals, für die umgekehrte Hypothek (Reversed Hypothek). Was das ist? Sie beleihen Ihre eigenen vier Wände und können drin wohnen bleiben. Ja, das geht: Geld gegen Immobilie, die später einmal der Bank gehört oder alternativ den Erben, wenn sie den umgekehrten Hypothekarkredit auf Ihr Zuhause tilgen.

In den USA ist die „Reversed Hypothek" gang und gebe. In Österreich bietet hier die Hypo Vorarlberg (Hypo-Lebenswert-Kredit) und die s Bausparkasse die Immobilienrente für Pflegebedürftige an. Der Hypo-Lebenswert-Kredit kann variabel verzinst sein (Drei- oder Sechs-Monats-EURIBOR plus 1,875 Prozentpunkte Aufschlag) oder fix verzinst mit dem betreffenden Euro-Swap-Satz plus 2,50 Prozentpunkte Aufschlag.

Das zweite Angebot stammt von der s Bausparkasse (Details auf http://www.sbausparkasse.at/de/finanzieren/immobilienrente). Die s Immobilienrente ist mit einer Laufzeit von fünf bis 15 Jahre flexibel wählbar. Die Höhe des Fixzinsdarlehens richtet sich nach den Pflegekosten und dem Wert der Liegenschaft.

Während der Laufzeit erfolgen keinerlei Rückzahlungen. Zurückbezahlt wird der Kredit am Ende der Laufzeit – oder bei vorzeitigem Tod von den Erben durch monatliche Rückzahlung oder den Verkauf der Liegenschaft. Was übrig bleibt, gehört den Erben.

Das geht natürlich nur mit (annähernd) schuldenfreien Immobilien, denn die Bank beziehungsweise Bausparkasse verlangt natürlich eine grundbücherliche Sicherung.

Sollten die 15 Jahre vorbei sein und Sie sind – Gott sei Dank – immer noch „pumperlgsund", müssen Sie „einfach" Zinsen in Höhe eines vereinbarten Abschlusszinssatzes weiter bezahlen, was auf die Dauer teuer ist: denn die Kredithöhe, von der sich die Höhe berechnet, wird bei einem endfälligen Kredit ja nie verringert!

Alternativ können Sie das Darlehen tilgen, indem Sie die Immobilie veräußern oder Ihnen Erben in spe unter die Arme greifen.

Das Wichtigste zum Schluss

Spätestens nach dem Genuss dieses Kapitels versteht man die Notwendigkeit von Senioren-Vergünstigungen bei der Bahn, Museen, Theater und Rundfunk. Zwar sinken die Konsumausgaben laut Wirtschaftsforschungsinstitut Wifo in der Pension um fünf bis 15 Prozent – man lebt bescheidener, geht weniger aus, erspart sich die Fahrtkosten zur Arbeit, die vielen Altersrabatte etc. Die Einnahmen sinken noch stärker. Liegt doch bei Pensionsneuzugängen 2013 die Nettoersatzrate, also die Höhe der Pensionen in Prozent des Letztbezuges im Schnitt bei 79,3 Prozent. Das sind 20 Prozent weniger im Börsl, bei Frauen in Frühpension bis zu 30 Prozent. Wie hoch Ihre persönliche Pensionslücke, also die Differenz zwischen dem jetzigen Einkommen und künftiger, hochgerechneter Pension ist, können Sie mit dem Pensionslückenrechner auf www.pensionskonto.at berechnen. Solche Rechner finden Sie derzeit auch ganz vorne auf Internet-Seiten von Banken und Versicherungen.

Steuerlich werden Pensionisten auch nicht verschont, im Gegenteil: So gibt es unvorteilhafte Einschleifregelungen bei den Pensionistenabsetzbeträgen und für die 1,1 Millionen Kleinpensionisten, die nicht steuerpflichtig sind, derzeit keine Steuergutschrift (Negativsteuer) wie für Arbeitnehmer mit geringem Einkommen.

Ein Jahresausgleich zahlt sich dennoch auch für Pensionisten aus: Abzusetzen gibt es etwa die „Außergewöhnlichen Belastungen", beispielsweise bei Gehbehinderung, oder auch die Kirchensteuer, Spenden oder den Beitrag zum Pensionistenverband. Auch kann man als Pensionist mit geringen Bezügen sich auf diese Weise die Sparbuchsteuer (mit 25 Prozent pauschalierte KESt) zurückholen.

Sollten Sie neben der staatlichen Pension eine weitere, etwa von Ihrer Firma beziehen, sind Sie verpflichtet eine Einkommensteuererklärung bis zum 30. April des Folgejahres (online bis zum 30. Juni des Folgejahres) zu machen. Die Steuer interessiert sich übrigens auch für Pensionen aus dem Ausland. Das kann, gibt es kein Doppelbesteuerungsabkommen, eine steuerliche Doppelbelastung bedeuten.

Apropos Ausland, wer in den Süden, etwa nach Thailand, Spanien oder die Türkei fliehen möchte, weil die Wärme gut tut und weil man sich dort meist mehr leisten kann, sollte unbedingt vorher Kontakt mit der Pensionsversicherung aufnehmen, damit er im Ausland auch tatsächlich einen Pensionsanspruch hat. Erkundigen sollte man sich auch über die Kosten eines Krankenversicherungsschutzes, der kann – will man keine Abstriche bei den Leistungen machen – teuer kommen.

Viel Geld muss man in jedem Fall ansparen. Damit sollte man auch möglichst früh beginnen, damit die monatlichen Raten verträglich bleiben und am Ende wirklich eine Zusatzpension herausschaut, die ihren Namen verdient. Bei einer Nettorendite nach Steuern und Spesen von drei Prozent muss man schon 15 Jahre lang rund 440 Euro Monat für Monat ansparen, um am Ende 100.000 Euro Zusatzpension zu haben. Fängt man fünf Jahre früher mit dem Ansparen an, lässt sich also 20 Jahre Zeit, muss man monatlich „nur" 305 Euro beiseite legen . . .

Lustvoll
länger arbeiten

○ Dazuverdienen in der Pension

○ Förderprogramme für 50+

○ Ab in die Selbständigkeit!

Die Vorteile von Arbeitskräften im Unruhestand:

> Die Jungen laufen schneller, die Alten kennen die Abkürzung. Ihre Stärke liegt in der Übersicht und Ruhe in so manchen Gegebenheiten und Anlassfällen, in der langjährigen Lebens-, Berufs- und Branchenerfahrung, in der Erfahrung der Arbeitsorganisationen, der Planungs- und Führungserfahrung und vor allem in den vielfältigen Kontakten und enormen Netzwerken.

Manfred Lorencz, Vorstandsmitglied des Austrian Senior Experts Pool Asep

> Altersdiskriminierung stoppen! Ältere Arbeitnehmer nicht nur als Kostenfaktor, sondern als neue, wertvolle Ressource betrachten. Wir sollten uns wieder mehr auf unsere Talente und Fähigkeiten als auf ihre Jahresringe konzentrieren.

Leopold Stieber, seniors4success.at

> Die Erwerbsquote älterer Menschen liegt in Österreich bei 41,1 Prozent – eine der niedrigsten in der EU. Eine wertvolle und wichtige Ressource für Österreichs Unternehmen wird nicht annähernd ausgeschöpft.

Wirtschaftskammerpräsident Christoph Leitl

Endstation Pension? Nein, danke!
Wer im Unruhestand noch arbeiten will

Ein Drittel der Österreicher arbeitet in der Pension.

Ein Drittel der Beschäftigten können sich vorstellen – bezahlt oder ehrenamtlich – in der Pension zu arbeiten.

38 Prozent der Österreicher wollen auch vor dem gesetzlichen Pensionsalter unbegrenzt dazuverdienen dürfen.

Üben Sie gegenwärtig in irgendeiner Form freiwillige Aktivitäten aus?
(Befragte 60+)

ja, regelmäßig (wöchentlich, täglich)	14
ja, gelegentlich (z. B. kurzfristig Hilfe für Personen)	16
sowohl regelmäßig, als auch gelegentlich	17
nein, aber ich würde das gerne regelmäßig machen	1
nein, aber ich würde das gerne gelegentlich machen	17
nein, und ich will das auch nicht machen	30
keine Angabe	5

Unternehmen setzen zu selten auf Perspektive für Ältere
Wie bereiten sich die Unternehmen in der Personalpolitik auf den demografischen Wandel vor?

■ Fokus: junge Belegschaft   ▨ Fokus: Beschäftigungsfähigkeit/Integration Älterer

Weiterbildung jüngerer Mitarbeiter	85%
Gesundheitsförderung der Mitarbeiter	60%
Ergonomische Gestaltung von Arbeitsplätzen	56%
Personalmarketing	49%
Arbeitsplatzmodelle für Mütter/Väter (z.B. Teilzeit)	49%
Schaffung zusätzlicher Ausbildungsplätze	48%
Bemühung um Hochschulabsolventen/junge Fachkräfte	45%
Einrichtung altersgemischter Teams oder Arbeitsgruppen	45%
Einbindung von Ruheständlern, z.B. als Experten	45%
Intensivere Weiterbildung für ältere Arbeitnehmer	44%
Altersteilzeit- oder Vorruhestandsregelungen	43%
Entwicklung von Laufbahnmodellen für ältere Mitarbeiter	11%

Quelle WKO, Commerzbank

Die Arbeit macht Ihnen nach alle den Jahren immer noch Spaß? Sie standen im beruflichen Rampenlicht, fürchten sich vor dem „schwarzen Loch", in das Sie nach der Pensionierung fallen können? Oder Sie wollen einfach noch nicht zum „alten Eisen" zählen. Weshalb auch: Rein statistisch ist man heute nach der Pensionierung im Schnitt noch 20 Jahre geistig und körperlich für berufliche Taten fit.

Mit ihrer positiven Arbeitseinstellung sind Sie keineswegs alleine. Da gibt es etwa die Plattform seniors4success.at, gegründet von Topmanager Leopold Stieger, mit schillernden Namen wie Norbert Zimmermann, Aufsichtsratsvorsitzender der Berndorf AG. Personalentwickler Leopold Stieger bleibt selbst aktiv, in dem er Topführungskräfte in der dritten Lebensphase coached. Stieger: „Wir müssen alle radikal umdenken. Es muss die Work-Life-Balance auch für Pensionisten stimmen. Wir müssen längeres Arbeiten – ob bezahlt oder ehrenamtlich – wieder mehr als Chance statt Risiko sehen. Arbeitgeber und Arbeitnehmer sollten sich wieder mehr auf ihre Talente und Fähigkeiten als auf ihre Jahresringe konzentrieren."

Das längst überschrittene gesetzliche Pensionsalter nützt auch der 71-jährige Roland Pototschnig, Präsident vom Austrian Senior Experts Pool (ASEP), der mit rund 180 Topmanagern speziell junge Start-ups mit seiner Berufserfahrung unterstützt.

Ob sich Weiterarbeiten finanziell lohnt, ist ein anderes Kapitel. Für Frühpensionisten gibt es strenge Dazuverdienstgrenzen. Wer mehr verdient, verliert den Pensionsanspruch. Doch Geld allein macht bekanntlich nicht glücklich ...

> **Man ist in den besten Jahren, wenn man die guten hinter sich hat.**
>
> André Maurois (1885-1967), französischer Historiker

Tipps für eine aktive, erfüllende dritte Lebensphase

- **Planung:** Am Tag der Pensionierung ist es zu spät. Schon im Vorfeld sollte man planen, wie man den Pensionsschock vermeidet, welche Interessen und Potenziale man hat.
- **Aktiv bleiben:** Wird Ihre Expertise von Ihrem alten Unternehmen nicht mehr geschätzt? Na und: Bieten Sie Ihr Potenzial anderen an, erstellen Sie für sie ein Business-Modell, bilden Sie sich weiter, halten Sie sich auf dem Laufenden.
- **Kontakte pflegen:** Besonders jetzt ist man auf Kontakte angewiesen, die man während seiner aktiven Zeit als vielbeschäftigter einsamer Löwe an der Unternehmensspitze vielleicht nicht knüpfen konnte – kein Grund, sich nicht jetzt neu zu vernetzen.
- **Hobbys:** Die sollte man in jedem Fall hoch halten oder sich neue suchen, um berufliche Durststrecken ohne Depressionen zu überwinden.

Dazuverdienen in der Pension

Geld ist für Sie sicher nicht alles, wenn Sie sich für dieses Buchkapitel interessieren. Es schadet dennoch nicht zu wissen, wie die staatliche Pension gekürzt wird, sobald man länger als vorgesehen arbeitet.

Das Erfreuliche gleich vorweg: Wer eine normale Alterspension bezieht, für den gilt keine Grenze hinsichtlich Einkommen aus Erwerbstätigkeit. Man kann dazuverdienen, so viel man will, ohne dass die Pension davon negativ beeinflusst wird. Trotzdem bleibt man voll steuer- und sozialabgabenpflichtig.

Bei versicherungspflichtigem Einkommen wird der dabei geleistete Pensionsversicherungsbeitrag einfach zur bestehenden Pension im Folgejahr addiert („Höherversicherungsbetrag"). Hierzu ein Beispiel in der Tabelle: Für geleistete Beiträge von 1.000 Euro im 68. Lebensjahr erhöht sich die Pension um 4,24 Euro pro Monat.

Beispiel: So erhöht ein Zuverdienst die Pension	
Geleistete Beiträge des Versicherten im Jahr 2013	€ 1.000,-
Faktor 1: Lebensalter (2013 wurde das 68. Lebensjahr vollendet)	0,00442
Faktor 2: Jahr der Feststellung 2014	0,95868
Produkt aus beiden Faktoren	0,00424
Höherversicherung pro Monat (ab 1. 1. 2014)	€ 4,24

Quelle: PVA

Vorzeitige Alterspension, Korridor- und Schwerarbeiterpension

Geht man aber vorzeitig in Pension, egal ob als Korridor-, Schwerarbeiterpensionist oder aus gesundheitlichen Gründen, ist der Staat beziehungsweise die Pensionsversicherungsanstalt schon nicht mehr so großzügig. Die im Folgenden beschriebenen Zuverdienstgrenzen für Pensionisten gelten für alle Pensionsversicherungsträger.

Besser ergeht es da nur den Beamten, die stets unbeschränkt dazuverdienen können und den Notaren. Für Notare, die eine Berufsunfähigkeitsversicherung der Versicherungsanstalt des österreichischen Notariats beziehen, gelten keine Limits. Als Notare dürfen sie dann ohnehin nicht mehr tätig sein.

Bezieher einer vorzeitigen Alterspension dürfen pro Monat nur bis zur Geringfügigkeitsgrenze verdienen (2014 sind es 395,31 Euro brutto), sonst fällt die Pension weg. Wer nur tageweise beschäftigt ist, für den gilt das Tageslimit von 30,35 Euro (monatlich aber trotzdem nicht mehr als 395,31 Euro).

Ausgenommen sind Bezüge aus einem öffentlichen Mandat (zum Beispiel Bürgermeister) bis zu 4.135,50 Euro oder aus einer Land- und Forstwirtschaft mit einem Einheitswert bis zu 2.400 Euro.

Übersteigen in allen anderen Fällen die Einkünfte diese täglichen oder monatlichen Werte, so führt das zum Wegfall der vorzeitigen Alterspension für die Dauer der Beschäftigung.

Mit Vollendung des 60. (Frauen) bzw. 65. (Männer) Lebensjahres wird die vorzeitige Alterspension aber in eine normale Alterspension umgewandelt. Fortan darf straffrei dazuverdient werden.

Ganz verloren sind die Pensionsansprüche, die wegen Zuverdienste als Frühpensionist weggefallen sind, aber nicht. Wegfallzeiten werden beim Erreichen der normalen Alterspension (Regelpension) berücksichtigt. Bei der Korridorpension sind es 0,55 Prozent, bei der Schwerarbeiterpension 0,312 Prozent pro Monat.

Zum besseren Verständnis hier ein Beispiel für einen Antritt einer Korridorpension drei Jahre vor dem Regelpensionsalter:

Durch Erwerbseinkommen über der Geringfügigkeitsgrenze entfällt die Pension während dieses Zeitraumes für 14 Monate. Beim Übergehen in eine normale Alterspension (Regelpensionsalter) ergibt sich dadurch eine Erhöhung der Pension um 110,52 Euro (14x0,55= sieben Prozent Erhöhung).

Krankheitsbedingte Pension

Verdient man in der Berufsunfähigkeits-, Invaliditäts- bzw. Erwerbsunfähigkeitspension unterhalb der Geringfügigkeitsgrenze (liegt 2014 bei 395,31 Euro) dazu, ist das erlaubt.

Ansonsten gilt folgende Regelung: Liegt das Gesamteinkommen, bestehend aus Pension und Erwerbseinkommen über 1.134,77 Euro brutto, ermittelt die Pensionsversicherungsanstalt einen Anrechnungsbetrag, der von der Pension abgezogen wird.

Die Grenzen für Anrechnungsbeträge liegen bis 1.702,21 Euro bei 30 Prozent, bis 2.269,53 Euro bei 40 Prozent, danach bei 50 Prozent.

Auch aus einer krankheitsbedingten Pension (Berufsunfähigkeits-, Invaliditäts- oder Erwerbsunfähigkeitspension) wird ab dem Regelpensionsalter eine Alterspension. Ab sofort darf man ebenso unbeschränkt dazuverdienen.

Anders als bei der Korridorpension ist bei der krankheitsbedingten Pension für den Übergang in eine Alterspension ab dem Regelpensionsalter ein Antrag notwendig!

Hinterbliebenenpension

Zur Witwen- und Waisenpension kann man grundsätzlich unbegrenzt dazuverdienen. Allerdings gibt es eine Erhöhung des Prozentsatzes der Hinterbliebenenpension (maximal auf 60 Prozent) nur insoweit, als die Summe aus eigenem Einkommen und Hinterbliebenenpension den Betrag von 1.812,34 Euro monatlich (2013) nicht übersteigt. Beträgt das Gesamteinkommen der Witwe oder des Witwers aus eigenem Einkommen und der Hinterbliebenenpension 8.880 Euro pro Monat (Wert 2013), so wird die Witwenpension um den 8.880 Euro übersteigenden Betrag gekürzt.

Fit genug zum Arbeiten

Zum gesunden Geist gehört auch ein gesunder Körper – länger arbeiten muss man auch körperlich aushalten. Fitness-Seminare gibt es wie Sand am Meer – zu viele, um sie hier alle aufzuzählen. Der Eine schwört auf Pilates, der Andere auf Yoga, der Dritte auf Zirkeltraining – Hauptsache man bleibt in Bewegung und das mehrmals in der Woche. Auch die Ernährung sollte man umstellen (Tipps siehe Kasten).

Geförderte Gesundheitsprogramme gezielt für diese Altersgruppe bieten die Sozialversicherungsanstalten an – sie haben ein großes Interesse daran, dass ihre Mitglieder lange gesund bleiben. So bietet etwa die Versicherungsanstalt für Eisenbahnen und Bergbau die Ja!Jetzt Aktiv – Gesundheitsförderung für PensionistInnen an. Die G50 – Generation 50plus Bewegungstour veranstaltet die Niederösterreichische Gebietskrankenkasse in Kooperation mit der Sozialversicherung der Gewerblichen Wirtschaft usw.

fit2work ist eine Initiative der Bundesregierung (Mittel aus dem AMS, dem Sozialministerium, der Unfallversicherung, der Gebietskrankenkasse, der Pensionsversicherung), um Menschen gesundheitlich wieder fit für die Arbeit zu machen. Die Beratung von fit2work ist kostenlos (Info unter www.fit2work.at).

> *Erkundigen Sie sich bei Ihrer Sozialversicherung nach geförderten Gesundheitsprogrammen für Ihre Altersgruppe. Auch die kostenlosen Altersvorsorgeuntersuchungen sollte man in Anspruch nehmen. Denn wenn man viele Jahre hochtourig gefahren ist, sollte man vor der Großglockner-Tour zur Inspektion gehen!*
>
> **TIPP**

Ernährungstipps, die Sie fit halten

1. Abwechslungsreich ernähren mit nährstoffreichen Lebensmitteln, die wenig Energie liefern: Kartoffeln, Reis, Nudeln, Vollkornbrot und Gebäck, Obst und Gemüse, magere Fleischsorten, Fisch, Milch und Milchprodukte.
2. Ausreichend trinken, d. h. täglich 1,5 bis zwei Liter Flüssigkeit, mindestens sechsmal am Tag ein Glas Wasser oder Tee trinken, das Glas Wasser zum Essen sollte Gewohnheit werden.
3. Reichlich Ballaststoffe (Vollkornprodukte, Obst und Gemüse) – beugen Verstopfung vor.
4. Kalziumreich ernähren (Milch, Milchprodukte, Schnittkäse) – der Knochenabbau setzt ab der Lebensmitte ein.
5. Richtig würzen – mit zunehmendem Alter nimmt das Geschmacksempfinden für süß und salzig ab.
6. Mehrere Mahlzeiten am Tag bewusst in Ruhe essen und genießen!

Quelle: Kärntner Gebietskrankenkasse

Jobprogramme für 50+

Kommt Ihnen das bekannt vor: Ein „junges dynamisches Team" sucht Mitarbeiter „mit drei bis fünf Jahren Berufserfahrung". So lesen sich versteckte Altersklauseln. Alles darüber möge sich bitte fernhalten.

Österreichs Personalchefs zieren sich, wenn es um die Einstellung Älterer geht. Drei von zehn (laut Jobportal Monster, April 2014) geben an, beim Besetzen ihrer Stellen große Probleme zu haben. Dennoch ziehen nur 5,4 Prozent der Personalisten Bewerber in Betracht, die älter als 50 Jahre sind – ungeachtet ihrer Qualifikation.

Die Babyboomer (Geburtsjahrgänge 1946–1964) sind eine zahlenmäßig besonders starke Gruppe. 2013 waren 174.408 der über 50-Jährigen arbeitslos! Und hier trifft es die Frauen besonders hart. Selbst wenn man sich noch so jung fühlt und das auch mit seinem beruflich aufgefrischten Know-how ist – für den Arbeitsmarkt ist man mit 50+ schon eine Altersgruppe, die „besonders förderungswürdig ist", so Johannes Kopf, Chef des Arbeitsmarktservice Österreich. Das AMS machte deshalb schon

Regionale Programme
Wer darf?

EUSPUG (Europäisches Service für Perso-	beim AMS Wien oder NÖ vorgemerkte Akademiker und Führungskräfte ab 50 Jahren (Wien) bzw. 45 Jahren (NÖ)
ZKE (Zentrum für Kompetenz und Erfah-	beim AMS Wien vorgemerkte Frauen und Männer ab 50 Jahren
Diversity-Initiative (Wien)	nach Vereinbarung
Initiative 50/2014 (NÖ)	beim AMS NÖ vorgemerkte Frauen ab 45 Jahren und Männer ab 50 Jahren
Verein Initiative 50; sowie Aktive 50 (NÖ)	beim AMS NÖ vorgemerkte Frauen ab 45 Jahren und Männer ab 50 Jahren mit Wohnsitz in NÖ
SÖB Chance Gastro sowie SÖB Chance	beim AMS OÖ vorgemerkte Personen mit Wohnsitz in OÖ max. 36 Monate vor Pensionsantritt
Proaktiv (OÖ)	beim AMS OÖ vorgemerkte Personen mit Wohnsitz in OÖ

AMS-Programme für Arbeitssuchende 50+

Hilfe für	Höhe und Antragsteller
Comeback – Eingliederungsbeihilfe 50+	
Frauen und Männer ab 50 Jahren, die mind. 182 Tage beim AMS vorgemerkt waren	monatlicher Lohnkostenzuschuss für max. 9 Monate, sofern Arbeitszeitverpflichtung von mind. 50% der Normalarbeitszeit; Antragsteller/Bezugsberechtigter ist der einstellende Betrieb.
Comeback – Eingliederungsbeihilfe	
AMS-Vorgemerkte ab 45 J.; von Langzeitarbeitslosigkeit bedrohte Personen	Förderungshöhe und -dauer werden im Einzelfall festgelegt. Antragsteller und Bezugsberechtigter ist das einstellende Unternehmen
Unternehmensgründungsprogramm	
beim AMS vorgemerkte Personen, die sich mit einer Projektidee selbständig machen wollen und die fachliche Eignung mitbringen	Gründungsberatung bei einem mit dem AMS kooperierenden Beratungsunternehmen; Qualifikationserwerb; u. U. mit finanzieller Absicherung. Für AMS-Leistungsbezieher

Worum geht's?	Wer bekommt? Von wem?
(Auswahl, weitere über die jeweilige AMS-Landesstelle)	
nalvermittlung und Unternehmensgründung, Wien und NÖ)	
Strategieentwicklung und Beratung für Bewerbung, Unternehmensgründung oder Interimsmanagement	AMS-Leistungsbezieher nach Zuweisung durch das AMS Wien/NÖ
rung, Wien) neu ab 1. Juni 2014, geplant bis 30. 5. 2015	
Bewerbungsberatung, Workshops, Qualifizierung für 6 bis 12 Monate, Vermittlung, max. 1.000 Euro p. P. für Fortbildung (Sonderbudget)	AMS-Leistungsbezieher nach Zuweisung durch das AMS Wien
Lehrgangfinanzierung zur Ausbildung zum Demografie-Manager zur Förderung der Zusammenarbeit der Generationen und Schaffung optimaler Arbeitsbedingungen für Ältere	Antragsteller und Bezugsberechtigter ist das einstellende Unternehmen, das Unterzeichner der Charta der Vielfalt sein muss. Von WKW
Ersatz der tatsächlichen Lohnkosten für 3 Monate	Antragsteller und Bezugsberechtigter ist das einstellende Unternehmen. Von AMS NÖ
Förderung eines befristeten Dienstverhältnisses und Refundierung von 67% der Gesamtkosten für max. 3 Monate; sowie 5-wöchiges Intensiv-Coaching (Aktive 50)	Antragsteller und Bezugsberechtigter ist das einstellende Unternehmen. Von AMS NÖ, Land NÖ und ESF
Energie (OÖ)	
befristete Dienstverhältnisse (max. 36 Monate) für Küchenhilfsdienste in der Betriebskantine BBRZ-Muldenstraße sowie Zählerablesen und Backoffice (Energie); je 4 Wochen Probezeit	AMS-Leistungsbezieher. Von FAB Reno OÖ
Training und Integrationsleasing	AMS-Leistungsbezieher. Von AMS OÖ und itworks Personalservice

letztes Jahr 144 Millionen Euro für die „Älteren" locker. Die Bundesregierung stellt Jobsuchenden der Altersgruppe 50+ für die Jahre 2014 bis 2016 weitere 350 Millionen zur Verfügung.

Das AMS verfolgt im Wesentlichen zwei Stoßrichtungen, um ältere Beschäftigte im Arbeitsprozess zu halten: Zum Einen locken Eingliederungsbeihilfen mit finanziellen Vorteilen für Betriebe, die 50+ einstellen. Je nach Programm und Bundesland erhalten sie unterschiedlich hohe zeitlich befristete Lohnsubventionen (siehe Tabel „AMS-Programme").

Die zweite Stoßrichtung will verhindern, dass die Älteren überhaupt abgebaut werden. Unter dem Motto „Altersgerechtes Arbeiten" erarbeitet das Arbeitsmarktservice gerade ein eigenes Förderprogramm zur

> Es kommt nicht darauf an, wie alt man wird, sondern wie man alt wird.
>
> **Professorin Ursula Lehr, Ex-CDU-Bundsministerin, (1930*)**

Programme für Ältere in Beschäftigung

Wer darf?	Worum geht's?
Altersteilzeit*	
Frauen ab 53, Männer ab 58 Jahre; max. 7 Jahre vor Erreichen des Regelpensionsalters; im letzten Jahr davor keine Teilzeit unter 60% der Normalarbeitszeit; während der letzten 25 Jahre mind. 780 Wochen arbeitslosenversicherungspflichtig beschäftigt (inkl. Kinderbetreuungszeiten)	Arbeitszeitreduktion auf 40–60% bei mind. 50% Lohnausgleich für die Differenz zum früheren Entgelt. Blockvariante: Freizeitphase darf max. 2,5 Jahre dauern; gleichzeitig muss der Arbeitgeber eine davor arbeitslose Ersatzkraft oder einen Lehrling einstellen. Kontinuierliches Modell: nur bis zum Regelpensionsalter möglich (Frauen 60, Männer 65 Jahre). Nicht möglich, wenn bereits Pension bezogen wird. Abfertigungsanspruch bleibt unverändert
Active and Healthy Ageing (Stand Juni 2014 – die finale Version	
alle Unternehmen (Schwerpunkt KMU) – kostenlose Beratung: bei der Entwicklung von gesundheitsfördernden Maßnahmen wie altersgerechter Arbeitsplatzgestaltung und Weiterbildung. Für ältere Beschäftigte zur beruflichen Weiterentwicklung und Weiterbildung. Zum Aufbau eines innerbetrieblichen Generationen- und Eingliederungsmanagements. Unterstützung bei der Wiedereingliederung von Personen nach Langzeitkrankenständen	

*) Mit 30. Juni 2014 endete die Einreichfrist für die „Productive Ageing"-Programme des AMS gemeinsam mit dem Europäischen Sozialfonds EFS (Qualifizierungsförderung für Beschäftigte (QfB, Ziel 2)), weiters die Qualifizierungsberatung für Betriebe (QBB) und die Flexibilisierungsberatung (FBB). An ihre Stelle sollen die „Active and Healthy Ageing"-Programme des BMASK treten. Deren zeitliche und inhaltliche Umsetzung hängt jedoch von der Genehmigung des wesentlich umfassenderen „Operationellen Programmes" durch die Europäische Kommission ab.

Qualifizierung von Beschäftigten, das „auf die Höherqualifizierung von älteren und gering qualifizierten Mitarbeiterinnen und Mitarbeitern in Unternehmen zielt", so AMS-Chef Kopf. Das Programm wird 2015 österreichweit angeboten werden.

Die Hoffnung stirbt zuletzt. Deshalb sollte man bei der Jobsuche nie die Eigeninitiative aufgeben. Und sollten Sie die Ausschreibungen mit verklausuliertem Alterslimit in den Tageszeitungen oder auf Online-Portalen wie jobpilot.at, ideed oder monster.at zu sehr demütigen, gibt es auch eigene Job-Portale, die auf Ihre Zielgruppe abzielen (siehe Kasten). Eines ist mit Sicherheit die falsche Bewerbungsstrategie: Sein wahres Alter zu verleugnen.

Auch die Wirtschaftskammer unterstützt im Rahmen seines Diversity-Programms die Integration älterer Arbeitnehmer am Arbeitsplatz. Sie hat hierzu eine Gratisbroschüre mit Tipps verfasst (Info auf: www.wko.at/generationen).

Spezielle Plattformen für die Jobsuche ab 50

- www.initiative50.or.at
- www.fit2work.at
- www.50plus.at/pinnwand/pinnwand=arbeit

Ab in die Selbständigkeit!

Staatlich geförderte Jobs für 50+ sind zwar nett. Man dürfe sich aber nichts vormachen, spricht senior4success-Gründer Leopold Steiner aus Erfahrung: „Geht es um Fixanstellungen, sind die meisten Unternehmen nicht an 50+ interessiert, an projektbezogenen Beratungstätigkeiten schon."

Brennt nämlich der Hut, handelt es sich um ein Spezialprojekt oder um einen klar befristeten Einsatz, wird aus dem vermeintlichen Nachteil „Alter" ganz plötzlich der Vorteil „Reife". Auf einmal stechen Erfahrung, langjährige Führungspraxis und ein gepflegtes Netzwerk.

Manager auf Zeit

Im reifen Alter ist man also als „Manager auf Zeit" gefragt. Wobei hier Österreich in der EU hinten nach hinkt. Während sich etwa in Holland 40.000 Interims tummeln, sind es in Österreich gerade mal 1.000, typischerweise älter als 50 Jahre.

Wenn es an viel Erfahrung und beruflichem Know-how nicht mangelt, jedoch die Kontakte fehlen, kann man sich Initiativen wie den genannten Plattformen senior4success und ASEP (Austrian Senior Expert Pool) zuwenden. ASEP ist ein Pool aus 180 Personen aus den verschiedensten Branchen und Bereichen wie Chemie, Technik, Marketing, Controlling, Betriebswirtschaft, Verwaltung, Personalwesen etc. und ständig auf Mitgliedersuche. Was sind die Voraussetzungen, um in den Pool aufgenommen zu werden? „Es sollten Personen sein, die in ihrer Vergangenheit auch Verantwortung getragen haben, Führungspersonen, Firmeninhaber", erklärt ASEP-Vorstand Manfred Lorencz. Die Mitglieder sind als Interimsmanager, in der Entwicklungshilfe von Start-ups oder auch im Bereich Coaching tätig. Man übernimmt auch Projekte für das Arbeitsmarktservice, das Austrian Wirtschaftsservice (AWS) und das Beratungs- und Schulungsunternehmen ÖSB. Bei ASEP gibt es die Beratungsleistung im Inland für Gemeinnützige für 300 Euro zuzüglich Mehrwert-

---

Wer bekommt? Wie viel? Von wem?

Auszahlung max. 5 Jahre. Antragsteller und Bezugsberechtigter: Arbeitgeber; bekommt Lohnausgleich (inkl. Dienstgeberbeiträge) für das Bruttoarbeitsentgelt bis zur Höchstbeitragsgrundlage bei kontinuierlicher Arbeitszeitreduktion bis 90%, bei Blockzeit bis 50%. Vom AMS

wird für Spätherbst erwartet)

Antragsteller und Bezugsberechtigter ist das Unternehmen. In der Programmperiode 2014–20 stehen dafür rund 46 Millionen Euro zur Verfügung. Von BMASK; die Maßnahmen werden zu je 50% aus dem ESF und aus nationalen Mitteln finanziert

---

Nützliche Links

- ww.50plus.at
- www.ab5zig.at
- www.ams.at
- www.arbeitundalter.at
- www.atlas-iim.com
- www.dse-wien.at
- www.euspug.at
- www.wdf.at
- www.wko.at

steuer plus Spesenersatz, für Projekte im Consulting-Bereich 600 Euro zuzüglich 20 Prozent Umsatzsteuer.

Was als Interim zu verdienen ist

Ansonsten liegen die Tagessätze für Manager auf Zeit weit höher. Sie beginnen bei 1.000 Euro, der Schnitt liegt bei 1.500 Euro. Die Stars der Branche machen bei 3.000 Euro pro Tag nicht halt. Sie arbeiten selbständig und sind in den obersten beiden Managementebenen tätig, oder sie verfügen über seltenes und kostbares Spezialwissen. Durch die Routine auf ihrem Spezialfeld lösen sie Aufgaben souveräner als Interne, die das erste Mal damit konfrontiert sind. Und sie arbeiten im Unterschied zum Unternehmensberater hemdsärmelig an der Umsetzung ihrer Strategien mit. Der Auftrag von ganz oben – Eigentümer, Vorstand oder CEO – öffnet jede Tür und verschafft die nötige Durchschlagskraft. Wenn nötig auch als Bad Guy.

Die Einsätze sind so wenig planbar wie das Einkommen. In manchen Monaten sprudelt es, dann herrscht monatelange Dürre. Als Faustregel gelten mindestens sechs Einsatzmonate im Jahr, mit denen sich die Lebenshaltungskosten für das ganze Jahr decken lassen. Gut im Sattel sitzt, wer neun Monate im Jahr beschäftigt ist.

> **ACHTUNG** *Steuer und Versicherung müssen auch in einsatzfreien Zeiten bezahlt werden! Nachdenken sollte man über eine D&O-(Directors & Officers-)Versicherung, da Haftungsfragen noch lange nach Einsatzende ein Thema werden können.*

Interims-Agenturen

Nicht jeder hat Freude daran, als einsamer Wolf Aufträgen nachzujagen. Für sie haben sich auf dem Markt Vermittlungsagenturen etabliert. Es lohnt sich, auch bei großen Headhuntern, Personalberatern und (bis zur mittleren Management- und Spezialistenebene) bei Personaldienstleistern anzuklopfen. Eigens auf Interims spezialisierte Agenturen unterschiedlicher Größe finden Sie in der Tabelle. Der Aufnahme in den Pool geht ein Screening voraus, wobei Kompetenzen, Vita und Reputation abgeklopft werden. Atlas International Interim Management besteht auf mindestens 15 Jahre Berufserfahrung, davon zehn in Führungspositionen. Der vermittelte Interim schließt als Selbständiger einen Werkvertrag mit dem Kunden (Gewerbeschein nötig!). Die Agentur schlägt je nach Schwierigkeit des Recruitings 20 bis 25 Prozent Vermittlungsgebühr auf. Andere Anbieter variieren ihr Verrechnungsmodell nach Kundenwunsch. Peter Spieß, Geschäftsführer von Ideas Consulting: „Je kürzer der Einsatz und je spezieller die Qualifikation, desto höher der Tagsatz. Je länger das Engagement, desto eher geht man in Richtung befristeter Anstellung zum branchenüblichen Gehalt." Spieß's Ehefrau Bettina betreibt die Agentur Interim Management Woman, die auf Interim-Ladies spezialisiert ist. Bettina Spieß: „Frauen dieser Altersgruppe haben schon Kinder großgezogen. Da weiß man, dass sie stressresistent und sehr flexibel sind. Und ein perfektes Zeitmanagement haben sie auch." Typisch weibliche Geschäftsfelder sind Human Resources, Marketing, Verkauf, Recht und Finance.

Einkommen 2014 –
so viel verdient man in den einzelnen Bereichen und Positionen

	stark unterdurchschnittlich	knapp unterdurchschnittlich	im Durchschnitt	knapp überdurchschnittlich	stark überdurchschnittlich	typischer Mix fix:variabel
Vorstandsvorsitz/ Alleingeschäftsführung	116.400,-	135.100,-	205.400,-	255.500,-	364.400,-	60:40
Vorstand/ Geschäftsführung	96.400,-	110.400,-	152.000,-	190.100,-	255.600,-	60:40
Administration/Organisation/Planung						
oberes Management	89.500,-	107.500,-	132.000,-	158.300,-	178.900,-	70:30
mittleres Management	58.200,-	69.200,-	83.800,-	95.200,-	101.800,-	80:20
SpezialistIn	52.000,-	58.600,-	68.900,-	82.100,-	97.400,-	90:10
MitarbeiterIn	35.600,-	40.400,-	47.800,-	55.700,-	63.100,-	90:10
Informationstechnologie						
oberes Management	103.500,-	110.000,-	150.700,-	181.800,-	206.400,-	70:30
mittleres Management	69.400,-	78.700,-	91.100,-	107.100,-	119.800,-	80:20
SpezialistIn	54.500,-	59.300,-	68.700,-	81.600,-	95.600,-	80:20
MitarbeiterIn	41.100,-	44.900,-	52.300,-	62.700,-	74.700,-	90:10
Einkauf/Materialwirtschaft/Logistik						
oberes Management	103.400,-	119.800,-	144.300,-	177.200,-	203.100,-	70:30
mittleres Management	58.000,-	64.900,-	76.600,-	94.600,-	113.000,-	80:20
SpezialistIn	45.000,-	49.700,-	59.200,-	75.000,-	81.200,-	80:20
MitarbeiterIn	38.300,-	41.400,-	48.500,-	56.900,-	64.200,-	80:20
Finanz- und Rechnungswesen						
oberes Management	98.200,-	14.600,-	150.100,-	167.400,-	211.900,-	70:30
mittleres Management	59.500,-	67.000,-	79.300,-	94.100,-	111.600,-	80:20
SpezialistIn	51.000,-	55.800,-	64.800,-	78.700,-	95.300,-	90:10
MitarbeiterIn	35.000,-	38.800,-	44.600,-	54.400,-	65.000,-	90:10
Forschung & Entwicklung						
oberes Management	104.200,-	125.200,-	156.700,-	186.500,-	210.400,-	70:30
mittleres Management	60.800,-	69.000,-	81.700,-	96.900,-	114.700,-	80:20
SpezialistIn	47.700,-	56.300,-	66.600,-	79.500,-	90.300,-	80:20
MitarbeiterIn	36.600,-	39.200,-	45.500,-	54.400,-	61.300,-	90:10
Human Resources & Recht						
oberes Management	91.000,-	106.800,-	135.200,-	162.700,-	194.700,-	70:30
mittleres Management	53.100,-	57.800,-	70.900,-	87.800,-	98.600,-	80:20
SpezialistIn	47.700,-	53.100,-	63.700,-	74.200,-	84.700,-	90:10
MitarbeiterIn	37.100,-	39.900,-	46.300,-	56.000,-	65.200,-	90:10
Technik & Produktion						
oberes Management	102.300,-	126.400,-	153.600,-	187.400,-	204.800,-	70:30
mittleres Management	53.000,-	59.800,-	68.600,-	87.100,-	104.000,-	80:20
SpezialistIn	46.100,-	50.300,-	57.900,-	73.100,-	88.500,-	90:10
MitarbeiterIn	30.900,-	33.800,-	38.900,-	48.500,-	58.800,-	90:10
Vertrieb & Marketing						
oberes Management	89.600,-	108.000,-	146.900,-	167.600,-	197.400,-	60:40
mittleres Management	67.900,-	81.300,-	95.000,-	113.600,-	117.300,-	60:40
SpezialistIn	56.600,-	73.800,-	90.000,-	94.100,-	118.100,-	60:40
MitarbeiterIn	38.400,-	41.200,-	51.300,-	61.000,-	76.200,-	60:40

Jahresbruttogehälter inklusive aller variablen Gehaltsbestandteile in Euro. Oberes Management: Bereichsleitung in Großunternehmen oder Prokura in einem KMU. Mittleres Management: Abteilungs- oder GruppenleitungSpezialistIn: fachlichem Spezialwissen, Eigenverantwortlichkeit.
WWW.C2X.AT, Gehaltshandbuch „Die Gehälter Österreich 2014"

Jungunternehmer mit 50+

Um als Jungunternehmer nochmals durchzustarten, ist man nie zu alt. Schon gar nicht, wenn man an dem anknüpft, wo man schon im früheren Berufsleben Erfolge verbuchte: Software-Entwicklung, Tischlerarbeiten, Forschungstätigkeiten, Pläne zeichnen, Wartung von Geräten, Controlling usw. – mit dem einzigen Unterschied, dass man jetzt auf eigene Rechnung auch in seine eigene Tasche arbeitet.

Laut Wirtschaftskammer gibt es alleine in Wien 12.000 Gewerbetreibende, die über 60 Jahre sind!

Zehn Schritte in die Selbständigkeit

Jeder hat so seinen ganz persönlichen Zugang zur Selbständigkeit. Generell hilft es aber, bei der Gründung strukturiert vorzugehen:

1. Eine gute Idee ist aller Anfang

… und eine wirklich gute Idee funktioniert auch ohne konjunkturellen Rückenwind.

2. Geboren fürs Gründen?

Es schadet nicht, nochmals in sich zu gehen, ob man wirklich zum Unternehmer geboren ist. Können Sie sich selbst genug motivieren und organisieren? Verkraften Sie Rückschläge und haben Sie Verkaufstalent?

3. Der Start will gut geplant sein

Nehmen Sie sich die zwei Stunden Zeit für eine Beratung durch das Gründerservice der Wirtschaftskammer: Kann man die Idee auch realistisch umsetzen? Was ist alles zu tun, damit ich als Unternehmer losstarten kann? Erstellen Sie vor allem einen Businessplan!

Hierzu gibt es eine Gratis-Software auf www.gruenderservice.at/businessplan. Auch die Banken bieten für Firmenkunden und Freiberufler nützliche Tools an.

4. Profis haben den Überblick

Sicherlich haben Sie in Ihrem Berufsleben schon viel Erfahrung in der Branche gesammelt, in der Sie selbständig tätig werden wollen. Aber haben Sie auch den Überblick, was Mitarbeiter kosten? Wissen Sie als Neo-Wirt, wie man in der Gastronomie den Wareneinsatz kalkuliert? Welche Investitionen für die Logistik Ihrer Nischenprodukte notwendig sind? Hier empfiehlt es sich, von Profis eine betriebswirtschaftliche Beratung zuzukaufen.

Die Beratung wird – von Bundesland zu Bundesland – verschieden gefördert. In Wien übernehmen die Stadt und Wirtschaftskammer Wien bis zu 75 Prozent der Nettokosten für bis zu 25 Fachberaterstunden von WIFI-Experten. Die Beraterstunde kostet 74 Euro netto (Stand Oktober 2014). Info unter ww.wifiwien.at/ub

5. Vorsorgen statt Sorgen

Nur Mut: Die Überlebensrate von jungen Unternehmen ist mit über 80 Prozent sehr beachtlich. Dennoch werden Sie sich immer wieder den Kopf zerbrechen, was passiert, wenn es doch nicht klappt, wenn die Gesundheit nicht mitspielt usw. Was soll passieren? Sie haben ja immer noch einen Pensionsanspruch und auch Selbständige haben seit 2009 die Möglichkeit, sich freiwillig gegen Arbeitslosigkeit zu versichern (htttp://esv-sva.sozvers.at). Im Falle eines Unfalls gibt es auch von der Wirtschaftskammer organisierte Betriebshelfer.

> Alt ist man dann, wenn man an der Vergangenheit mehr Freude als an der Zukunft hat.
>
> **John Knittel (1891-1970),**
> **Schweizer Schriftsteller**

6. Lassen Sie sich fördern!

Nicht nur GEWINN berichtet über Jungunternehmerförderungen und führt in Kooperation mit der Wirtschaftskammer Jahr für Jahr auch einen Jungunternehmerwettbewerb durch, der schon einigen als Sprungbrett zum Erfolg gedient hat. Hilfreich ist auch der Förderratgeber der Bank Austria, den man unter foerderratgeber.bankaustria.at abrufen kann. Zu Förderungen findet man auch einiges auf der Webseite der Wirtschaftskammer (wko/foederungen).

Das Austria Wirtschaftsservice (www.awsg.at) unterstützt Neugründungen mit 1.000 Euro, sofern die Gründung nicht mehr als drei Jahre zurückliegt und man zumindest in den letzten fünf Jahren nicht selbständig tätig war.
Ausgenommen sind die Bereiche Freizeitwirtschaft und Tourismus. Ansuchen kann man direkt bei der AWSG oder über die Hausbank.

7. Finanzierung sichern

Die Kredite sind 2014 zwar konkurrenzlos günstig. Dennoch sollte man für das Kreditgespräch u. a. mit einem wasserdichten Businessplan gewappnet und auch auf persönliche Fragen gefasst sein. Eine bessere Bonität bedeutet bessere Kreditkonditionen und die kann man mit Bürgen, aber auch höheren Eigenmitteln verbessern. Empfohlen wird ein Eigenmittelanteil von 20 bis 25 Prozent. Ein-Mann-Unternehmen (EPU) und kleine Start-ups nehmen im Schnitt 10.000 bis 50.000 Euro auf. Bei größeren Investitionen können es auch einmal 200.000 Euro sein. Kurzfristige Verbindlichkeiten deckt man mit einem Betriebsmittelkredit ab. Inzwischen stehen auch in Österreich nicht nur Kreditfinanzierungen, sondern auch Business Angels, private Venture-Capital-Geber, aber auch Crowd-Funding-Plattformen (Adresse siehe Anhang) zur Verfügung – die Wirtschaftskammer informiert.

8. Die richtige Rechtsform

Überlegen muss man sich auch die Rechtsform, hier wurde mit der „GmbH Neu" das notwendige Startkapital von 35.000 auf 10.000 Euro herabgesetzt. Neben der GmbH gäbe es als Alternativen auch die OG, KG oder Einzelunternehmen mit unterschiedlichen persönlichen, steuerlichen, gesellschaftsrechtlichen und betriebswirtschaftlichen Konsequenzen. Hier berät Sie der Gründungsberater.

9. Branchen, die boomen

Grundsätzlich macht es Sinn, sich auch in seinem ureigensten Beruf selbständig zu machen. In Österreich hält man vor allem den Umweltsektor für zukunftsträchtig. Einen Gründerboom sah man zuletzt im Bereich IT und mobile Anwendungen. Erste Anlaufstelle: Das „Gründerservice".

10. Wenn die eigene Idee fehlt

Man muss sich ja nicht unbedingt mit der eigenen Idee selbstverwirklichen. Umgekehrt sind auch nicht alle vorgefertigten Konzepte immer ausreichend durchdacht. Der Franchise-Leitfaden der Wirtschaftskammer (www.franchiseboerse.at) ist bei der Auswahl des richtigen Konzepts behilflich, ebenso wie der Österreichische Franchiseverband (www. franchise.at), weiters die Beratergruppe um Sylvia Frygner (www.franchising.co.at). Das Wirtschaftsmagazin GEWINN beurteilt in jeder Ausgabe ein Franchisesystem.

Wer das Rad nicht neu erfinden will, findet vielleicht auch auf der Nachfolgebörse der WKO interessante Firmenangebote (www.nachfolgeboerse.at).

TIPP *Erste Anlaufstelle für alle, die unternehmungslustig sind, ist der Gründerservice der Wirtschaftskammer (www.gruenderservice.at).*

> Älter werden heißt auch besser werden.
>
> **Jack Nickolson (1937)**

Das Gründerservice informiert über und hilft bei den ersten Schritten: Bei der Suche nach der passenden Rechtsform für sein (erstes) eigenes Unternehmen, der Erstellung des Businessplans etc. Weiters bietet die Wirtschaftskammer einen speziellen Service für Ein-Personen-Unternehmen (EPUs) an, mit eigenen Workshops und Netzwerkveranstaltungen.

Auch hat das Wirtschaftskammer-Referat „Diversity" einen praktischen Leitfaden „Selbstverständlich selbständig" herausgebracht, den man gratis auf www.wko.at herunterladen kann.

Er befasst sich auch mit der Sozialversicherungspflicht. Denn vor lauter Unternehmungslust darf man nicht vergessen, dass alles seinen behördlichen Gang nehmen muss. Spätestens sieben Tage nach Aufnahme der Erwerbstätigkeit muss man den zuständigen Sozialversicherungsträger informieren. Denn bei Erwerbstätigkeiten, die der Sozialversicherungspflicht unterliegen, sind wieder Beiträge fällig (siehe „Dazuverdienen in der Pension").

Sozialversicherungspflicht für Kleingewerbetreibende
Unter bestimmten Voraussetzungen sind Kleingewerbetreibende von Pensions- und Krankenversicherungsbeiträgen nach dem gewerblichen Sozialversicherungsgesetz (GSVG) befreit, und es wird nur der Unfallversicherungsbeitrag (2013 pro Monat 8,48 Euro) fällig. Nämlich dann, wenn die jährlichen Einkünfte (Betriebseinnahmen minus Betriebsausgaben) 4.641,60 Euro und der jährliche unternehmerische Umsatz 30.000 Euro nicht übersteigen.

Hierfür muss man allerdings einen Antrag auf Ausnahmen von der Vollversicherungspflicht bei der gewerblichen Sozialversicherung stellen.

> Der Antrag auf Ausnahme von der Vollversicherungspflicht ist bei der jeweiligen Landesstelle der Sozialversicherungsanstalt der gewerblichen Wirtschaft zu stellen. Dies geht auch online unter http://esv-sva.sozvers.at.

Diesen Antrag kann man allerdings nur stellen, wenn man
- entweder in den letzten fünf Jahren nicht mehr als zwölf Monate GSVG-versichert war oder,
- das 60. Lebensjahr vollendet hat,
- oder ab 57 Jahren, wenn man die oben genannten Einkommens- und Umsatzgrenzen in den letzten fünf Kalenderjahren nicht überschritten hat.

> Sich aus der Kranken- und Pensionsversicherung heraus zu optieren macht natürlich nur Sinn, wenn man anderweitig versichert ist (durch Pensionsansprüche, unselbständige Tätigkeit). Sonst muss man Arzt- und Behandlungskosten selbst bezahlen!

Freiwillig arbeiten – eine Frage der Ehre!

Laut Umfrage des Seniorenbundes ist schon jeder Vierte über 60 Jahre ehrenamtlich tätig. Wenn ich schon nicht mehr arbeiten kann, weil ich womöglich für einen Vollzeitjob nicht mehr vital genug bin oder die Arbeit verloren habe, dann möchte ich mich wenigstens noch für die Gesellschaft engagieren – Überlegungen, die so manchem Frühpensionisten durch den Kopf gehen. Freiwilligenarbeit stärkt obendrein das Selbstwertgefühl, da man wirklich gebraucht wird.

Doch wofür soll ich mich einsetzen? Hier ist die Webseite der Dachorganisation www.freiwilligenweb.at eine Anlaufstelle. Nach Registrierung bekommt man die Übersicht über gemeinnützige Beschäftigungsmöglichkeiten.

Erste Anlaufstelle ist natürlich die Nachbarschaft und die Gemeinde – hier gibt es für Ehrenamtliche ein unerschöpfliches Betätigungsfeld, das sich längst nicht auf Grabpflege, Einkaufshilfe oder Fahrtendienste beschränkt.

In Wien gibt es beispielsweise in Zusammenarbeit mit dem Seniorenbund eine nettes Projekt: Klassen- und Lesepatenschaft. Klassenpaten beaufsichtigen in Leerstunden Klassen, machen mit Kindern Leseübungen, betreuen Ausflüge etc. Neue Klassenpaten seien herzlich willkommen, so die Wiener Ortsgruppe des Seniorenbundes. Österreichweit seien 50.000 der 305.000 Seniorenbündler als Freiwillige im Einsatz.

Und wer lieber die andere Farbe bevorzugt: Ehrenamtlich tätig werden kann man natürlich auch für den Österreichischen Pensionistenverband (www.pvoe.at), den Grünen Senioren (www.seniorinnen.gruene.at), dem den Freiheitlichen nahestehenden Seniorenring Wien (www.oesr.at), dem KPÖ-freundlichen Zentralverband der Pensionisten (http://members.aon.at/zvpoe/) oder auch für den Gewerkschaftsbund (www.netzwerke.oegb.at/ueber45).

Weiterbildung – man lernt nie aus!

In einen Volkshochschul- oder einen BFI- oder WIFI-Kurs setzen – warum nicht? Mit dem positiven Nebeneffekt, dass man vielleicht doch noch den Einstieg in die digitale Welt schafft, sich mit einem Verkaufstraining für seine gelegentliche Tätigkeit als selbständiger Versicherungsberater höher qualifiziert, bei der Wirbelsäulengymnastik seine Wehwehchen bekämpft, sein Französisch für den Urlaub an der Côte d'Azur auffrischt oder beim Lach-Yoga gleichgesinnte Optimisten findet. Doch an eine richtige Universität oder FH zu gehen? Ist das nicht ähnlich peinlich, wie mit 50+ auf einem Clubbing herumzuhirschen? Keineswegs. Einige Hochschulen haben sogar für Senioren eigene Angebote. So bietet die IMC FH Krems etwa einen eigenen viersemestrigen Weiterbildungslehrgang für SeniorInnen, die in acht Modulen ihr Wissen in den Bereichen Gesundheit, Wirtschaft und Life Sciences auffrischen können. Das Semester kostet bei maximal 40 Teilnehmern 360 Euro. Info unter www.seniorinnenuni.at bzw. www.fh-krems.ac.at. Spezielle Studien und Lehrgänge bieten auch Universitäten in anderen Städten im In- und Ausland an. Einen guten Überblick für den deutschsprachigen Raum bietet www.seniorenstudium.at.

> "
> Wenn man genug Erfahrung gesammelt hat, ist man zu alt, sie auszunutzen.
> "
> **William Somerset Maugham (1874-1965), englischer Dramatiker**

Auch kirchliche Bildungswerke bieten Weiterbildung für die ältere Generation an, ebenso wie Hilfsorganisationen. Das Projektteam des „Plan60" sorgt mit Bildungsangeboten für „soziales Wohlbefinden" – die Bandbreite reicht von Übersetzungen von alten Kurrent-Schriftstücken bis hin zu EDV-Kursen. Wer seine vier Wände nicht verlassen will oder kann, dem steht ein Fernstudium offen.

Das Wichtigste zum Schluss

Arbeit kann richtig Spaß machen. Umso mehr, wenn man auf das Gehalt nicht angewiesen ist, weil man ohnedies schon eine Pension bezieht. Und das Schöne ist: Man darf unbegrenzt dazuverdienen (und natürlich weiter in das Sozialsystem einzahlen), ohne dass man seine bisher erworbenen Pensionsansprüche verliert. Die können durch weitere Beitragszahlungen nur noch höher werden.

Doch Vorsicht: Voraussetzung, dass man durch zusätzliches Einkommen nicht Pensionsansprüche verliert, ist, dass man schon das gesetzliche Pensionsalter erreicht hat. Das liegt derzeit bei Männern bei 65, bei Frauen bei 60 Jahren, wobei das niedrigere Frauenpensionsalter ab 2024 schrittweise auf jenes der Männer angehoben wird.

> Alter ist irrelevant, es sei denn, du bist eine Flasche Wein.
>
> Joan Collins (1933*)

Strenge Dazuverdienstgrenzen gibt es hingegen für Frühpensionisten: Diese liegen bei der vorzeitigen Alterspension bei 400 Euro brutto pro Monat bzw. bei rund 30 Euro pro Tag. Verdient man mehr, verliert man gleich den gesamten Pensionsanspruch. Diese Wegfallzeiten bekommt man allerdings beim Erreichen des Regelpensionsalters teilweise angerechnet.

Dazuverdienstgrenzen tangieren einen wenig, wenn man sich ohnedies ehrenamtlich betätigen will. Wieweit hier das Betätigungsfeld ist, zeigt ein Blick auf www.freiwilligenweb.at.

Sie wären ja grundsätzlich noch willig und fit für die Arbeit, nur Ihrem Arbeitgeber sind Sie zu teuer? Schlagen Sie ihm die Altersteilzeit vor (siehe nächstes Kapitel „Ab in die Frühpension"), bei der der Staat einen Großteil der Gehaltskosten für die weniger geleisteten Stunden – also ein Teil Ihres Gehalts – übernimmt und Sie bei weniger Arbeitsstunden kaum Gehalts- und Pensionseinbußen zu befürchten haben.

Die Bundesregierung will für Arbeitsmarktförderungsprogramme für die Gruppe 50+ zwischen 2014 und 2016 insgesamt 350 Millionen Euro locker machen. Auch sollte man nie aufhören, sich zu bewerben. Auf den speziellen Jobplattformen www.initiative50.or.at, www.fit2work.at, www.50plus.at/pinnwand/pinwand=arbeit braucht man sich auch nicht über versteckte Altersdiskriminierungen zu kränken.

Auf eine fixe Anstellung kann man vielleicht nicht mehr hoffen. Doch als selbständige Beratertätigkeit wird das langjährige Know-how älterer Arbeitnehmer sehr wohl nachgefragt. Hier kann man seine Dienstleistungen auch gemeinsam statt einsam anbieten, etwa über Austrian Senior Experts Pool (www.asep.at).

Es ist jedenfalls nie zu spät, nochmals selbständig als Jungunternehmer durchzustarten: Allein in Wien sind 20.000 Unternehmer über 60 Jahre alt!

Ab in die Frühpension!

- Was gesetzlich (noch) möglich ist
- Was die Frühpension kostet
- Bridging – damit Sie es sich leisten können

GESETZ UND WIRKLICHKEIT IN ÖSTERREICH

Gesetzliches Pensionsalter

♂ 65 Jahre
♀ 60 Jahre*

Tatsächliches durchschnittliches Antrittsalter

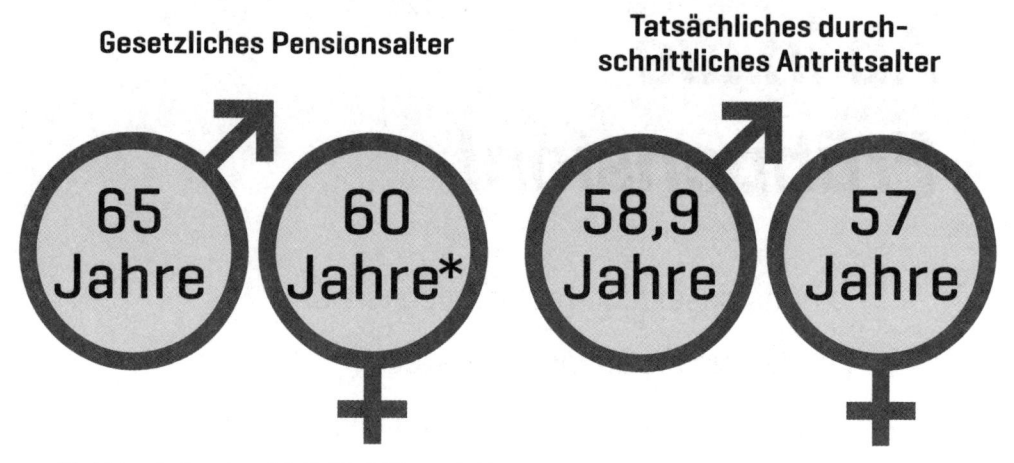

♂ 58,9 Jahre
♀ 57 Jahre

*Angleichung beginnend vom 1. 1. 2024 bis 2033 um sechs Monate pro Jahr bis 65 Jahre

Vereinbart ist ein Pensionsmonitoring ab 2014, das halbjährlich prüfen soll, ob sich das Antrittsalter wie geplant entwickelt. Als Zielwert wird ein Anstieg von 58,4 auf 60 Jahre bis 2018 festgelegt.

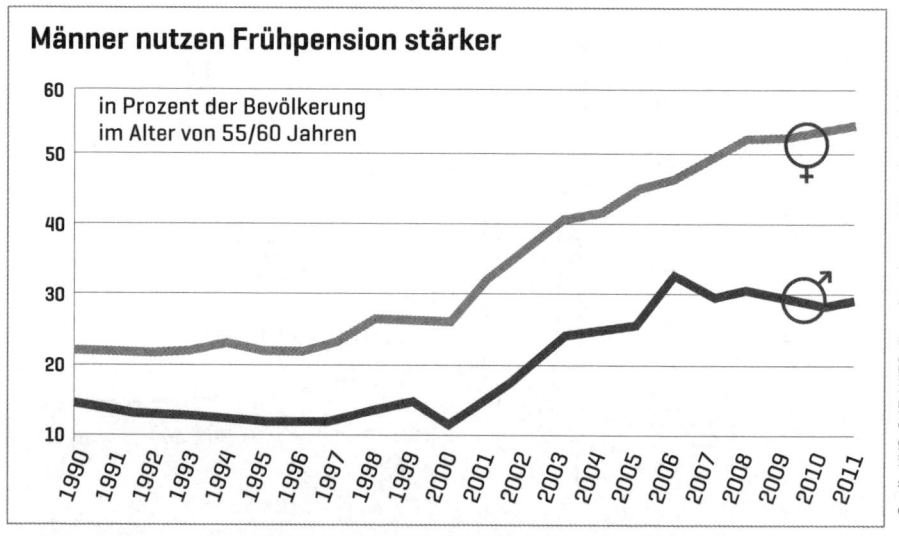

Männer nutzen Frühpension stärker

in Prozent der Bevölkerung im Alter von 55/60 Jahren

Quelle: HVS, S.AT, WIFO-Berechnungen. – Jahresdurchschnitte

Der Zahl der Frauen, die fünf Jahre vor dem Regelpensionsalter noch beschäftigt ist, ist deutlich höher als bei den Männern. Das mag daran liegen, dass Frauen schon fünf Jahre früher in Pension gehen dürfen (mit 60 Jahren) als Männer (mit 65 Jahren). Und wenn die Frau schon in Pension ist, sinkt natürlich auch die Motivation beim Mann bis zum „bitteren Ende" zu arbeiten.

Ab in die Frühpension! - Frühest möglicher Antritt mit staatlicher Rente

Frauen mit 480 Beitragsmonaten
○ bis Jahrgang 1958 mit 55 Jahren
○ ab Jahrgang 1959 mit 57 Jahren

Männer mit 540 Beitragsmonaten
○ bis Jahrgang 1953 mit 60 Jahren
○ ab Jahrgang 1954 mit 62 Jahren

Österreich bei den Erwerbsquoten der 55- bis 65-Jährigen
mit England, Griechenland, Belgien das Schlusslicht

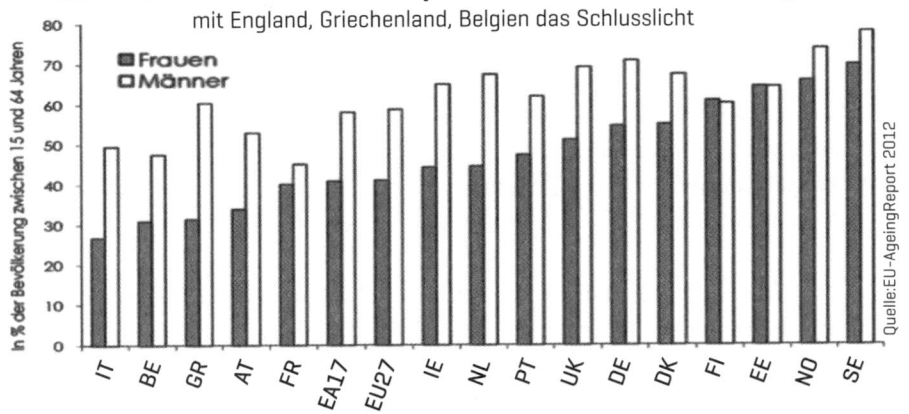

In % der Bevölkerung zwischen 15 und 64 Jahren

Länder (v.l.n.r.): IT, BE, GR, AT, FR, EA17, EU27, IE, NL, PT, UK, DE, DK, FI, EE, NO, SE

Quelle: EU-AgeingReport 2012

So lange dürfen Frauen noch früher in die Pension
Anhebung des Anfallsalters für WEIBLICHE Versicherte

Das Anfallsalter wird stufenweise an das Anfallsalter der männlichen Versicherten – 65. Lebensjahr – angeglichen

erhöhtes Anfallsalter im Kalenderjahr	Anfallsalter	von der Erhöhung der Altersgrenze sind die bis zum TT.MM.JJJJ geborenen weiblichen Versicherten betroffen:
2024	60. Lebensjahr + 6 Monate	01. 06. 1964
2025	61. Lebensjahr	01. 12. 1964
2026	61. Lebensjahr + 6 Monate	01. 06. 1965
2027	62. Lebensjahr	01. 12. 1965
2028	62. Lebensjahr + 6 Monate	01. 06. 1966
2029	63. Lebensjahr	01. 12. 1966
2030	63. Lebensjahr + 6 Monate	01. 06. 1967
2031	64. Lebensjahr	01. 12. 1967
2032	64. Lebensjahr + 6 Monate	01. 06. 1968
2033	65. Lebensjahr	Für die ab 02. 06. 1968 geborenen Versicherten gilt als Anfallsalter generell die Vollendung des 65. Lebensjahres

Frühpension – was gesetzlich (noch) möglich ist

Sie wollen nicht wirklich bis zum 65. Lebensjahr (Frauen derzeit noch bis zum 60.) arbeiten? Für Sie ist der Preis der Freizeit viel zu hoch, kein Geld der Welt reicht dafür aus? Sie können es sich auch finanziell leisten und Sie lassen sich auch nicht vom sogenannten „Retired Husband"-Syndrom abschrecken? Demnach leiden viele Ehefrauen unter Depressionen und Schlaflosigkeit, sobald ihr werter Gatte in Pension geht.

Dann sind Sie eindeutig ein Kandidat für die Frühpension mit freundlicher finanzieller Unterstützung Ihrer Pensionsversicherungsanstalt.

TIPP *Auf der Webseite der Österreichischen Sozialversicherung (www.sozialversicherung.at, Unterpunkt: Pension/Pflegegeld – Ihr Weg zur Pension) können Sie Ihr persönliches mögliches (Früh-)Pensionsantrittsalter berechnen.*

Die Voraussetzungen für den vorzeitigen Ruhestand hängen insbesondere davon ab, ob Sie vor 1955 oder danach geboren sind und für Sie schon strengere Bestimmungen gelten. Denn oberstes politisches Ziel ist bekanntlich, Herrn und Frau Österreicher aus dem Frühpensionsparadies zu vertreiben, damit weiterhin die Beiträge der Jüngeren die Pensionen der Älteren finanzieren können (umlagefinanziertes Pensionssystem).

Derzeit gehen die Österreicher im Schnitt mit 58,5 Jahren in Pension. Sie wagen öfters als andere Europäer, den frühzeitigen Absprung aus dem Arbeitsleben (siehe Cartoon zu Kapitelbeginn). Wohlwissend allerdings, dass sie Pensionsansprüche finanziell abfedern.

Hier versuchte die Politik aber schon mit den Pensionsreformen der letzten Jahre entgegenzuwirken und hier wird ihr wohl noch einiges mehr einfallen. So können alle ab 1955 Geborenen etwa die vorzeitige Alterspension nur noch eingeschränkt nutzen. Um eine Korridorpension beanspruchen zu können, muss man 2013 bereits 38,5 Versicherungsjahre, ab 2017 schon 40 Versicherungsjahre vorweisen, – da ist man selbst wenn man schon mit 18 Jahren zu abeiten beginnt und nicht einen Monat arbeitslos war – in etwa so alt, wie das aktuelle Alter der Durchschnittsösterreicher, die in Pension gehen.

Alle, die jetzt noch ins Frühpensionsparadies fliehen möchten oder müssen, finden im folgenden Kapitel die verbliebenen „Fluchtwege" sowie die sogenannte „Bridging"-Idee, wie man die finanzielle Durststrecke bis zum regulären Pensionsalter mit eigenen Ersparnissen überbrücken kann.

Aber man muss ja nicht gleich zur Gänze abspringen. Da gibt es ja noch den Kompromiss der Altersteilzeit.

Altersteilzeit

Sie wollen gerne weiterarbeiten, aber nicht mehr im vollen Umfang – da bietet sich die Altersteilzeit an. Hier reduzieren Sie die Arbeit bei geringen Gehaltseinbußen und müssen keine negativen Auswirkungen auf die spätere Pension befürchten. Bei einer um 40 bis 60 Prozent reduzierten (gesetzlichen oder kollektivvertraglichen) Normalarbeitszeit erhält der Dienstnehmer zusätzlich zur Entlohnung für die tatsächlich geleistete Arbeit bis zur Höchstbeitragsgrundlage vom Arbeitgeber auch noch einen Lohnausgleich in der Höhe von mindestens 50 Prozent der Differenz zwischen dem bisherigen Gehalt und dem Gehalt bei verringerter Arbeitszeit. Der Arbeitgeber führt die gleichen Sozialversicherungsbeiträge wie vor Übertritt in die Altersteilzeitarbeit ab. Damit er das tut, erhält auch er eine Förderung: Der zusätzliche Aufwand, der Dienstgebern durch den Lohnausgleich bis zur Höchstbeitragsgrundlage und die hierfür abzuführenden Dienstgeberbeiträge zur Kranken-, Pensions-, Unfall- und Arbeitslosenversicherung entsteht, wird ihm zu 90 Prozent (beziehungsweise zu 50 Prozent bei Blockzeitvereinbarung) ersetzt.

Im Korridor in den Frühruhestand

Die Korridorpension kann man ab dem 62. Lebensjahr antreten. Sie kommt also für Frauen erst ab 2028 in Betracht. Noch können Frauen ohnedies mit 60 in Pension gehen. Abgesehen vom Alter muss man eine gewisse Anzahl von Versicherungsmonaten gesammelt haben (siehe Tabelle).

> Die Aufstellung seiner gesamten Versicherungszeiten kann man bei seinem Pensionsversicherungsträger (PVA, SVA, VAEB, SVB) anfordern oder online auf www.sozialversicherung.at unter „e-service" abfragen.

TIPP

Auch neben der Korridorpension darf man man keine die Pflichtversicherung in der Pensionsversicherung begründende Erwerbstätigkeit ausüben und maximal bis zur Geringfügigkeitsgrenze dazu verdienen. Diese liegt 2014 bei 395,31 Euro, für den öffentlichen Mandatar (z. B. Bürgermeister) bei 4.135,50 Euro, bei Landwirten ein Einheitswert des Betriebes von bis zu 2.400 Euro.

Notwendige Versicherungsmonate für die Korridorpension	
Stichtag im Jahr	Versicherungsmonate
2014	462 Monate (38,5 Jahre)
2015	468 Monate (39,0 Jahre)
2016	474 Monate (39,5 Jahre)
ab 2017	480 Monate (40,0 Jahre)

Quelle Arbeiterkammer

> **ACHTUNG** *Für selbständig Erwerbstätige, die Mitglied einer Wirtschaftskammer sind, sind die Anspruchsvoraussetzung für die Korridorpension nicht erfüllt: Sie unterliegen unabhängig von der Höhe ihrer Einkünfte und unabhängig davon, ob sie überhaupt Einkünfte erzielen, der Pflichtversicherung.*

Das betrifft auch Gesellschafter einer OG, die Wirtschaftskammermitglied ist und Komplementäre einer KG, die Wirtschaftkammermitglied ist, sowie geschäftsführende Gesellschafter einer GmbH, die Wirtschaftskammermitglied ist.

Selbst wer schon eine Korridorpension zuerkannt bekam, kann den Anspruch wieder verlieren, wenn er sich in seiner Pension nebenbei als geschäftsführender Gesellschafter eines Betriebes betätigt, der WKO-Mitglied ist.

> **ACHTUNG** *Dafür, dass man als Korridorpensionist früher und damit länger eine Pension bezieht, gibt es einen Abschlag von der Pension von bis zu 5,1 Prozent pro Jahr, das man vor dem 65. Lebensjahr die Pension antritt. Maximal sind es 15,3 Prozent.*

> **€** *Die Korridorpension ist ein Bonus-Malus-System. Wer länger arbeitet als bis zur Vollendung des 65. Lebensjahres, bekommt bis 68 Jahre für jedes Jahr späteren Pensionsantritt 4,2 Prozent mehr Rente, maximal 12,6 Prozent.*

Vorzeitige Alterspension bei langer Versicherungsdauer

Sie haben sich früh in das Arbeitsleben eingeklinkt und wollen sich deshalb jetzt auch früher ausklinken? Ja, noch ist es möglich, wobei die vorzeitige Alterspension bei langer Versicherungsdauer bis 30. 9. 2017 „ausläuft".

Wer ab dem 1. 10. 1952 (Frauen ab dem 1. 10. 1957) geboren ist, für den gibt es dann die Möglichkeit der vorzeitigen Alterspension bei langer Versicherungsdauer gar nicht mehr.

Dabei versteht der Gesetzgeber unter langen Versicherungszeiten eine Mindestanzahl von Versicherungsmonaten oder Beitragsmonate in der Pflichtversicherung. Von Jahr zu Jahr müssen es mehr sein. (siehe Tabelle rechts). Wobei für Kindererziehungszeiten bis zu 24, für Präsenz- und Zivildienst bis zu 30 Beitragsmonate angerechnet werden. Auch werden nachgekaufte Schul-, Studien- und Ausbildungszeiten als Beitragsmonate berücksichtigt.

> „
> Age is an issue of mind over matter. If you don't mind, it doesn't matter.
> "
> **Mark Twain (1835–1910)**

Erforderliche Versicherungs- oder Beitragsmonate

Stichtag im Jahr	Beitragsmonate der Pflichtversicherung	Versicherungsmonate
2013	426 Monate (35,5 Jahre)	456 Monate (38,0 Jahre)
2014	432 Monate (36,0 Jahre)	462 Monate (38,5 Jahre)
2015	438 Monate (36,5 Jahre)	468 Monate (39,0 Jahre)
2016	444 Monate (37,0 Jahre)	474 Monate (39,5 Jahre)
2017	450 Monate (37,5 Jahre)	480 Monate (40,0 Jahre)

Quelle Arbeiterkammer

Auch bei dieser Form der vorzeitigen Alterspension darf wiederum nur geringfügig nebenher verdient werden. Man darf auch, sofern man einer Erwerbstätigkeit nachgeht, die die Pflichtversicherung in der Pensionsversicherung begründet, weder Urlaubsentschädigung noch Abfindung konsumieren, um nicht die Pensionsansprüche zu verlieren.

Für jedes Jahr, dass man dank der vielen Versicherungs- oder Beitragsjahre früher in Pension geht, muss man 4,2 Prozent weniger Pension in Kauf nehmen. Der maximale Abschlag beträgt 15 Prozent.

Langzeitversicherung („Hackler-Regelung")

Eine Spezialvariante der vorzeitigen Alterspension bei langer Versicherungsdauer ist die Langzeitversicherung, bekannt als „Hacklerpension".

Folgendes gilt für Männer, die vor dem 1. 1. 1954, und Frauen, die vor dem 1. 1. 1959 geboren sind.

Anspruch auf eine „Hacklerpension" haben:
- Männer nach vollendetem 60. Lebensjahr mit 540 Beitragsmonaten (45 Jahre) und
- Frauen nach vollendetem 55. Lebensjahr mit 480 Beitragsmonaten (40 Jahre).

Auch bei der Hackler-Regelung können Ausbildungszeiten nachgekauft werden, es werden Kindererziehungs-, Präsenz- und Zivildienstzeiten, Krankengeldbezüge ab 1971 als Beitragsmonate angerechnet. Auch hier darf man nur geringfügig dazu verdienen.

Bei der Hackler-Pension in der für Männer, geboren bis 1953 und Frauen, geboren bis 1958 gültigen Variante, gelten abhängig vom Geburtsjahrgang und vom Stichtagsjahr unterschiedliche Abschlagsregelungen. Der Abschlag kann bis zu 4,2 Prozent für je zwölf Monate der vorzeitigen Inanspruchnahme vor dem Regelpensionsalter, maximal 15 Prozent betragen.

Frühpension für Schwerarbeiter(Innen)

Der frühest mögliche Antritt der Schwerarbeitspension ist 60 Jahre. Somit wird sie für Frauen erst ab 2024 relevant, wenn die schrittweise Anhebung des Pensionsalters auf 65 Jahre bis 2033 beginnt. Denn derzeit gehen sie ohnehin mit 60 Jahren regulär in Pension.

Wie bei der Korridor-Pension braucht man eine bestimmte Zeit von Versicherungszeiten: 540 Versicherungsmonate (45 Jahre), davon zumindest 120 Schwerarbeitsmonate (zehn Jahre) in den letzten 240 Kalendermonaten (20 Jahren).

Unter Schwerarbeit fällt etwa der Schicht- und Wechseldienst (wenn auch Nachtdienst an mindestens sechs Tagen im Monat verrichtet wird), Jobs, bei denen man regelmäßig starker Hitze oder Kälte oder chemischen oder physikalischen Einflüssen ausgesetzt ist, die bestimmte Pflegedienste erfüllen oder viele Kalorien verbrauchen.

> **TIPP** *Eine Liste der Berufe für Frauen und Männer, die unter Schwerarbeit fallen, findet man auf www.sozialversicherung.at .*

Bei der Schwerarbeitspension darf man ebenso wie bei der Korridorpension keine die Pflichtversicherung in der Pensionsversicherung begründende Erwerbstätigkeit ausüben und nur geringfügig dazuverdienen und es geht ebenso wenig abschlagsfrei.

> **ACHTUNG** *Dafür, dass man als Schwerpensionist früher und damit länger eine Pension bezieht, gibt es einen Abschlag von der Pension pro Jahr, das man vor dem 65. Lebensjahr die Pension antritt. Der beträgt für alle, die vor dem 1. 1. 1955 geboren sind pro Kalenderjahr 4,2 Prozent, maximal 13,8 Prozent. Für alle nach dem 1. 1. 1955 Geborenen sind es 1,8 Prozent pro Kalenderjahr, maximal neun Prozent.*

Invaliditäts- und Berufsunfähigkeitspension

Das wünschen wir Ihnen am wenigsten: Ein krankheitsbedingt notwendiges, vorzeitiges Ausscheiden – genannt Berufsunfähigkeitspension bei Angestellten, Invaliditätspension bei Arbeitern und Erwerbsunfähigkeitspension bei Gewerbetreibenden und bei Bauern.

> *Die landläufig als Invaliditätspension bekannte gesundheitsbedingte Frührente gibt es seit 2014 im bisherigen Sinn für „unter 50-Jährige" nicht mehr! Die Unterscheidung zwischen Personen, geboren vor bzw. ab 1964 gilt nur im ASVG – also für die Invaliditäts- und die Berufsunfähigkeitspension; nicht hingegen für die Erwerbsunfähigkeitspension nach GSVG bzw. BSVG!*

Auf eine krankheitsbedingte Frühpension haben Sie als Arbeitnehmer, der vor 1964 geboren ist, dann Anspruch, wenn
- kein Anspruch auf eine berufliche Umschulung besteht, diese nicht zweckmäßig oder unzumutbar ist,
- die Arbeitsunfähigkeit mindestens sechs Monate dauert,
- die Mindestversicherungszeit erfüllt ist und noch kein Anspruch auf eine vorzeitige Alterspension (ausgenommen Korridorpension) besteht.

Wird die dauernde Arbeitsunfähigkeit ärztlich bescheinigt, war es das mit dem aktiven Arbeitsleben. Ansonsten wird die Pensionsleistung auf maximal zwei Jahre befristet gewährt. Hier kann nochmals eine Verlängerung erfolgen.

Bei der Invaliditäts-/Berufsunfähigkeitspension gibt es zwar noch den Berufsschutz, aber nicht mehr uneingeschränkt: Wenn man seinem Beruf aus gesundheitlichen Gründen nicht mehr nachgehen kann, darf man nur in verwandte Berufe vermittelt werden, die man noch ausüben könnte. Das gilt – vereinfacht festgehalten – aber nur, wenn man eine bestimmte Ausbildung für seinen Job braucht und man dieser Qualifikation in den letzten 15 Jahren zumindest 90 Versicherungsmonate lang nachgegangen ist.

> *Für ungelernte Jobs gibt es keinen Berufsschutz! Es gibt eine Härtefallregelung für alle Personen, die das 50. Lebensjahr vollendet haben und die vorgesehenen Voraussetzungen erfüllen. Für alle Personen, die das 58. Lebensjahr vollendet haben und die vorgesehenen Voraussetzungen erfüllen, gibt es einen Tätigkeitsschutz.*

Zu krank für die Arbeit, aber noch keine 50 Jahre

Natürlich wird man auch als „Generation 50–" nicht zum Beruf oder zur Arbeit gezwungen, wenn man dazu gesundheitlich nicht im Stande ist. Doch natürlich gilt auch für unter 50-Jährige die Devise „Rehabilitation vor Pension". Man versucht, diese Gruppe doch noch in den Arbeitsmarkt zu integrieren und gesundheitlich zu rehabilitieren. Ganz nebenbei fallen Bezieher von Rehabilitations- oder Umschulungsgeld im Gegensatz zu Invaliditätspensionisten statistisch aus der Pensionsstatistik heraus.

> *Für alle ab 1964 Geborenen gibt es die befristete Invaliditäts- beziehungsweise Berufsunfähigkeitspension nicht mehr! Stattdessen gibt es entweder Rehabilitations- oder Umschulungsgeld.*

Das Rehabilitationsgeld bezahlt die Krankenversicherung aus, wenn Umschulungsmaßnahmen weder zweckmäßig noch zumutbar sind. Bei allfälligen medizinischen Rehabilitationsmaßnahmen muss man mitwirken!

Die Höhe des Rehabilitationsgeldes berechnet die Krankenversicherung. Es ist grundsätzlich ebenso hoch wie das Krankengeld.

Beziehen Sie nebenbei noch ein Erwerbseinkommen, das die Geringfügigkeitsgrenze übersteigt, wird das Rehabilitationsgeld – je nach Gesamteinkommen bis zu 50 Prozent reduziert.

Bezieher von Rehabilitationsgeld sind kranken- und pensionsversichert und erwerben – im Gegensatz zu Beziehern einer befristeten Invaliditätspension – Pensionsversicherungszeiten.

Anspruch auf Umschulungsgeld haben qualifizierte Arbeitskräfte gegenüber dem AMS, wenn mit Bescheid von der Pensionsversicherung festgestellt wird, dass voraussichtlich mindestens sechs Monate Invalidität vorliegt und eine Umschulung zweckmäßig und zumutbar ist.

Die Höhe des Umschulungsgeldes liegt anfangs in der Höhe des Arbeitslosengeldes, dann ab Teilnahme an den Umschulungsmaßnahmen kommen noch 22 Prozent vom Grundbetrag und etwaige Familienzuschlägen hinzu.

Das Umschulungsgeld beträgt mindestens 33,33 Euro pro Tag.

Bezieher von Umschulungsgeld sind kranken-, Unfall- und pensionsversichert, sammeln also ebenso wie Empfänger von Rehabilitationsgeld Pensionsversicherungszeiten.

Nachkauf von Schul-, Studien- und sonstigen Ausbildungszeiten

Sie würden ja gerne eines der zuvor skizzierten vorzeitigen Alterspensionsmodelle nutzen, nur fehlen Ihnen noch ein paar Beitragsmonate? Dann können Sie in Erwägung ziehen, sich Schul-, Studien- oder andere Ausbildungszeiten nachzukaufen. Das ist vor allem für die Langzeitversicherungsregelung („Hacklerregelung") eine Option, bei der Männer mindestens 540, Frauen 480 Beitrags- oder ihnen gleichgestellte Monate benötigen, um bis zu fünf Jahre früher als gesetzlich vorgesehen den Ruhestand anzutreten.

Bei Männern, die nach 1953 und bei Frauen, die nach 1958 geboren wurden, gelten nachgekaufte Versicherungszeiten nicht mehr als Beitragszeiten für die Hackler-Regelung! Die nachgekauften Versicherungszeiten erhöhen lediglich deren Pension – doch da gibt es interessantere Anlagemöglichkeiten (siehe Kapitel 1 und 2).

Der Nachkauf von Versicherungszeiten kann sich auch für die Korridorpension lohnen (Voraussetzung 450 Versicherungsmonate, die bis 2017 auf 480 angehoben werden) sowie für die Schwerarbeiterpension (mindestens 540 Versicherungsmonate).

Ob Sie Ausbildungszeiten nachkaufen wollen, um vorzeitig in Pension zu gehen und/oder um einen höhere Pension zu erhalten: Der Nachkauf hat seinen stolzen Preis (siehe Tabelle).

Kosten für den Nachkauf von Ausbildungszeiten

Für alle, die vor dem 1.1.1955 geboren wurden

2.292,90 Euro nach Vollendung des 55. Lebensjahres
2.416,85 Euro nach Vollendung des 60. Lebensjahres

Für alle, die nach dem 31.12.1954 geboren wurden

1.032,84 Euro bei Antragsstellung im Jahr 2014*

Quelle: Arbeiterkammer, * erhöht sich von Jahre zu Jahr

Erkundigen Sie sich bei Ihrem Pensionsversicherungsträger, ob Sie bereits genügend Versicherungszeiten haben. Den Nachkauf von Versicherungszeiten können Sie steuerlich als Sonderausgaben geltend machen. Der Nettokauf reduziert sich so durch die Steuerprogression (36,5 bis 50 Prozent) mit zunehmendem Einkommen.

TIPP

Natürlich können Sie nicht unbegrenzt viele Schul- und Studienzeiten nachkaufen, sondern es gibt je nach Schultyp maximale Anrechnungszeiten:

Wie viele Schul- und Studienzeiten vor 2005 nachgekauft werden können

Schultyp	Höchstausmaß
Mittlere Schule	2 Jahre
Höhere Schule oder Akademie	3 Jahre
Lehrinstitut für Dentisten	1 Jahr
Hochschule/Kunstakademie	12 Semester
Ausbildungszeit (nach dem Studium)	6 Jahre

Quelle: Arbeiterkammer

Frühpension ohne staatliches Auffangnetz

Wenn Sie weder eine Form der vorzeitigen Alterspension noch Arbeitslosengeld beanspruchen können oder möchten, haben Sie natürlich alle Freiheiten. Ohne staatliche Unterstützung können Sie so früh in Pension gehen, wie Sie es sich leisten können.

Man gönnt sich also aus seinem Privatvermögen Barauszahlungen aus dem Angesparten und leistet freiwillig weiter Beiträge in die gesetzliche Krankenversicherung (gemäß §17 ASVG, §9 BSVG oder §12 GSVG) und in die gesetzliche Pensionsversicherung (§76a ASVG, §28 BSVG oder §33 GSVG), um durch den frühzeitigen Pensionsaustritt nicht später geringere Pensionsansprüche zu haben.

Die Beitragsgrundlage errechnet sich aus den aufgewerteten Beitragsgrundlagen des letzten Kalenderjahrs vor dem Ausscheiden aus der Pflichtversicherung. Als Beitrag sind 22,8 Prozent der Beitragsgrundlage zu leisten. Die Höhe der Kosten hängt also vom letzten beitragspflichtigen Einkommen vor Ausscheiden aus der Pflichtversicherung ab.

Was die Frühpension kostet – Höhe der Abschläge

Es wäre zu schön, um wahr zu sein, wenn man sich mit vollen Bezügen in die Frühpension verabschieden könnte. Bis zu 5,1 Prozent Abschläge für jedes Jahr, das man vor dem gesetzlichen Pensionsalter in Rente geht, bis zu 15,3 Prozent insgesamt belasten schon den Kontostand – und zwar nicht nur bis zum Regelpensionsalter. Die Abschläge werden bis zum bitteren Lebensende abgezogen.

Die Höhe der Einkommenslücke nach Pensionsantritt hängt natürlich auch vom letzten Aktiveinkommen und von den bisher erhaltenen Transferleistungen ab.

Das Wirtschaftsforschungsinstitut Wifo hat die Frühpensionen zwischen 2007 bis 2010 analysiert. Hier betrugen die Einkommenseinbußen in dieser Überbrückungszeit bis zum Regelpensionsalter insgesamt im Schnitt 9.900 Euro netto im Jahr, wobei unterstellt wurde, dass in dieser Überbrückungszeit („Bridging-Phase") zumindest Arbeitslosengeld bzw. Notstandshilfe bezogen wurde. Bei einem freiwilligen Verzicht auf staatliche Transferleistungen beträgt die Erwerbslücke schon 24.100 Euro.

Auch nicht jeder betritt das „Frühpensionsparadies" freiwillig. Vielen geht es wie Karl S. aus Niederösterreich, der mit 55 Jahren „altersbedingt gekündigt" wurde und für die Übergangszeit, bis ihm die Pension anerkannt wurde, vom Arbeitslosengeld und seinen Ersparnissen zehrte.

Die Einkommenslücke kann beträchtlich sein, speziell bei der gehaltsmäßig gehobenen Mittelschicht, wie folgende Rechenbeispiele der Arbeiterkammer zeigen.

Beispiel 1: Mann, Angestellter, Matura, durchgehend beschäftigt, geboren am 1. 1. 1963, Arbeitsbeginn mit 19 Jahren.
Das Einkommen heute beträgt 3.800 Euro. Als Bruttoeinkommen vor Pensionsantritt im Jahr 2024 wird ein reales Einkommen von 4.460 Euro angenommen. Da er bereits mit 19 Jahren zu arbeiten begann, kommt er zum 62. Lebensjahr auf 508 Versicherungsmonate (mehr als 42 Jahre) – das sind genügend, um die Korridorpension zu beantragen. Allerdings verzichtet er damit auf Einiges: Bei Weiterarbeit über das 62. Lebensjahr hinaus, erhöht sich die Pension jährlich um rund elf Prozent. Das resultiert aus drei Effekten: Der Abschlag von 5,1 Prozent fällt weg, es kommen 1,78 Prozent vom Bruttoeinkommen hinzu und Drittens wird die bisherige Gesamtgutschrift mit der Lohnentwicklung aufgewertet.

> *Bei Pensionsantritt zum 62. Lebensjahr ist die Pension real (ohne Inflation) in diesem klassischen Beispiel um ca. 800 Euro oder 34 Prozent niedriger als zum 65. Lebensjahr!* **ACHTUNG**

Noch drastischer sind die Einbußen durch die Frühpension, wenn man dem gegenüberstellt, was noch längeres Arbeiten als das Regelpensionsalter finanziell bringt – die Opportunitätskosten von Freizeit und Lebensqualität nicht einberechnet und vorausgesetzt, man wird auch weiter beschäftigt.

Beispiel 1: Mann, Akademiker, durchgehend beschäftigt ab dem 25. Lebensjahr
Das Einkommen des Akademikers beträgt heute 4.000 Euro. Als Bruttoeinkommen vor Pensionsantritt im Jahr 2024 wird ein reales Einkommen von 5.091 Euro angenommen. Es liegen zum 65. Lebensjahr 472 Versicherungsmonate vor und er möchte und kann über das 65. Lebensjahr weiterarbeiten. Die Pension erhöht sich jährlich um mehr als neun Prozent und das wiederum aus dreierlei Gründen: Es gebührt ein Bonus von 4,2 Prozent der bisher erworbenen Pension, es kommen

So wirkt sich im Beispiel die Korridor-Pension aus

Pensionsantritt am 1. 1. 2025 mit **62** Jahren	Korridorpension: **2.393** Euro brutto
Pensionsantritt am 1. 1. 2026 mit **63** Jahren	Korridorpension: **2.646** Euro brutto
Pensionsantritt am 1. 1. 2027 mit **64** Jahren	Korridorpension: **2.916** Euro brutto
Pensionsantritt am 1. 1. 2028 mit **65** Jahren	Alterspension: **3.201** Euro brutto

= −**34 Prozent** = **800 Euro weniger!**

> **So wirkt Arbeiten bis 68 Jahre aus**
>
> | | |
> |---|---|
> | Pensionsantritt am 1. 1. 2028 mit **65** Jahren | Alterspension: **2.900** brutto |
> | Pensionsantritt am 1. 1. 2024 mit **66** Jahren | Alterspension: **3.162** brutto |
> | Pensionsantritt am 1. 1. 2025 mit **67** Jahren | Alterspension: **3.439** brutto |
> | Pensionsantritt am 1. 1. 2026 mit **68** Jahren | Alterspension: **3.732** brutto |
>
> = + 29 Prozent = 830 Euro mehr pro Monat

1,78 Prozent vom Bruttoeinkommen hinzu und Drittens wird die bisherige Gesamtgutschrift mit der Lohnentwicklung aufgewertet.

Bei Pensionsaufschub bis zum 68. Lebensjahr ist die Pension somit real (ohne Inflation) um rund 830 Euro oder 29 Prozent höher als zum 65. Lebensjahr.

Weitere konkrete Rechenbeispiele, wie sich ein früherer Pensionsantritt auf das Einkommen auswirkt – je nach Geburtsjahr und Form der Frühpension – finden Sie im Kapitel zwei.

Frühpension mit Abschlag oder rein privat vorsorgen?

Steht die Entscheidung fest – man will oder kann nicht mehr bis zum regulären Pensionsalter arbeiten – stellt sich die Frage, ob man günstiger fährt, wenn man die Frühpensionsabschläge ein Leben lang in Kauf nimmt oder – um sich Abschläge zu ersparen – bis zum Erreichen des Regelpensionsalters sich zur Gänze selbst finanziert. Das bedeutet keine staatliche Pension kassieren, stattdessen auf seine Ersparnisse zurückgreifen und sich selbst krankenversichern.

Diese Vergleichsrechnung muss man individuell anstellen. Nehmen wir einmal an, Sie wollen zwölf Monate früher, z.B. als Mann mit 64, in Pension gehen. (Anmerkung: Für Frauen wird die Korridorpension erst ab dem Jahr 2028 relevant, weil sie bis dahin ohnehin vor 62 in die Alterspension gehen können). Das reduziert Ihre Pension um 5,1 Prozent (Abschlag für Korridorpension) und das lebenslänglich. Bei einer Bruttopension von 2.000 Euro sind das jedes Monat 102 Euro weniger, und Pensionen werden 14mal im Jahr ausbezahlt. Bei einer durchschnittlichen Restlebenserwartung von 18 Jahren für 65-jährige Männer summieren sich die Abschläge auf über 25.000 Euro – das muss Ihnen ein Jahr früher in Pension zu gehen wert sein.

Nehmen wir alternativ an, Sie wollen sich die Abschläge sparen. Sie verzichten also das eine Jahr vor der Regelpension auf staatliche Ansprüche (2.000 Euro brutto pro Monat), in Summe auf 28.000 Euro. Dazu kommen noch die Kosten für die Selbstversicherung in der Krankenversicherung von 377,85 Euro pro Monat (Stand

2014, GKK). Das ergibt weitere 4.654,20 Euro für ein Jahr. Das macht in Summe 32.654,20 Euro, somit etwas mehr aus, als die Abschläge. Allerdings müsste man den Vorteil aus dem Zinseszinseffekt bei der Abschlagsvariante noch einbrechnen, da sich diese ja nicht alle auf einmal, sondern erst sukzessive im Laufe der Jahre zu Buche schlagen.

Die Differenz zwischen Alters- und Frühpension ist in beiden Fällen eigentlich noch etwas höher. Denn mit jedem Jahr, das man länger arbeitet und Pensionsbeiträge einbezahlt, erhöht sich auch der Pensionsanspruch, was hier in der vereinfachten Rechnung noch nicht berücksichtigt ist. Dieser Effekt hält sich aber in Grenzen, wenn man zuvor über einen langjährigen Zeitraum gut verdient hat. Denn die Pensionsbemessungsgrundlage errechnete sich im Jahr 2014 aus dem Durchschnitt der 312 besten monatlichen Gesamtbeitragsgrundlagen, also der lukrativsten 26 Jahre.

> *Wenn Sie die Chance haben oder auch bereit sind, noch im geringfügigen Umfang weiter zu arbeiten, kommen Sie damit finanziell am besten weg: Bei einem Verdienst über der Geringfügigkeitsgrenze von 395,31 Euro (Stand 2014) laufen nämlich die Versicherungszeiten weiter, es werden weiter regelmäßig Beiträge in die Pension einbezahlt, die die Pension erhöhen und man ist auch günstig krankenversichert.*   **TIPP**

„Bridging" – damit Sie sich die Frühpension leisten können

Egal jedenfalls, ob Sie eine Frühpension beziehen oder den vorzeitigen Ruhestand zur Gänze selbst finanzieren: Ein Arbeitsende mit 63 oder gar 55 bei einem regulären Pensionsalter von 65 Jahren erfordert schon einige Ersparnisse, um die Zeit finanziell zu überbrücken.

Was Sie also klären müssen: Sind Sie bereit, mit weniger Einkommen das Auslangen zu finden? Können und wollen Sie sich den vorzeitigen Ruhestand leisten und wie hoch müssen Ihre Ersparnisse sein, um gegebenenfalls Einkommenslücken bis zur Regelpension und darüber hinaus ausgleichen zu können.

Angenommen, man braucht eine monatliche Überbrückung von 1.500 Euro. Das ist ein Betrag, mit dem der Durchschnittsösterreicher pro Kopf über die Runden kommen sollte. Höhere Monatszahlungen würden besonders im Falle einer längeren Überbrückung von Zehn-Jahres-Zeiträumen astronomische Summen fordern. Ein, zwei Jahre dagegen mit 1.500 Euro im Monat zu überbrücken, kann man sich da schon leichter leisten.

Die konkrete Summe, die dafür aufgebracht werden muss, hängt neben der Dauer und der Höhe der Auszahlung auch von der Ansparzeit davor und von der

Rendite während der Veranlagung ab. Die Tabelle zeigt das notwendige Startkapital, wenn man unterschiedlich lang anspart und dem Ansparprodukt unterschiedliche Renditen unterstellt – wobei alles über drei Prozent Rendite pro Jahr (nach Abzug aller Kosten) nicht sehr realistisch oder mit größerem Verlustrisiko behaftet ist.

Je später man mit dem Ansparen beginnt, desto höher ist der erforderliche Kapitaleinsatz. Wer beispielsweise plant, mit 55 Jahren anstatt mit 65 in Pension zu gehen, benötigt im Falle einer Nettoverzinsung von nur einem Prozent für monatlich 1.500 Euro 171.265 Euro an Sofortkapital, um über die Runden zu kommen. Schafft man hingegen drei Prozent Nettoertrag nach KESt und Spesen, dann wären „nur" 155.655 Euro erforderlich. Noch immer weit mehr, als die meisten in der Minute zusammenkratzen können.

Deutlich besser sieht es aus, wenn man bereits mit 45 Jahren vorgeplant hat, also zehn Jahre vor Überbrückungsbeginn mit 55. Damals hätte bei drei Prozent p. a. Nettoverzinsung ein Einmalerlag von 115.822 Euro – fast 40.000 Euro weniger – gereicht.

Sollen nur fünf Jahre überbrückt werden (also man hört etwa mit 60 zu arbeiten auf und überbrückt bis 65 Jahre), würde unter den gleichen Rahmenbedingungen der erforderliche Einmalerlag auf 62.183 Euro sinken, und im Falle von zwei Jahren wären es sogar nur 25.981 Euro (siehe Tabelle).

Was Sie an Startkapital für die Finanzierung Ihrer Frühpension benötigen

Erforderliche Investmentsumme für monatlich 1.500 Euro Überbrückungspension bis zum Pensionsalter 65 Jahre

Ein oder zwei Jahre überbrücken

	GEWÜNSCHTES ARBEITSENDE					
	63 (Überbrückung: 2 Jahre)			64 (Überbrückung: 1 Jahr)		
	Rendite			Rendite		
aktuelles Alter	1%	2%	3%	1%	2%	3%
53	32.255,–	28.932,–	25.981,–	16.047,–	14.323,–	12.798,–
58	33.900,–	31.944,–	30.119,–	16.866,–	15.814,–	14.837,–
63	35.630,–	35.269,–	34.916,–	17.726,–	17.460,–	17.200,–
64				17.903,–	17.809,–	17.716,–

Fünf oder zehn Jahre überbrücken

	GEWÜNSCHTES ARBEITSENDE					
	55 (Überbrückung: 10 Jahre)			60 (Überbrückung: 5 Jahr)		
	Rendite			Rendite		
Aktuelles Alter	1%	2%	3%	1%	2%	3%
45	155.044,–	133.855,–	115.822,–	75.594,–	63.617,–	53.639,–
50	162.953,–	147.787,–	134.269,–	79.450,–	70.238,–	62.183,–
55	171.265,–	163.169,–	155.655,–	83.503,–	77.549,–	72.087,–
60				87.762,–	85.620,–	83.568,–

Quelle: www.zinsen-berechnen.de

Keine Experimente mit der Pension

Eine Nettorendite (nach KESt und Spesen) von drei Prozent erfordert derzeit bereits einen höheren Anteil an Aktien und hochverzinsten Fremdwährungsanleihen, die teilweise sogar im spekulativen Junkbond-Spektrum angesiedelt sind. Dies ist mit höherer Schwankungsintensität (Volatilität) verbunden, was bei Auszahlungsplänen kontraproduktiv wäre, die man direkt aus dem Fonds auszahlt. Denn bei ihnen kommt es zu einem den Sparplänen entgegengesetzten Cost-Average-Effekt: Bei niedrigeren Fondspreisen müssen für die gleiche Auszahlung nämlich mehr Fondsanteile veräußert werden, bei höheren Preisen weniger. Das wirkt sich negativ auf den durchschnittlichen Verkaufspreis aus.

Konkret bedeutet dies: Ansparen kann man noch etwas risikoreicher, doch sobald der Überbrückungszeitraum beginnt, sollte nur noch defensiv veranlagt werden. Und zwar entweder in äußerst defensiven Mischfonds (Anleihenschwerpunkt), oder gleich in geldmarktnahen Fonds.

Wer ganz auf Nummer Sicher geht, legt das Geld, sobald es an die Auszahlung geht, bis zur maximalen Höhe der staatlichen Einlagensicherung auf ein täglich fälliges Sparkonto bei einer Direktbank.

Von diesem Konto aus wird dann die monatliche Rente auf das Girokonto überwiesen. Letzteres ist auch gleich die kostengünstigste Variante. Im Falle eines Auszahlungsplans aus einem Fonds fallen nämlich neben der Spanne Nettovermögenswert und Ausgabeaufschlag unter Umständen noch Verkaufsspesen an, die bis zu 0,75 Prozent der Auszahlungssumme betragen können.

Auch sollte man vorab erfragen, ob der gewünschte Fonds überhaupt entnahmeplanfähig ist (das Angebot variiert je nach Bank und Broker zwischen etwa 25 und 130 Fonds). Bei Finanzberatern, die Zugang zur Plattform der Capital Bank haben, sind über 3.000 Entnahmepläne möglich.

Überbrückungsvorschläge mit Fonds

In welche Fondsklassen – Geldmarkt-, Anleihen-, Misch-, Aktienfonds etc. – man konkret investieren sollte, hängt von der Ansparzeit und der persönlichen Risikofreudigkeit ab. Wir würden Ihnen Folgendes vorschlagen:

- Für eine Ansparzeit, die zehn Jahre dauert:
  40 bis 60% defensive Mischfonds
  15 bis 20% Emerging-Markets-Anleihenfonds
  15 bis 20% Dividendenaktienfonds
  10 bis 20% Defensive Aktien-Bluechips mit hoher Ertragskontinuität und langer Historie: Dauerbrenner wie Coca-Cola, Henkel (Persil-Waschmittel), General Mills (Nahrungsmittel), Kellogg, Procter & Gamble und Colgate-Palmolive fallen in diese Kategorie.

In den ersten fünf Jahren können noch zusätzliche Ansparpläne in Aktien- und Schwellenländeranleihenfonds laufen. Bereits fünf Jahre vor Überbrückungsbeginn sollte man dann aber zur Sicherheit sukzessive von den dynamischeren Portfolio-Komponenten Aktien- und Aktienfonds und Emerging-Market-Bond-Funds auf defensive Mischfonds umgeschichten.

Zum „vorzeitigen Ruhestand" sind nur noch Entnahmeplan-fähige defensive Mischfonds im Portfolio, von denen dann insgesamt monatlich 1.500 Euro (oder bei größerem Vermögen auch mehr) abgeschichtet werden. Besonders vorsichtige Anleger bevorzugen Sparkonten und Geldmarkt-nahe Fonds.

- Für eine Ansparzeit, die fünf Jahre dauert:
  85 bis 100% defensive Mischfonds
  0 bis 15% Dividendenaktienfonds und/oder Emerging-Markets-Anleihenfonds

Für den Zeitraum der Überbrückung gilt die zuvor genannte Vorgangsweise:

- Bei Überbrückungsbeginn (Ende der Ansparzeit):
  100% defensive Mischfonds oder alternativ Geldmarkt-nahe Fonds und/oder Sparkonten

Die konkreten Fondsprodukte werden regelmäßig in GEWINN und TOP-GEWINN angeführt. Bevor man investiert, sollte man immer einen aktuellen Vergleich mit den Konkurrenzprodukten (Peer Group) durchführen. Hierfür eignen sich Plattformen wie www.onvista.de oder morgningstar.de.

„Finanzausgleich" mit Versicherungslösungen

Neben Fonds und Sparbuch kommen natürlich auch Lebensversicherungen in Frage. Sei es ein spezielles Bridging-Produkt, sei es eine Teilentnahme aus der klassischen Lebensversicherung oder eine Bridging-Rente aus der prämienbegünstigten Zukunftsvorsorge.

Ein eigenes Ansparprodukt, speziell um eine Einkommenslücke zwischen Job-Ende und Pension zu schließen, ist die sogenannte s Vor-Pension der s Versicherung. Hier kann man laufend darauf ansparen, dass man frühestens zum 55. Lebensjahr eine temporäre Rente bezieht. Sollte man sie dann vor Erreichen des eigentlichen Pensionsalters doch nicht benötigen, kann man sich, wie üblich, zu Pensionsbeginn eine lebenslange Rente auszahlen lassen.

Wenn eine heute 40-jährige Person (Mann oder Frau) fünf Jahre lang, zwischen dem 60. und 65. Lebensjahr eine monatliche Privatrente in Höhe von 1.500 Euro aus der Versicherung beziehen will, muss sie vom 40. bis zum 60. Lebensjahr monatlich 287,10 Euro (inkl. Versicherungssteuer) einzahlen (siehe Tabelle rechts).

Überbrücken mit einer Lebensversicherung
Beispiel s Vor-Pension

Eine heute 40-jährige Person (Mann oder Frau), die fünf Jahre lang, zwischen dem 60. und 65. Lebensjahr eine monatliche Privatrente in Höhe von 1.500 Euro aus der Versicherung beziehen will. Wie viel muss sie vom 40. bis zum 60. Lebensjahr monatlich ansparen? Und wie viel beträgt die Auszahlung, wenn die Dauer verkürzt wird bzw. die Rendite höher bzw. noch niedriger ist als aktuell? Das bei einer jährlichen Gesamtverzinsung im Deckungsstock von aktuell 3,25%.

nötige monatliche Prämie (inkl. VerSt.)	287,10 Euro *		
Auszahlungshöhe der Bridging-Pension	Voraussichtliche monatliche s Vor-Pension bei Annahme einer jährlichen Gesamtverzinsung im Deckungsstock von		
	4,25%	3,25% (aktuell)	2,25%
Auszahlung vom 60. bis 65. Lebensjahr	1.654,-	1.500,-	1.364,-
Auszahlung vom 61. bis 65. Lebensjahr	2.124,-	1.907,-	1.717,-
Auszahlung vom 62. bis 65. Lebensjahr	2.908,-	2.586,-	2.305,-
Auszahlung vom 63. bis 65. Lebensjahr	4.480,-	3.944,-	3.480,-
Alternative: Auszahlung erst mit 65 Jahren			
Garantiertes Pensionskapital	75.742,-		
prognostiziertes Pensionskapital*	99.940,-		
monatliche Privat-Pension, lebenslang*	442,-		

* unter Annahme des aktuellen Gesamtzinses von 3,25%

Auch hier würde es sich natürlich auszahlen, wenn man noch früher zu sparen begänne: „Ein 30-jähriger Kunde muss dafür monatlich 157 Euro einzahlen, mit 40 beträgt die Monatsprämie 287 Euro und mit 50 bereits 672 Euro", hat Paul Huss, Prokurist bei der s Versicherung, durchgerechnet.

Klassische Lebensversicherung

Wer dagegen schon eine bestehende klassische Lebensversicherung hat, die aber noch ein paar Jahre, etwa bis 65 läuft, ist hier nicht ganz so flexibel: „Bridging im engeren Sinn, dass man sich also früher als geplant für ein paar Jahre eine Rente auszahlen lassen kann, ist hier nicht möglich", erklärt Matthias Luschin, Gruppenleiter Lebensversicherungen der Wiener Städtischen.

Aber man kann dennoch vorzeitig ans angesparte Kapital herankommen. Viele modernere Verträge erlauben Teilentnahmen in einem bestimmten Ausmaß (in den Versicherungsbedingungen ersichtlich), ansonsten ist ein Teilrückkauf möglich. Damit muss man nicht gleich die ganze Lebensversicherung vorzeitig auflösen. Was schade wäre, denn besonders zuletzt steigt die Rendite dank Zinseszinsen und Schlussgewinnanteil in einer Lebensversicherung spürbar. Der Rest des Geldes kann dann in Ruhe weiterarbeiten, den herausgenommenen Betrag kann man Monat für Monat verbrauchen.

Doch Vorsicht: „Nimmt man mehr als 25 Prozent heraus, droht unter Umständen eine Nachversteuerung", warnt Luschin. Allerdings nur, wenn dies vor Ablauf von zehn Jahren (Altverträge, über 50-Jährige bei Neuverträgen ab 1. 3. 2014) beziehungsweise 15 Jahren (Abschlüsse ab 2011) passiert.

„Eine interessante Variante kann auch der Abschluss eines Berufsunfähigkeits-Zusatzbausteins zur klassischen Lebensversicherung sein", meint Luschin. Da erhält man vorab zwar kein Geld heraus, wenn man einfach so arbeitslos wird, aber zumindest dann, wenn man aus gesundheitlichen Gründen nicht mehr arbeiten kann – aber vom Staat noch nicht in die Invaliditäts- bzw. Berufsunfähigkeitspension entlassen wird.

Eine dritte, kaum bekannte Variante ist jene eines sogenannten Polizzendarlehens. Hier wird die Versicherung zum Kreditgeber und leistet eine Vorauszahlung bis maximal der Höhe des aktuellen Rückkaufwerts. „Das geht unbürokratisch, es gibt keine Bonitätsprüfung", erklärt Luschin, schließlich dient die Lebensversicherung als Sicherheit. Ob es sich im Einzelfall im Vergleich zu einem (Teil-)Rückkauf rentiert, muss aber genauer angesehen werden. Dabei muss man abwägen, wie hoch die Kreditzinsen sind, die die Versicherung in Rechnung stellt – sie sollten deutlich günstiger als ein Konsumkredit sein – und wie viel würde man auf der Gegenseite verlieren, wenn man die Lebensversicherung (teil-)rückkaufen würde? „Besonders bei Altverträgen mit hohem Garantiezins wäre es schade, auf diese Rendite zu verzichten", meint Luschin, insbesondere wenn der Vertrag kurz vor dem Abreifen sei (und damit die Kreditzinsen auch überblickbar), sei also oft ein Polizzendarlehen vorzuziehen. Sollte eine Nachversteuerung drohen, ebenfalls.

Zukunftsvorsorge

Verfügt man über eine prämienbegünstigte Zukunftsvorsorge, liegt die Sache anders: „Hier ist richtiges Bridging möglich, das heißt, man kann hier frühestens ab 50 Jahren, schon früher als zum Beginn der Alterspension, eine laufende Überbrückungsrente erhalten", schildert Thomas Jaklin, Vorstand FinanceLife und UNIQA-Bereichsleiter Leben.

Dieses „Früher als geplant" ist als gesetzliche Möglichkeit vorgesehen (§ 108 b EstG), es ist steuerfrei möglich und ohne, dass die halbe staatliche Prämie retourniert werden muss. Und zwar dann, wenn eine Einstellung oder Einschränkung der Erwerbstätigkeit vorliegt. Voraussetzung ist auch, dass die Überbrückungsrente in gleich bleibenden Beträgen über einen Zeitraum von mindestens 36 Monaten zu zahlen ist. Kürzer geht's aber, wenn man schon vor Ablauf der drei Jahre die Alterspension antreten kann.

Allerdings: Einen gesetzlichen Zwang für die Versicherer zur Umsetzung dieser Bridging-Option gibt es nicht. Auch wenn die allermeisten Anbieter, insbesondere die großen Versicherungen, Bridging ermöglichen.

Die Höhe der Überbrückungsrente kann man sich übrigens aussuchen, „es ist auch erlaubt, in dieser Zeit sich das gesamte Deckungskapital als Rente auszahlen zu lassen", schildert Luschin.

> **Zukunftvorsorge: Wann geht Bridging?**
>
> Die meisten Zukunftvorsorgeprodukte der Versicherer ermöglichen ein Bridging. Ohne Nachversteuerung und Rückzahlung der halben Prämie kann eine Überbrückungsrente auch vor dem vorgesehenen Vertragsende ausbezahlt werden, vorausgesetzt, man ist
> - mindestens 50 Jahre alt,
> - bezieht die Rente in gleichbleibenden Beiträgen mindestens 36 Monate lang (Ausnahme: man erreicht schon früher den gesetzlichen Pensionsanspruch),
> - es liegt „Einstellung oder Einschränkung der Erwerbstätigkeit" vor, darunter versteht das Finanzministerium (siehe Wartungserlass 2012), dass der Steuerpflichtige bei der Antragstellung auf Auszahlung der Überbrückungsrente a) arbeitslos ist, b) Altersteilzeit in Anspruch nimmt, c) seine Erwerbseinkünfte zu mindestens 25 Prozent reduziert hat.
>
> Das Vorliegen einer der Voraussetzungen hat er durch schriftliche Erklärung gegenüber der Versicherung zu bestätigen.

Ein Beispiel: Wer mit 40 Jahren eine prämienbegünstigte Zukunftsvorsorge abschließt und 23 Jahre lang 150 Euro monatlich einzahlt, kommt mit 63 Jahren auf 41.400 Euro einbezahlte Prämien plus eine staatliche Förderung von 1.759,50 Euro (vorausgesetzt, die Prämie bleibt bei 4,5 Prozent). „So viel ergibt die Garantiesumme, wird dank des Aktienanteils mehr erwirtschaftet, dann ist selbstverständlich mehr da", so Luschin.

Will man daraus, weil man nur noch eingeschränkt oder gar nicht erwerbstätig ist, aber der gesetzliche Pensionsanspruch noch zwei Jahre auf sich warten lässt, eine Rente lukrieren, käme man über den Daumen gerechnet auf etwa 1.800 Euro monatlich.

Oder, man nimmt weniger, und lässt sich den Rest dann als lebenslange Rente in der Pension auszahlen.

Tipps für Selbständige: günstig aus dem Erwerbsleben scheiden

Auch als Selbständiger kann man sich nicht so problemlos in die (Früh-)Pension verabschieden, wie man glauben würde. Oft findet sich kein Nachfolger und dann bleibt nur, seinen Laden dicht zu machen.

Die in Juristen-Deutsch „Unternehmensaufgabe" findet oft eine jähes Ende in der Insolvenz. „Das kann schneller gehen, als man glaubt", mahnt KSV-1870-Insolvenzexperte Hans-Georg Kantner. „Die Hauptursache dabei ist die Abfertigung

Alt, das wird uns noch rund zehn Jahre begleiten", so Kantner. Die alten Abfertigungsregeln gelten für alle Dienstverhältnisse, die vor 2003 eingegangen wurden und für die kein Umstieg in die Abfertigung-Neu-Regeln ausgehandelt wurde. Altgedienten Mitarbeitern steht so ab 25 Dienstjahren ein volles Jahresgehalt zu, nach 15 Jahren immerhin sechs Monatsgehälter. Oft ist einfach nicht genug Geld da, um alle Abfertigungen bezahlen zu können.

Wie viele Pleiten auf eine „normale" Unternehmensaufgabe zurückzuführen sind, kann Kantner nur schätzen. „Rund 40 Prozent aller Insolvenzen werden mangels Masse abgewiesen. Rund 40 Prozent davon wiederum könnten eine Unternehmensaufgabe als Ursache haben", rechnet Kantner vor. Das macht unterm Strich also rund jede sechste Insolvenz aus.

Noch weniger einschätzbar ist, wie oft eine Insolvenz im Zuge einer Schließung nur dadurch abgewendet werden kann, weil Familie oder Freunde Geld vorstrecken.

Oft hapert es auch an offenen Sozialversicherungsbeiträgen, die noch bis zur Schließung des Unternehmens vorgeschrieben werden, oder Außenständen beim Finanzamt oder Lieferanten.

An sich ist ein Insolvenzverfahren nichts anderes als die Verwertung des gesamten Unternehmensvermögens durch einen Insolvenzverwalter, die Verteilung des Erlöses an die Gläubiger und die Liquidierung der Firma. Doch hat das Unternehmen nicht mal ausreichende Vermögenswerte, um die Kosten des Insolvenzverfahrens zu decken, wird das Insolvenzverfahren mangels Masse vom Gericht nicht durchgeführt. Das stellt einen Gewerbeausschluss bzw. -entziehungsgrund laut Gewerbeordnung dar. Die Schulden bleiben aber grundsätzlich weiter aufrecht, was besonders für einen persönlich haftenden Gesellschafter oder Einzelunternehmer sehr unangenehm werden kann, schließlich muss er sich auf ein Leben mit dem Gerichtsvollzieher vor der Tür einstellen.

Doch auch für Geschäftsführer einer GmbH kommt häufig eine Geschäftsführerhaftung zum Tragen, beispielsweise für bestimmte Abgabenschulden.

Sofern irgendwie möglich sollte man daher als Privater (die Unternehmertätigkeit muss beendet sein!) ein Schuldenregulierungsverfahren mit Restschuldbefreiung anstreben.

Hierbei darf man sich von der Wirtschaftskammer nicht allzu viel Unterstützung erwarten. Wer weiterhelfen kann, ist eine Steuerberater, den man rechtzeitig heimsuchen sollte.

Ab 60 fährt man steuerlich günstiger

Denn stellt der Unternehmer seinen Betrieb ein, hält der Fiskus zum letzten Mal sein Händchen auf. Und das unter Umständen nicht zu knapp. Der Fiskus fingiert einen Verkauf sämtlicher im Betrieb noch vorhandenen Vermögenswerte an den Unternehmer als künftigen Privatier. Das kann teuer werden, denkt man an Computer, Pkw, Immobilien etc.

Der steuerpflichtige Gewinn oder Verlust der Vermögenswerte ergibt sich, indem von ihrem Verkehrswert („gemeinen Wert") der in der Bilanz oder dem Anlagenverzeichnis ausgewiesene Buchwert abgezogen wird. Speziell die Aufdeckung von stillen Reserven führt oft zu gravierenden steuerlichen Belastungen. Man denke nur an eine Wohnung in guter städtischer Lage, vor über 20 Jahren angeschafft.

> *Am besten kommt man weg, wenn man über 60 Jahre alt ist, wenn man seinen Betrieb schließt. Denn dann hat man die Begünstigung in Form des reduzierten Einkommensteuersatzes.*

Diese greift allerdings nur, wenn der Steuerpflichtige nach Vollendung des 60. Lebensjahres seine Erwerbstätigkeit einstellt und seit der Betriebseröffnung oder dem letzten entgeltlichen Erwerbsvorgang mindestens sieben Jahre vergangen sind. Dieselbe Begünstigung greift übrigens auch bei Betriebsschließung wegen eingetretener Erwerbsunfähigkeit oder wegen eines Todesfalls. Wichtig: Die sogenannte Halbsatzbegünstigung gibt es nur auf Antrag. Der Aufgabe- bzw. Veräußerungsgewinn wird dann mit dem halben Durchschnittssteuersatz besteuert, der sich aus dem Gesamteinkommen ergibt.

> *Andere Tätigkeiten, mit denen der Steuerpflichtige nicht mehr als 22.000 Euro umsetzt und nicht mehr als 730 Euro Gewinn ausweist, sind unschädlich für die halbsatzbegünstigte Betriebsaufgabe oder -veräußerung.*

Beispiel: Ein pensionierter selbständiger Buchhalter betätigt sich in geringem Ausmaß als Künstler. Einkünfte, die nicht aus einer Erwerbstätigkeit des Steuerpflichtigen stammen, sind in beliebiger Höhe erlaubt, ohne dass die Halbsatzbegünstigung verloren geht. Zu nennen sind hier insbesondere die Einkünfte aus Pensionen, aus einer Vermietung und Verpachtung oder aus Kapitalvermögen.

Auch Aufwandsentschädigungen gelten nicht als Erwerbseinkünfte, die eine Halbsatzbegünstigung in Gefahr bringen könnten.

Begünstigungsschädlich ist dagegen, wenn der ehemalige Unternehmer eine tätigkeitsbezogene Vergütung von „seiner" Gesellschaft erhält. Daher sollten sich angehende Ruheständler auf eine Kapitalbeteiligung, etwa als Kommanditist, zurückziehen. Auch Vergütungen für die Hingabe von Darlehen oder für die Überlassung von Wirtschaftsgütern stellen keine Aktivbezüge dar und sind daher unproblematisch.

Sonderfall Immobilien

Stille Reserven ergeben sich besonders bei Immobilien. In einigen Fällen kann aber zumindest die Erfassung der stillen Reserven, welche auf das zum Betriebsvermögen gehörende Wohngebäude fallen, unterbleiben. Grundgedanke der Ausnahmeregelung ist, stille Reserven nicht der Versteuerung zu unterwerfen, wenn diese nicht realisiert werden können, ohne dass der bisherige Hauptwohnsitz aufgegeben werden müsste.

Nach der Rechtsprechung erstreckt sich die Hauptwohnsitzbefreiung sowohl auf Grund und Boden als auch das Gebäude. Seit der Steuerreform wird die Entnahme von Grund und Boden – auch im Zuge einer Betriebsaufgabe – generell steuerfrei gestellt, sofern der Betriebsinhaber im Falle des Grundverkaufs der 25-prozentigen Immobilienbesteuerung unterliegen würde.

Im Hinblick auf die sogenannten „stillen Reserven" in Grund und Boden braucht der den Betrieb einstellende Unternehmer also die Hauptwohnsitzbefreiung nicht mehr zu beantragen, wohl aber für das Gebäude.

> **Alter ist nicht der Verlust der Jugend, sondern ein neues Stadium der Möglichkeiten und Stärke.**
>
> Betty Friedan,
> US-Publizistin und Feministin
> (1921-2006)

Von der 25-prozentigen Immobiliensteuer ausgenommene Unternehmer müssen auch weiterhin für Grund und Boden die Hauptwohnsitzbefreiung beantragen. Darunter fallen Unternehmer, die Grundstücke im Umlaufvermögen halten (z. B. gewerbliche Grundstückshändler) oder deren betrieblicher Tätigkeitsschwerpunkt in der Überlassung oder Veräußerung von Grundstücken liegt oder die auf das Grundstück eine Teilwertabschreibung oder Übertragung stiller Reserven vorgenommen haben.

ACHTUNG: *Selbst wenn die Betriebseinstellung aufgrund der Hauptwohnsitzbefreiung zu keiner Steuerlast geführt hat, sollten der ehemalige Betriebsinhaber sowie seine Erben oder die Geschenknehmer in den folgenden fünf Jahren (ab Betriebsaufgabe) eine Veräußerung der Immobilie vermeiden.*

Andernfalls kommt es bei Gebäuden zur Nacherhebung der bei Betriebsaufgabe unterlassenen Besteuerung der stillen Reserven. Keiner Veräußerungssperre mangels Beantragung der Hauptwohnsitzbefreiung unterliegen Grund und Boden.

€ *Diese Begünstigungen gelten nur für Einzelunternehmer. Ist die Liegenschaft im Eigentum einer GmbH, wird es teuer: Vom Gewinn werden 25 Prozent Körperschaftsteuer fällig. Wird dann der Gewinn an die Gesellschafter ausgeschüttet, winken nochmals 25 Prozent Kapitalertragsteuer. Macht in Summe 43,75 Prozent für den Fiskus! Hier kann es Sinn machen, eine Kapitalgesellschaft in eine Personengesellschaft umzuwandeln, wobei auch Kosten der Umgründung anfallen.*

Das Wichtigste zum Schluss

Herr und Frau Österreicher gehen im Schnitt mit 58,5 Jahren in Pension, deutlich früher als andere Europäer. Die Möglichkeiten der Frühpensionierung wurden deshalb mit den letzten Pensionsreformen (2003, 2011 und 2013) stark eingeschränkt und durch Abschläge kräftig verteuert. Auch das um fünf Jahre frühere Pensionsalter der Frauen (60 Jahre) gegenüber Männern (65 Jahre) ist in absehbarer Zeit Geschichte. Ab 2024 wird das Frauenpensionsalter jedes Jahr um sechs Monate angehoben bis Mann und Frau 2034 gleichgestellt sind.

Wer es sich leisten kann, kann weiterhin mit oder ohne staatliche finanzielle Unterstützung früher in Pension gehen. Da gibt es noch die Möglichkeit der Altersteilzeit, der Korridorpension, der vorzeitigen Alterspension wegen langer Versicherungsdauer (nur noch bis 1. September 2017), die Langzeitversicherung („Hacklerregelung"), die Schwerarbeitspension oder auch die Invaliditäts- beziehungsweise Berufsunfähigkeitspension.

Auf der Webseite der Österreichischen Sozialversicherung (www.sozialversicherung.at, Unterpunkt: Pension/Pflegegeld – Ihr Weg zur Pension) können Sie Ihr persönliches, frühest mögliches Pensionsantrittsalter berechnen.

Bei den diversen Frühpensionsvarianten darf man meist nur bis zur Geringfügigkeitsgrenze (2014 sind es 395,31 Euro) dazu verdienen. Sonst heißt es „hopp oder drop" und Frühpensionszahlungen werden zur Gänze eingestellt.

Für welche Form der Frühpension man sich auch immer entscheidet, ob man sich die Übergangsjahre zur Gänze selbst finanziert oder ein Frühpension beansprucht und dafür lebenslange Abschläge in Kauf nimmt – der vorzeitige Ruhestand kostet eine ganze Stange Geld. Wer beispielsweise als Mann statt mit 65 mit 55 Jahren in Pension gehen möchte und sich diese Zeit mit 1.500 Euro pro Monat versüßen möchte, braucht bei einer schon optimistisch angenommenen Verzinsung von drei Prozent Nettoertrag nach Steuern (KESt) ein Startkapital von 155.655 Euro! Wer schon mit 40 Jahren anzusparen beginnt, muss für ein Überbrückungsgeld von 1.500 Euro pro Monat schon 40.000 Euro weniger aufbringen. Die Summe wird nochmals deutlich leistbarer, wenn man statt zehn nur zwei Jahre überbrücken muss.

Eine große finanzielle Herausforderung ist es oft für Selbständige, ihren Laden „dicht" zu machen, um den wohlverdienten Ruhestand zu genießen. Da stehen vielleicht noch „Abfertigungen Alt", Außenstände bei Lieferanten, beim Finanzamt oder der Sozialversicherung in den Büchern, die zuvor bezahlt, oder stille Reserven, die versteuert werden wollen. Am Günstigsten kommt man weg, wenn man über 60 Jahre alt ist, wenn man seinen Betrieb schließt. Denn dann hat man die Begünstigung in Form des reduzierten Einkommensteuersatzes.

Wir wünschen Ihnen jedenfalls, dass es bei Ihnen letztendlich keine Frage des Geldes ist, ob Sie die Möglichkeiten der Frühpension nutzen oder nicht. Man lebt nur einmal, und das entweder aus Spaß an der Arbeit oder an der Freizeitfreude...

Vorgesorgt im Krankheits- und Pflegefall

○ Privat versichert im Krankheits- und Pflegefall
○ Pflege daheim oder im Heim
○ Patientenverfügung

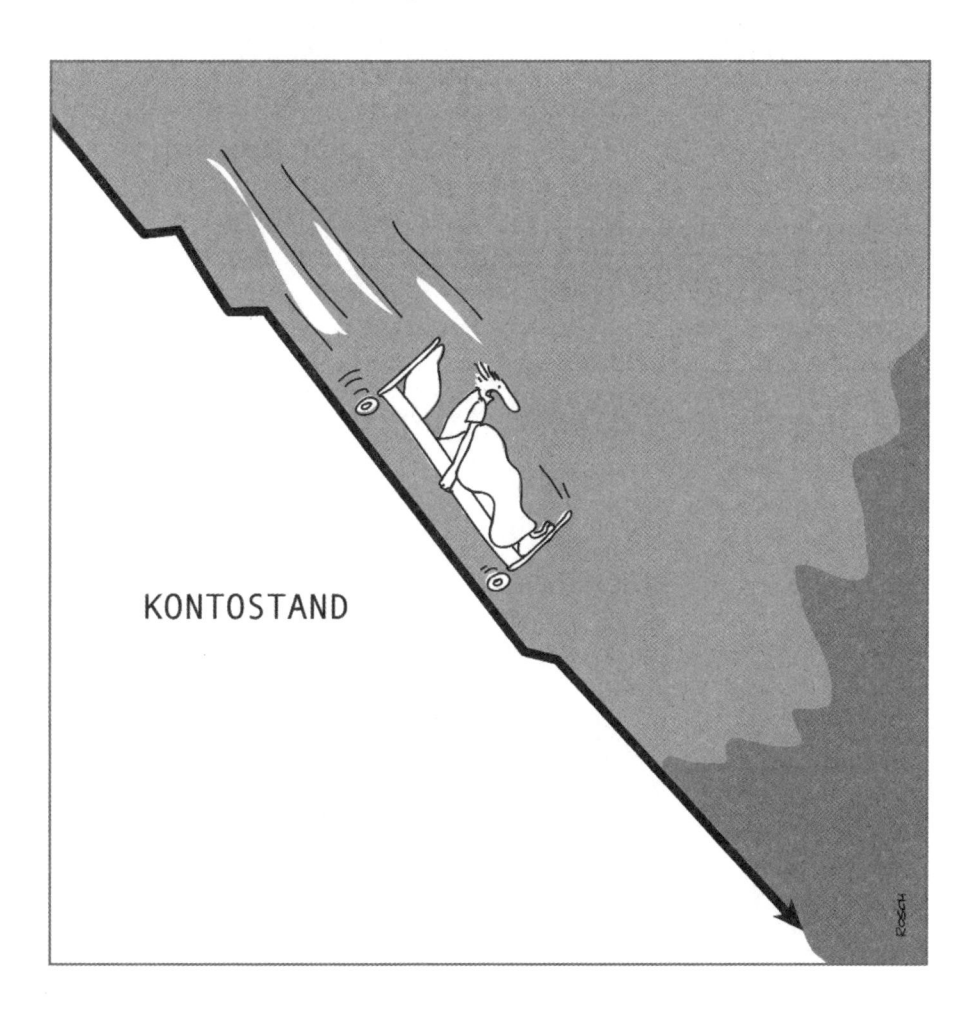

KONTOSTAND

Zahl der Demenz-Kranken verdoppelt sich in Österreich bis 2050

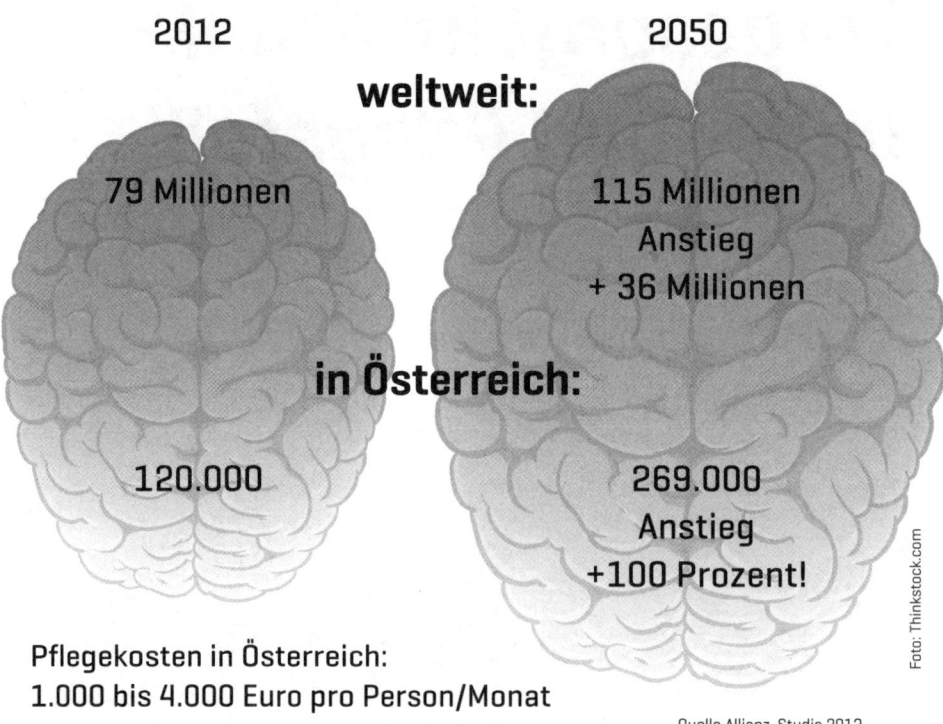

2012 **2050**

weltweit:

79 Millionen

115 Millionen
Anstieg
+ 36 Millionen

in Österreich:

120.000

269.000
Anstieg
+100 Prozent!

Pflegekosten in Österreich:
1.000 bis 4.000 Euro pro Person/Monat

Foto: Thinkstock.com

Quelle Allianz-Studie 2012

Bundespflegegeld Gesamtzahlen
(Bezieherinnen und Bezieher)

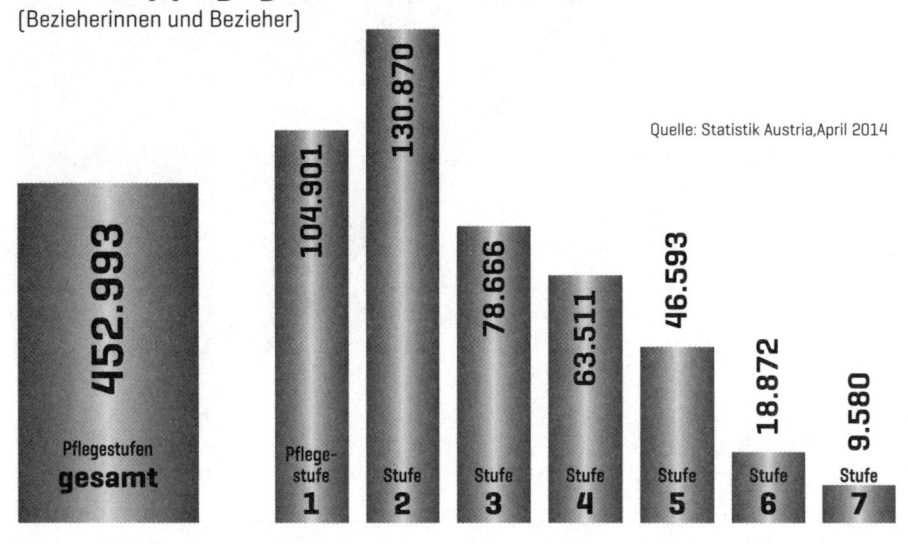

Quelle: Statistik Austria, April 2014

Pflegestufen gesamt	Pflegestufe 1	Stufe 2	Stufe 3	Stufe 4	Stufe 5	Stufe 6	Stufe 7
452.993	104.901	130.870	78.666	63.511	46.593	18.872	9.580

Entwicklung der Sozialausgaben für Krankheits- und Pflegeleistungen von 1990 bis 2012

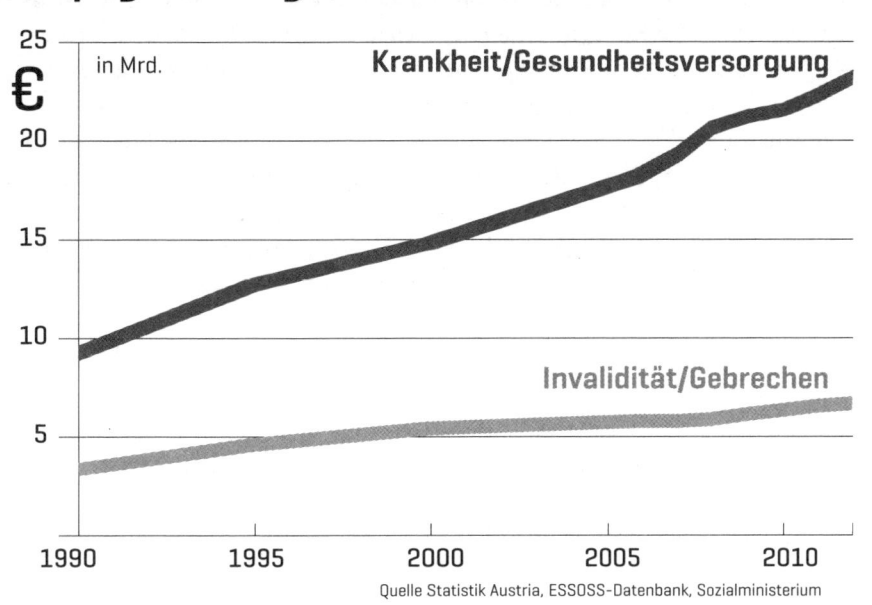

[Liniendiagramm: € in Mrd., 1990–2012
- Krankheit/Gesundheitsversorgung: Anstieg von ca. 9 Mrd. (1990) auf ca. 23 Mrd. (2012)
- Invalidität/Gebrechen: Anstieg von ca. 3 Mrd. (1990) auf ca. 7 Mrd. (2012)]

Quelle Statistik Austria, ESSOSS-Datenbank, Sozialministerium

Der Pflegealltag in Österreich

○ Jede 4. Familie in Österreich ist mit Hilfs- und Pflegebedürftigkeit konfrontiert

○ Zwei Drittel der Pflege werden von Frauen übernommen

○ 42.700 Kinder in Österreich zwischen fünf und 18 Jahren pflegen Angehörige

[Quelle IG-Pflege, ÖBIG 2005, Forschungsinstitut für Altersökonomie 2007, Öst. Parlament 2013]

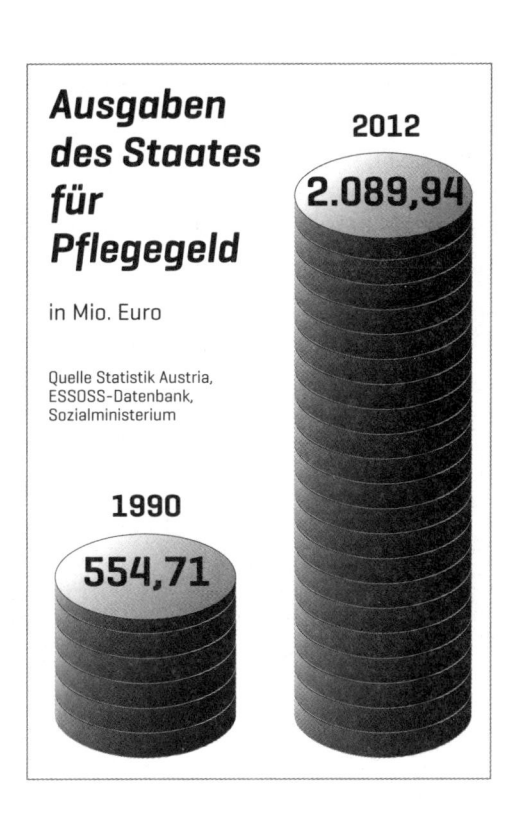

Ausgaben des Staates für Pflegegeld

in Mio. Euro

Quelle Statistik Austria, ESSOSS-Datenbank, Sozialministerium

1990: 554,71
2012: 2.089,94

Schnell, sogar schneller als man denkt, kann es gehen. Schicksalsschläge lassen sich nicht verhindern. Was man aber kann, ist, sich für den Fall der Fälle zu wappnen oder am besten frühzeitig vorzusorgen. Das folgende Kapitel beschäftigt sich daher mit privaten Kranken- und Pflegeversicherungen. Sie finden nützliche Tipps, wie Sie die häusliche Pflege organisieren oder die Alternative betreutes Wohnen oder Seniorenheim. Und wenn es schon staatliche Hilfe und Pflegegeld gibt, dann sollte man sie ruhig in Anspruch nehmen – auch darüber handelt dieses Kapitel.

Denn oft ist es alles andere als leicht, die eigene Pflege oder die von lieben Angehörigen zu meistern. Das zeigt das Beispiel von Franz H., Bauer im oberen Waldviertel nahe der tschechischen Grenze. Vor sechs Jahren stürzte seine Frau Maria mit einem Eimer kochend heißen Wassers auf dem Weg in den Stall und verbrannte sich die Füße. Sie ging ins Haus zurück, wusch sich die Füße und behandelte sie mit einer Brandsalbe, doch ihr Herz war dem Schock nicht gewachsen. Die fast Siebzigjährige brach in der Küche mit Herzstillstand zusammen. Bis die Rettung gekommen war und sie ins nächste Spital transportiert hatte, war das Gehirn durch Sauerstoffmangel so schwer beschädigt, dass Maria im Wachkoma lag.

Ein schwerer Schock für den alten Bauern, aber auch eine massive Belastung für den bäuerlichen Betrieb und seine Finanzen. Schließlich war die Hälfte der „Belegschaft" des kleinen Hofes ausgefallen. Franz gesteht selbst, mit der Situation überfordert gewesen zu sein. „Des is ois so schnö ganga", erzählt er. Die erwachsenen Kinder, alle berufstätig und größtenteils in Wien lebend, organisierten ein Pflegeheim für ihre Mutter.

Franz war mit diesem Zustand alles andere als zufrieden. Nicht nur die Kosten von etwa 6.000 Euro monatlich waren eine enorme Belastung, zudem hatte er oft das Gefühl, seine Frau wäre nicht ausreichend betreut. „In der Nacht gab es eine Schwester für die ganze Station", erzählt er. „Auch am Wochenende war da immer viel zu wenig Betreuung." Zudem lag das Heim in der Nähe von Wien – über 100 Kilometer vom Wohnort entfernt.

Franz erkämpfte sich nicht nur die Sachwalterschaft, sondern sorgte auch für eine 24-Stunden-Betreuung zu Hause. Über die Volkshilfe kamen slowakische diplomierte Krankenschwestern zu ihm, im üblichen zweiwöchigen Rhythmus. Die Kosten und der Vertrag wurden ihm erklärt. Allerdings, so Franz, kamen noch die Kosten für Quartier und Verpflegung dazu. Obwohl seine Frau in der höchsten Pflegestufe 7 eingestuft war, musste der Bauer noch von seinem eigenen Vermögen dazu zahlen. Wie viel, kann er selbst nicht genau beziffern. „Jedenfalls über 1.000 Euro im Monat", so Franz. „Aber es war auf jeden Fall immer noch billiger als das Pflegeheim."

Er baute einen Nebentrakt seines Bauern-

> **Das Leben ist voller Leid, Krankheit, Schmerz – und zu kurz übrigens auch.**
>
> **Woody Allen**

hofes komplett um und richtete nicht nur ein Krankenzimmer für seine schwerstkranke Frau ein, sondern auch eine kleine Wohnung für die Pflegerinnen. Ein idealer Zustand, der bei Stadtbewohnern kaum möglich ist. Natürlich war auch dieser Umbau – trotz viel Eigenleistung – nicht gerade billig.

Eines der Probleme: Die Temperatur im Krankenzimmer musste bei mindestens 25 Grad liegen. Bei den strengen Wintern im Waldviertel sind da die Heizkosten alleine ein Faktor in der Haushaltsrechnung – trotz massiver Dämmung.

Mit den Pflegerinnen war Franz bis zum Tod seiner Frau vor einem Jahr äußerst zufrieden. „Die erste Pflegerin konnte sehr gut deutsch", erzählt er. „Die zweite war zum ersten Mal in Österreich, aber lernte extrem schnell." Insgesamt waren alle Betreuerinnen äußerst engagiert, halfen immer wieder freiwillig auch bei Hausarbeit und anderen Arbeiten und erklärten dem in der Haushaltsführung unerfahrenen Mann, wie man günstig einkauft oder Hausarbeiten möglichst einfach und schnell erledigt.

Auch die Pflegerinnen waren mit dem umgänglichen, freundlichen Mann zufrieden. Er verlangte nicht mehr, als ihre Aufgabe war, und behandelte sie freundlich und höflich. Durch die eigene kleine Wohnung konnten sie sich in der Freizeit auch gut zurückziehen. Und wenn sie einmal aus dem kleinen Dorf in die nächste Stadt wollten, fuhr Franz sie dorthin.

Alles in allem ein Glück im Unglück für beide Seiten. Denn natürlich litt Franz darunter, dass seine Frau schwer krank war und weder ihn noch die Kinder erkannte, und ebenso wären die Pflegerinnen lieber daheim bei ihrer Familie in der Slowakei geblieben und hätten dort ihr Auskommen mit dem Einkommen gehabt. Tatsächlich verdienen sie in zwei Wochen in Österreich oft mehr als ihre Männer in der Slowakei in vier.

Privat versichert im Krankheitsfall

So schlimm, wie bei der Bäuerin aus dem Waldviertel, die nach einem Herzstillstand dauerhaft Pflege benötigt, muss es gar nicht kommen. Eine große Herausforderung kann schon die Finanzierung einer vorübergehend notwendigen Betreuung oder bestmöglichen Versorgung im Krankheitsfall sein.

Das österreichische Gesundheitswesen gilt zwar als eines der besseren. Doch je älter man wird und je öfter man notgedrungen ein Spital oder eine Arztpraxis von innen sieht, desto mehr bekommt man die Schwächen im System zu spüren: Lange Wartezeichen auf Arzt- und Operationstermine oder Magnetresonanzuntersuchungen, unnötige Mehrfachuntersuchungen, bei jeder Visite ein neues Arztgesicht, Vielbettzimmer, zu wenig Pflegepersonal usw.

Eine optimale Gesundheitsversorgung wollen die privaten Krankenversicherungen gewährleisten. Doch nehmen Sie auch Neukunden über 50 Jahren und vor allem zu welchem Preis? Und was wird eigentlich für die Prämie konkret geboten? Hier unterscheiden sich die marktführenden Krankenversicherungen in Österreich – Wiener Städtische, UNIQA, Merkur Versicherung, Generali und Allianz sehr deutlich. Doch eines haben sie gemeinsam: Die Versicherungsprämien steigen mit zunehmenden Alter beim Neuabschluss und hier ist mit 65 bis 70 Jahren ohnedies auch Schluss! Denn eines wissen auch die Versicherer: Je älter die Menschen werden, desto größer ist auch die Wahrscheinlichkeit einer Krankheit, die womöglich auch noch einen längeren Aufenthalt in einem Spital erfordert. Auch der Bedarf an Medikamenten steigt mit zunehmend Alter meistens an (siehe Kapitel abgesichert im Alltag). Eventuell verschlechtern sich die Dioptrien immer rascher, und eine neue Brille könnte hin und wieder fällig sein. Weil das auch die Krankenversicherer wissen, verrechnen sie bei Vertragsabschluss älteren Menschen eine höhere Prämie als jungen Menschen.

Wer versichert werden kann

Konkret können gesunde, in Österreich wohnende Personen versichert werden, die die geltende Altersgrenze nicht überschritten haben. Diese liegt zwischen 65 und 70 Jahren, je nach Assekuranz und Tarif. Denn mit dem Alter des Versicherten steigen natürlich auch die Prämien und die wären bei Neuabschlüssen für ältere Personen nicht mehr leistbar. Mitversichert werden können Familienangehörige des Versicherten, die mit dem Versicherungsnehmer im gemeinsamen Haushalt leben. Dazu gehören nebst dem Ehepartner oder Lebensgefährten auch Kinder.

Wegweiser durch den Tarifdschungel

Leistungen und Kosten von privaten Krankenversicherungen hängen vor allem davon ab, ob man einen stationären oder ambulanten Tarif wählt. Möchte man dann noch Zusatzbausteine wie den Zahntarif oder alternative Heilbehelfe, kostet dies freilich eine Extraprämie.

Stationäre Tarife

Grundbaustein des stationären Tarifs ist der Sonderklassetarif. Hinzu können noch Spitaltaggeld und Krankengeld gewählt werden.

Die Sonderklasse

Der Sonderklassetarif bietet Folgendes: Sollte die Krankheit einen Aufenthalt im Spital von mindestens 24 Stunden erfordern, weil er medizinisch notwendig ist und ärztlich verordnet wurde, ist er von der privaten Krankenversicherung gedeckt. Für viele Patienten ist dabei sowohl die freie Spitals- und Ärztewahl ein wichtiger Aspekt. Das könnte zum Beispiel bei einer schwangeren Frau, die von ihrem langjährigen Frauenarzt bei der Entbindung im Spital betreut werden möchte, oder bei einem Sportler, der auf einen speziellen Orthopäden für eine komplexe Operation zugreifen möchte, der Fall sein. All das ist im stationären Tarif inkludiert.

Gedeckt ist der Aufenthalt in der Sonderklasse beziehungsweise in einem Privatspital. Ersetzt werden dabei die Mehrkosten, einerlei, ob es sich um eine operative oder nichtoperative Behandlung handelt. Mit anderen Worten, es gibt volle Kostendeckungsgarantie.

Auch lockt die Sonderklasse mit flexiblen Besuchszeiten.

Am teuersten kommt freilich die Variante mit einem Einbettzimmer, weshalb man sich genau überlegen sollte, ob man im Fall eines Krankenhausaufenthaltes nicht den Zuschlag für ein Einzelbettzimmer selbst bezahlt und somit meist günstiger aussteigt, wenn man nicht allzu häufig ins Krankenhaus muss.

> *Ist man weniger als 24 Stunden im Krankenhaus, übernimmt die Zusatzversicherung häufig die Kosten nicht, also immer vorher abklären, ob man nicht doch übernachten sollte!* **ACHTUNG**

Prämien sparen kann man auch, wenn man nicht das volle Leistungspaket in Anspruch nimmt. Wenn man sich mit der Polizze nur gegen schwere Krankheiten absichern möchte, die in der sogenannten Ausschnittsdeckung erfasst sind.

Was eine „Sonderklasse bei besonders schweren Krankheiten" beispielsweise abdeckt, sind, schwere Krebserkrankungen, bei denen manche Behandlungen und bestimmte – sehr teure – Medikamente nicht immer von der gesetzlichen Kasse gedeckt sind. Auch Herzinfarkte, Bypass-Operationen oder Organtransplantationen sind in diesem Tarif inkludiert.

Die andere Variante ist die sogenannte Volldeckung, die es auch wieder in verschiedenen Varianten gibt: Bei der „Sonderklasse ohne Selbstbehalt" zahlt man für eine volle Leistung, sprich: für einen medizinisch notwendigen und ärztlich verordneten Spitalsaufenthalt, unabhängig von der Ursache. Wählt man diesen Baustein allerdings mit „Option", sind nur Krankenhausaufenthalte nach einem Unfall gedeckt. Allerdings wird bereits bei Vertragsunterzeichnung der Volltarif festgestellt, auf den zu einem späteren Zeitpunkt umgestellt wird.

Bei der „Sonderklasse mit Selbstbehalt" kann ein Selbstbehalt von 500 bis 1.500 Euro immerhin eine Prämienersparnis von 30 bis 50 Prozent bringen. Meist geht es darum, nur beim ersten Krankenhausaufenthalt im Jahr den jährlich neu festgesetzten Betrag zu zahlen, der aber beim zweiten Krankenhausbesuch im selben Jahr nicht mehr fällig wird.

Spitaltaggeld

Statt einem Sonderklassetarif kann man einen Spitaltaggeldtarif abschließen. Es wird also pro Tag im Spital eine gewisse Summe ausbezahlt

Das Spitaltaggeld deckt jedoch im Normalfall nicht die Kosten eines Privatspitals oder der Sonderklasse.

Die Variante Spitaltaggeld hatte sich vor allem früher ausgezahlt, als die Sonderklassetarife noch sehr teuer und für die meisten unerschwinglich waren. Dann konnte man mit dem Spitaltaggeld zumindest bequem den Selbstbehalt in der allgemeinen Gebührenklasse bezahlen und hatte wenigstens noch ein wenig „Taschengeld" übrig.

Doch weil inzwischen die Selbstbehalte der Sozialversicherungen stetig zugelegt haben und dadurch die Sonderklassen, die die Gebührenklasse mitfinanzierten, leistbarer geworden sind, stellt sich die Frage, ob sich der Abschluss einer Taggeldvariante noch auszahlt.

> Man kann die Erkenntnisse der Medizin auf eine knappe Formel bringen: Wasser, mäßig genossen ist unschädlich.
>
> **Mark Twain**

Krankengeld

Als weitere Variante bieten die meisten Versicherer auch ein Krankengeld an, das bei Arbeitsunfähigkeit ausbezahlt wird. Üblicherweise wird eine gewisse Karenzzeit gewählt, die man zuerst abwarten muss, bevor eine Leistung ausbezahlt wird. Je länger die Karenzzeit, desto günstiger sind die Prämien. Wobei die Prämien beim Krankengeld insgesamt höher (durchaus auch mehr als das Doppelte) im Vergleich zu den Prämien beim Spitaltaggeld sind. Denn meist ist ein Aufenthalt in einem Spital bei Krankheit wesentlich kürzer als jener zuhause. Entsprechend müssen die Versicherungen meist auch weniger lang Spitaltaggeld im Vergleich zu Krankengeld auszahlen.

Ambulante Tarife für Heilbehandlungen

Einer der Hauptgründe für den Abschluss eines ambulanten Tarifes ist inzwischen die Deckung von alternativen Heilbehandlungen. Immer mehr Menschen vertrauen den klassischen Behandlungsmethoden nie, dafür der Homöopathie, die von der gesetzlichen Krankenkasse aber nicht bezahlt wird. Weiters sind Physio- und Psychotherapien (wenn auch mit besonderen Begrenzungen) ebenso inkludiert wie die Deckung von Heilbehelfen (Prothesen, Krücken etc.) und Sehbehelfen. Gerade bei diesem Tarif ist außerdem die freie Arztwahl ein nicht unwesentlicher Aspekt, denn:

Rund die Hälfte aller Ärzte in Österreich hat keinen Vertrag mit den gesetzlichen Krankenkassen.

Angenehmer Nebeneffekt: Man bekommt meist rasch einen Termin, die Wartezeiten in den Ordinationen sind oft sehr kurz.

Grundsätzlich gilt bei fast allen Privatversicherungen: Wenn die gesetzliche Krankenkasse für eine Leistung etwas zahlt, ersetzt die private Krankenversicherung im Normalfall 100 Prozent der Kosten. Erbringt die gesetzliche Krankenkasse hingegen keine Leistung, werden in der Regel nur 80 Prozent der Kosten ersetzt. Das trifft insbesondere auf alternative Heilmethoden und homöopathische Medikamente zu.

Die Leistungen sind aber auf die jeweils gewählte Jahreshöchstsumme begrenzt. Brillen und Kontaktlinsen werden sowieso nicht mehr von der Krankenkasse bezahlt, außer man hat eine Dioptrienzahl von über sechs.

Man kann auch besonders günstige Tarife wählen, bei denen der Kostenersatz nur 50 Prozent beträgt. Und den 20-prozentigen Selbstbehalt beim Arztbesuch – den etwa Versicherte der Gewerblichen Sozialversicherung bezahlen müssen – ersetzt die private Krankenversicherung ebenfalls, so wie die Rezeptgebühr.

Zusatzpakete – Beispiel Zahntarif

Zahntarife gibt es nur als Zusatztarife (dafür ohne Gesundheitsprüfung), und zwar meistens in Verbindung mit einem Sonderklassetarif. Der Zahntarif ersetzt Kosten, die durch Zahnbehandlung bzw. Zahnersatz oder Zahnregulierungsmaßnahmen entstehen. Die Rückvergütung – diese liegt bei 50 bis 80 Prozent der Leistungen – ist allerdings auf den vereinbarten jährlichen Höchstsatz begrenzt. Dieser ist freilich bei günstigen Prämien, etwa von monatlich 20 bis 30 Euro sehr gering. Da wird sich in der Regel nicht viel mehr als die Mundhygiene und weiße Keramikfüllungen ausgehen und das sollte man sich dann zweimal überlegen. Wer den Zahntarif für Brücken oder Implantate abschließt, muss sich in der Regel auf Monatsprämien von rund 70 Euro einstellen, kann dann aber mit einigen Tausend Euro als Höchstgrenze rechnen.

Hilfe im Ernstfall

Weil mit einem Krankenhausaufenthalt meist auch sehr viel Stress verbunden ist, sollte man am besten immer die „Notfallkarte" der privaten Versicherungsgesellschaft bei sich haben und im Krankenhaus einfach herzeigen. Darauf sind Polizzennummer und Versicherer festgehalten. Und diese Daten benötigt das Krankenhaus, um Kosten und Honorare direkt mit dem privaten Versicherer abzurechnen.

Bei einem Einzelbettzimmer sollte man sich vor Abschluss der Versicherung genau erkundigen, ob tatsächlich volle Deckung bei den jeweiligen Tarifen gegeben ist.

TIPP

Handelt es sich nicht um ein Vertragsspital, werden dem Versicherungsnehmer nur die tariflichen Einzelleistungen bezahlt. Eine Liste mit beinahe allen österreichischen Spitälern bekommen Sie von Ihrer Versicherung ausgehändigt.

Versicherungsdauer und Vertragsende

Eine private Krankenversicherung wird von Anbieterseite grundsätzlich auf unbestimmte Laufzeit abgeschlossen und kann üblicherweise nach einer ausgemachten Frist nur seitens des Versicherungsnehmers gekündigt werden. Trotzdem sollte man auf einige Punkte in Bezug auf Laufzeit und Gültigkeit achten:

- Beginn des Versicherungsschutzes: Er beginnt mit der Übermittlung der Versicherungspolizze, jedoch nicht vor dem in der Polizze angeführten Zeitpunkt (zum Beispiel sechs Monate nach der Polizzenzustellung)

Auf Sonderklasse im Spital – Je älter
bei bestehender Pflichtversicherung bei der Gebietskrankenkasse, Österreich-

WAS SIE LEISTEN:	Allianz (NX3400)	Generali (SH)
Mehrbett-/Zweibettzimmer	Zweibettzimmer	Zweibettzimmer
Einbettzimmer (ohne zusätzl. Tarif)	in allen Bundesländern außer in Wien inkl.	in allen Bundesländern außer in Wien mit Selbstbehalt
Weltdeckung – öffentliche Spitäler	für Reisen mit Zusatztarif einschließbar inkl. Nottransport	bei Unfall od. akuter Erkrankung, sofern Rückkehr nach Österreich aus medizin. Gründen nicht möglich
Weltdeckung für geplante stationäre Behandlungen, die in Österreich nicht möglich sind	mit Zusatztarif einschließbar inkl. Reisekosten	inkludiert
Leistungen für ambulante Operationen	inkludiert	nicht inkludiert
Ersatztagegeld, wenn Sonderklasse nicht in Anspruch genommen wird	123,75	153,-
Kur- bzw. Erholungskostenzuschuss je Tag	26,50	nicht inkludiert
Prämienrückgewähr bei Leistungsfreiheit	Gewinnbeteiligung bei Leistungsfreiheit in den letzten Jahren 1 Monatsprämie	nicht inkludiert (wählbar: 15% der Jahresprämie bei Tarif SHR)
Krankentransport bis zu	493,68	407,-
Zusatzleistungen	Rehabilisationszuschuss (€ 26,50 pro Tag); Verkürzung der Wartezeit für Schwangerschaft und Entbindung auf 7 Monate, wenn der Partner mitversichert wird	ärztliche Zweitmeinung bei empfohlenen Operationen (bis zu EUR 100,-), Begleitung des Gesundheitsmanagers
Was sie kosten (Monatsprämien inkl. VersSt):		
Alter 30	110,89	100,35
Alter 40	151,31	128,40
Alter 50	214,27	181,93

Anmerkungen: Europadeckung in öffentlichen Spitälern ist in allen Tarifen inkludiert. Mindestvertragsdauer drei Jahre (Ausnahme Merkur: zwe
Quelle: GEWINN-Eigenrecherche. Angaben vom Juni 2014

○ Bezahlung der ersten Prämie.
○ Ablauf der Wartezeiten (Schwangerschaft, besondere Behandlungen …).
○ Die Mindestdauer der Verträge beträgt meist drei Jahre.

Von der unbestimmten Laufzeit sind kurzfristige Verträge ausgenommen, die auf weniger als ein Jahr abgeschlossen werden, sowie Krankengeldversicherungen. Zudem kann der Versicherer nach Ablauf der Mindestbindefristen von zwei vollen Kalenderjahren nicht mehr kündigen.

beim Abschluss, desto teurer der Tarif!
Tarif ohne Selbstbehalt, einwandfreier Gesundheitszustand vorausgesetzt

Merkur (MYZG9E14)	UNIQA (QGY 9/2014)	Wr. Städtische (MEDplus)
Zweibettzimmer in allen Bundesländern außer in Wien inkl. Bei Unfall u. Akuterkrankungen zw. 15.000,- u. 150.000,- max.	Zweibettzimmer in allen Bundesländern außer in Wien inkl. nur tarifliche Leistungen	Zweibettzimmer nicht inkludiert nur tarifliche Leistungen oder optional mit Zusatztarif einschließbar
inkludiert	inkludiert	mit Zusatztarif
inkludiert	ja, ab Operationsgruppe III	inkludiert
105,-, für Kinder 50% des Tagessatzes	177,40	162,-, für Kinder 81,-
20,-	nicht inkludiert	nicht inkludiert (optional einschließbar)
nur in Kombination mit ambulantem Tarif	inkludiert, Höhe gewinnabhängig, sofern die vers. Person zwei Jahre leistungsfrei ist	nur mit Zusatztarif (8% Prämienzuschlag)
150,- Tagsatz 20,- für Rehab-Leistungen nach best. stationären Aufenthalten, kleines Auslandsreisepaket, Gesundheitswoche	456,90 ärztl. Zweitmeinung bei empfohlenen Operationen; bei Krebserkrankungen einmalige Pauschale von 1.655,50; 177,40 je Tag für stationären Aufenthalt im Hospiz/Palliativstation	405,- ärztl. Zweitmeinung bei empf. Operationen bis zu 150,-, Prämienfreistellung für bis zu 6 Mon. bei finanziellem Engpass, Unfalldeckung bleibt erhalten
117,67	106,60	105,54
148,39	141,57	136,67
207,99	205,59	186,49

ahre). Die Prämien werden in der Krankenversicherung jährlich an die gestiegenen Kosten im Medizin- bzw. Spitalswesen angepasst.

Versicherungsnehmer können wiederum nach Ablauf der Mindestbindefrist jährlich kündigen (sprich: ein Ausstieg ist damit erstmals nach drei Jahren möglich).

Nur wenn bei Vertragsabschluss wissentlich falsche Angaben gemacht, die Prämien nicht gezahlt oder eine im Versicherungsvertrag vereinbarte Obliegenheit schuldhaft verletzt werden, kann auch der Versicherer den Vertrag kündigen.

Auch bei Krankengeldversicherungen kann eine Kündigung seitens des Anbieters erfolgen.

> **ACHTUNG** *Wer mit seiner Privaten Krankenversicherung nicht zufrieden ist, sollte sich den Umstieg auf einen anderen Anbieter gründlich überlegen: Ein Neueinstieg bei einem anderen Anbieter ist aufgrund des höheren Alters (damit verteuert sich auch die Versicherung in der Regel) und der neuerlichen Gesundheitsprüfung oft nicht sinnvoll.*

Sinn macht es am ehesten bei unverändert gutem Gesundheitszustand von einem sehr beschränkten Tarif in einen Volltarif zu wechseln, solange dies noch möglich ist, da etwa eine Ausschnittsdeckung „Sonderklasse nach Unfall" nur bis zu einem Alter von ca. 40 Jahren zum Volltarif wechseln darf.

Die Kosten der Krankenversicherung

Die private Krankenversicherungsprämie, die entweder monatlich oder jährlich bezahlt werden kann, richtet sich somit wesentlich nach der Tarifwahl (ob stationärer oder ambulanter Tarif, ob Voll- oder Ausschnittsdeckung), aber natürlich auch nach dem Alter, dem örtlichen Geltungsbereich und vor allem auch nach dem Gesundheitszustand. Wie die Prämien im häufig gewählten Sonderklassetarif aussehen zeigt die Tabelle auf der vorhergehenden Seite.

Wer Vorerkrankungen hat, muss mit einem Prämienzuschlag oder mit einem Ausschluss für bestimmte Vorerkrankungen rechnen. Für Versicherungsnehmer aus den Bundesländern kann sich auch ein Regionaltarif rechnen.

Nirgendwo anders ist ein Spitalaufenthalt so teuer wie in Wien. Am günstigsten sind die Tarife in der Steiermark und in Niederösterreich. Wenn man sich ohnedies nicht in einem anderen Bundesland behandeln lassen möchte, sollte man einen – günstigeren – Bundeslandtarif wählen, außer eben Wien, da hier der Bundeslandtarif kaum günstiger als ein österreichweiter Tarif ist.

(Gruppen-)Rabatte

Wer den Aufenthalt in der Sonderklasse mit ambulanten Tarifen kombiniert kann mit einem Rabatt rechnen. Auch für Gruppen und Familien gibt es Ermäßigungen. Die Gruppenversicherungen – etwa für Betriebe – bieten im Großem und Ganzen die gleichen Leistungen wie die Einzelversicherung. Vertragspartner für das Versicherungsunternehmen ist die Geschäftsführung oder der Betriebsrat. Je nach Größe können Gruppen bis zu 20 Prozent Rabatt gewährt werden.

Angehörige wie Ehegatten oder Lebenspartner im gleichen Haushalt kommen wiederum in den Genuss des Familienrabattes, der zwischen fünf und zehn Prozent liegt.

Prämienrückzahlung möglich

Hat man in einem Jahr keine Leistung beansprucht, kann man bei der privaten Krankenversicherung mit einer Prämienrückgewähr rechnen. Diese Rückzahlung wird jeweils im Folgejahr gutgeschrieben, entsprechend reduziert sich die Prämie.

> **"**
> Wer nicht jeden Tag etwas Zeit für die Gesundheit aufbringt, muss eines Tages sehr viel Zeit für die Krankheit opfern.
> **"**
> — Sebastian Kneipp

Die Art und Höhe der Rückzahlung variiert allerdings je nach Versicherer. Entweder, sie gilt nur dann, wenn im Versicherungspaket zumindest der Ambulanztarif enthalten ist oder die Höhe der Rückzahlung hängt vom Geschäftsergebnis ab und ist damit erfolgsabhängig.

Sollten plötzlich Umstände auftreten, aufgrund derer man die Prämien nicht mehr bezahlen kann (etwa Arbeitslosigkeit), dann sollte man mit seiner Versicherung über eine Prämienfreistellung reden! In der Regel haben die Versicherungen Angebote für Freistellungen oder Herabsetzungen der Prämie auf einen kleinen Prozentsatz der vollen Monatsbeiträge. Auf keinen Fall sollte man die Zahlungen ignorieren (dann entfällt der Versicherungsschutz).

So funktioniert die Kostenrückerstattung

Von den Originalbelegen sollte man sich zuerst einmal eine Kopie machen. Dann werden die Originalbelege für den tarifmäßigen Kostenersatz bei der gesetzlichen Krankenkasse eingereicht. Hat man dann die Abrechnung erhalten, reicht man diese samt der Kopien bei der privaten Krankenversicherung ein. Die Kosten des Krankenhauses verrechnet dieses üblicherweise direkt mit der Zusatzversicherung und schickt nur eine Abrechnung zur Kontrolle.

Was die private Kranken- und Unfallversicherung nicht deckt

Sie zahlen Jahr für Jahr satte Kranken- oder Unfallversicherungsprämien, sind seither nie krank gewesen und nun will die Assekuranz die Krankenbehandlung finanziell nicht unterstützen? Das hat oft seine guten Gründe, die man im Vertrag kleingedruckt findet.

„Versicherungslücken" in der privaten Krankenversicherung

Ein Leistungsausschluss trotz stolzer Krankenversicherungsprämien kann Ihnen durchaus blühen:

- Wenn bei der Antragstellung die Fragen nach früheren Krankheiten unvollständig oder unrichtig beantwortet wurden, wird der Vertrag ungültig.
- Wenn trotz Mahnungen keine Prämien einbezahlt wurden, verweigert die Versicherung eine Leistung.
- Bei kosmetischen Behandlungen, sofern sie nicht medizinisch notwendig sind und ärztlich verordnet wurden.
- Sowohl bei Entwöhnungskuren als auch bei Pflegefällen gibt es ebenfalls keine Deckung.
- Bei vorsätzlich herbeigeführte Krankheitsfällen oder Unfällen (auch bei Behandlungen aufgrund von Alkoholmissbrauch) zahlen die Versicherungen nichts.
- Sollte eine Heilbehandlung bereits vor Vertragsabschluss begonnen haben, zahlt die Versicherung ebenfalls nichts.
- Wenn bei Vertragsabschluss eine Vorerkrankung oder Operation verschwiegen wurde, die später eine Heilbehandlung erforderlich macht. Das nennt man auch Obliegenheitsverletzung und kann eine Leistungsfreiheit trotz jahrelanger Prämienzahlungen bedeuten.

Die Tücken der Unfallversicherung: Unfall oder Abnützung?

Auch bei der Unfallversicherung darf man sich nicht erwarten, dass im Falle eines Falles die Versicherung wirklich alles zahlt. Ein strittiges Erlebnis schilderte eine GEWINN-Leserin: Ein Joggingausflug bergab über einen Hügel endete für sie mit einem Sturz und einem doppelten Meniskusriss. Ihr blieb eine dauerhafte Beeinträchtigung beim Gehen und Laufen. Dazu hat man üblicherweise seine Unfallversicherung. Die Leserin hatte auch schon viele Jahre in sie eingezahlt und wähnte sich gut versichert. Der Unfallversicherer lehnte aber ab – der Meniskusriss sei das Ergebnis einer normalen Abnützung gewesen. Der Streitfall – wie einige im Grenzbereich zwischen Unfall- und Krankenversicherung – wurde zu Redaktionsschluss vor Gericht ausgetragen. Zu klären ist, ob die Verletzung auf ein einmaliges Ereignis zurückzuführen ist oder auf eine Abnützung. Denn Unfallversicherungen leisten nur in ersterem Fall; ist das Ereignis hingegen auf eine Vorerkrankung oder Abnützung zurückzuführen, sind sie von ihrer Leistung befreit.

TIPP: *Es lohnt sich auch vor Abschluss einer Unfallversicherung die kleingedruckten Versicherungsbedingungen zu studieren, wo die Leistungsausschlüsse definiert werden.*

Abgesichert als Pflegefall

Über 1,67 Milliarden geben Länder und Gemeinden für Pflege aus, bis zum Jahr 2020 könnten es laut Wirtschaftsforschungsinstitut Wifo schon 40 Prozent mehr sein. Dass der Ball der hohen Pflegekosten noch flach gehalten wird, ist vor allem den vielen Angehörigen und freiwilligen Helfern zu verdanken. Faktum ist, dass bereits mehr als 450.000 Menschen in Österreich ein Pflegegeld beziehen und die Zahl wird schon aufgrund der steigenden Lebenserwartungen stark steigen.

Das Pflegegeld – die staatliche Basisversorgung

Am 1. Juli 1993 trat in Österreich das Bundespflegegesetz (BPGG) in Kraft. Seither gibt es einheitliches Pflegegeld. Ziel ist es dabei, pflegebedürftigen Menschen die erforderliche Betreuung und Hilfe (Pflege) zu ermöglichen und ihre Möglichkeiten zu verbessern, ein selbstbestimmtes Leben zu führen.

> Anspruch auf Pflegegeld gibt es, wenn:
> o aufgrund einer körperlichen, geistigen beziehungsweise psychischen Behinderung oder einer Sinnesbehinderung ständige Betreuung und Hilfe von mehr als 60 Stunden monatlich benötigt werden,
> o der Zustand zumindest sechs Monate anhält,
> o der gewöhnliche Aufenthalt in Österreich ist.

Das Ausmaß des Pflegegeldes richtet sich nach dem Pflegebedarf. Das Pflegegeld ist eine einkommensunabhängige Leistung, die zwölfmal jährlich gebührt und monatlich ausbezahlt wird. Die Höhe ist – abhängig vom jeweils erforderlichen Pflegeaufwand – in sieben Stufen unterteilt.

Natürlich kann der jeweilige (Haus-)Arzt nicht willkürlich nach Sympathie den Pflegebedürftigen einstufen. Dafür gibt es diagnosebezogene Mindesteinstufungen, die unabhängig vom tatsächlichen Pflegeaufwand vorgeschrieben sind (siehe Kasten unten).

Höhe des Pflegegeldes		
Stufe 1	(Pflegeaufwand über 60 Stunden)	€ 154,20
Stufe 2	(Pflegeaufwand über 85 Stunden)	€ 284,30
Stufe 3	(Pflegeaufwand über 120 Stunden)	€ 442,90
Stufe 4	(Pflegeaufwand über 160 Stunden)	€ 664,30
Stufe 5	(über 180 Stunden + dauernde Bereitschaft)	€ 902,30
Stufe 6	(über 180 Stunden + unkoordinierte Betreuung)	€ 1.260,00
Stufe 7	(über 180 Stunden + Bewegungsunfähigkeit)	€ 1.655,80

> **Pflegegeld – was Ihnen je nach Krankheitsbild mindestens zusteht**
>
> O **Stufe 3** für hochgradig Sehbehinderte und Rollstuhlfahrer.
> O **Stufe 4** für Blinde sowie Rollstuhlfahrer, wenn zusätzlich eine Stuhl- oder Harninkontinenz beziehungsweise eine Blasen- oder Mastdarmlähmung vorliegt.
> O **Stufe 5** für Taubblinde beziehungsweise Rollstuhlfahrer mit deutlichem Ausfall von Funktionen der oberen Extremität(en) = wenn zum Transfer in und aus dem (technisch adaptierten) Rollstuhl aufgrund der Behinderung im Bereich der oberen Extremität(en) die Hilfe einer anderen Person notwendig ist.

Bei den höheren Pflegestufen nimmt es der Staat ganz genau: Seit 2012 werden bei Anträgen auf Erhöhung des Pflegegeldes ab der Pflegestufe 4 bei mehr als 180 Stunden festgestelltem monatlichen Pflegebedarf gar diplomierte Pflegefachkräfte mit der Begutachtung befasst. Die Begutachtung für die Grundeinstufung betreffend die Zuerkennung des Pflegegeldes erfolgt weiterhin durch Ärzte.

Private Pflegeversicherung – Kosten und Nutzen

Nur wenige Österreicher haben bislang einen entsprechenden Vertrag abgeschlossen. Dies trotz Kosten für Intensivpflege zu Hause oder im Seniorenheim, die selbst Gutverdiener überfordern können. Je nach Berechnungsszenario erwarten Experten des Wirtschaftforschungsinstituts (Wifo) zwischen 2010 bis 2030 einen Anstieg der Zahl der Pflegegeldbezieher zwischen 20 und 40 Prozent. Das bedeutet eine Kostensteigerung für das österreichische Pflegesystem von 66 bis 207 Prozent.

Ohne private Vorsorge entsteht eine Lücke zwischen den tatsächlichen Pflegekosten und der staatlichen Kostenübernahme, die ein weit größeres finanzielles Problem als die gefürchtete Pensionslücke (Differenz zwischen Aktivbezug und Pension)

> **Wer zuständig für die Einstufung und Auszahlung des Pflegegeldes ist**
>
> O Seit dem 1. 7. 2011 übernimmt die Pensionsversicherungsanstalt die Entscheidung und Auszahlung von jenen Pflegegeldern, für die bis dahin die Allgemeine Unfallversicherungsanstalt zuständig war.
> O Für Pensionisten ist der jeweilige Pensionsversicherungsträger zuständig.
> O Für Beamte sind die Versicherungsanstalt öffentlich Bediensteter oder sonstige Organe des Bundes zuständig.
> O Das ehemalige Bundessozialamt hat seine Kompetenzen ab 2014 an die Pensionsversicherungsanstalt abgegeben.

darstellt. Die speziellen Vorsorgeprodukte unterscheiden sich aber sehr stark in ihrer Ausstattung und sind schwer vergleichbar. Da muss man sich durchkämpfen und anhand der einzelnen Ausstattungsmerkmale jenes Produkt wählen, das am ehesten auf die eigenen Wünsche zutrifft. Soll der Schutz auch vorübergehend gelten oder nur bei Langzeitpflege? Möchte man Pflegegeld erst ab einer sehr hohen Pflegestufe beziehen und dafür eine geringere Prämie bezahlen? Und, und, und ...

Was Pflegeversicherungen können und kosten - drei Fallbeispiele

Wiener Städtische MEDplus Pflege

Tarif	25% Basic	25% Classic	25% Premium
Prämien nach Alter (in €/Monat)			
Abschlussalter Unisex	Unisex	Unisex	
35	6,51	8,68	12,38
40	8,40	11,30	16,31
45	10,74	14,57	21,26
50	13,68	18,70	27,51
55	17,46	24,02	35,54
60	22,50	31,10	46,16
Leistungen nach Pflegestufe (in €/Monat)			
Pflegestufe			
1	-	-	38,55
2	-	-	71,08
3	-	110,73	110,73
4	166,08	166,08	166,08
5	225,58	225,58	225,58
6	315,-	315,-	315,-
7	413,95	413,95	413,95

Generali BestCare: Pflege

Tarif	3PH 20	1PH 20
Prämien nach Alter (in €/Monat)		
Abschlussalter	Unisex	Unisex
35	11,14	15,39
40	14,93	20,91
45	19,63	27,88
50	25,52	36,76
55	33,01	48,26
60	42,64	63,41
Leistungen nach Pflegestufe		
Pflegestufe		
1	0,-	60,-
2	0,-	120,-
3	200,-	200,-
4	300,-	300,-
5	400,-	400,-
6	600,-	600,-
7	800,-	800,-

UNIQA Pflege & Vordenken

Versicherte Pflegerente: EUR 1.000,-		
Prämien nach Alter (in €/Monat)		
Abschlussalter	Unisex	Lineare Steigerung bis auf maximal
35	33,13	65,18 max. Prämie (steigert sich jährlich um 1,07 Euro bis zum 65. Lebensjahr)
40	38,08	75,07 maximale Prämie (steigert sich p. a. um 1,48 Euro bis zum 65. Lebensjahr)
45	72,61	ab 41 Jahren wird ein Tarif mit gleichbleibender Prämie angeboten
50	87,34	
55	107,01	
60	133,93	
Auszahlungsprofil		in Prozent der versicherten Pflegerente
Leistungsstufe 1 (wenn 3 Tätigkeiten nicht mehr ausgeführt werden können)		40%
Leistungsstufe 2 (wenn 4-5 Tätigkeiten nicht mehr ausgeführt werden können)		70%
Leistungsstufe 3 (wenn 6 Tätigkeiten nicht mehr ausgeführt werden können)		150%

Bei der Wiener Städtischen und Generali wird gemäß der gesetzlichen Pflegestufen gerechnet. Die UNIQA wendet die ADL-Stufen an, um Auszahlungen festzulegen.

Eigenes Produkt oder Zusatzbaustein?

Ganz allgemein kann man die Pflegeversicherung inzwischen bei allen Anbietern als Einzelprodukt abschließen. Doch viele Versicherer bieten es auch als Zusatzbaustein zu einer weiteren Versicherung an, entweder zur privaten Pensions-, Kranken- oder Unfallversicherung.

Grundsätzlich gibt es keine Leistungseinschränkungen, wenn man die Pflegeversicherung als Zusatzprodukt abschließt. Sinnvoll ist es hier nach Kombirabatten nachzufragen – also Pflege- und Pensionsversicherung!

Berechnungsmethoden für die private Pflegegeldhöhe

Generell gibt es bei den privaten Produkten zwei verschiedene Berechnungsmethoden für das Pflegegeld:

Berechnung nach Pflegestufen

Die Mehrheit der Anbieter orientiert sich bei der Auszahlung an die bundesgesetzlichen Pflegestufen.

Schwer vergleichbare Pflegeversicherungen:

Anbieter:	Allianz	Ergo Direkt	Generali
Produktname	Allianz Pflegegeld	Pflegegeld-Vorsorge-Plan	BestCare: Pflege
Abschlussalter	20-70	35-70	0-70
Einstufung nach staatl. Pflegestufen/Activities of Daily Life (ADL)	staatliche Pflegestufen	staatliche Pflegestufen	staatliche Pflegestufen
Mindestvoraussetzungen für eine Auszahlung?	Pflegestufe 3 und 4: 70% Leistung Pflegestufe 5, 6 und 7: 100% Leistung	Pflegestufe 5 für lebenslange Pflegerente, für Pflegestufe 2-4 einmalige Auszahlung	2 Varianten: Leistung entw. ab Pflegestufe 1 oder ab Pflegestufe 3
Leistung bei vorübergehender Pflegebedürftigkeit?	in Form von Assistance-leistungen zusätzlich abschließbar	nein	Kostenersatz pro Tag des Pflegebedarfes (Höhe je nach gewählter Höhe des Produktes)
voraussichtliche ununterbrochene Mindestdauer der Pflegebedürftigkeit, um Leistung zu erhalten?	6 Monate	lebenslänglich	6 Monate
Leistung während Spitalsaufenthalt?	ja	ja	ja
Wartezeit?	keine	nach Unfall keine, ansonsten ein Jahr	keine

*Zusätzlich zum monatlichen Pflegegeld wird bei Eintritt der Pflegebedürftigkeit (frühestens ab Stufe 3) die Sofortschutz-Einmalzahlung

Dabei wird aber nicht unbedingt schon ab Pflegestufe 1 – wie es die staatliche Leistung deckt – ausbezahlt. Je nach Assekuranz wird die private Pflegeversicherung erst ab der 3. Stufe oder sogar darüber ausbezahlt!

Das spart dem Versicherer viel Geld: Denn derzeit werden mehr als die Hälfte aller Pflegegeldbezieher entweder in die Pflegegeldstufe eins oder zwei eingestuft – sie würden trotz Pflegeversicherung leer ausgehen. Kaum jemand fällt noch in die Stufe 5 oder darüber. Dafür sind die Prämien entsprechend leistbar (siehe zuvor der tabellarische Vergleich der privaten Pflegeversicherungen).

Activities of Daily Life

Die andere Leistungsvariante – sie wird beispielsweise von der UNIQA angeboten – richtet sich nach den von den Versicherern aufgestellten eigenen Pflegestufen. Sie verstecken sich hinter dem englischen Überbegriff „Activities of Daily Life" (ADL). Auch hier geht es im Wesentlichen darum, was der Versicherte noch selbständig erledigen kann. Entsprechend werden Punkte vergeben, je nachdem wie eingeschränkt der Versicherte bei der Erledigung dieser täglichen Aktivitäten ist. Dabei gibt es

Große Unterschiede bei den Leistungen

Merkur	UNIQA	Wiener Städtische
MERKUR Privatklasse Pflege	Pflege und Vordenken	Extra-Pflegegeld
0–65	15–70 Jahre	0–70
staatliche Pflegestufen	ADL	staatliche Pflegestufen
4 Varianten: Leistung entw. ab Pflegestufe 1, ab Pflegestufe 3, ab Pflegestufe 5 oder ab Pflegestufe 7*	Leistungsstufe 1–40 Prozent Leistungsstufe 2–70 Prozent Leistungsstufe 3–150 Prozent ständige Betreuung (Demenz): 150 Prozent der vereinb. Rente	3 Varianten: Leistung ab Pflegestufe 1, ab Pflegestufe 3 oder ab Pflegestufe 4
solange Anspruch auf staatliches Pflegegeld besteht	eine Reduktion der Pflegebedürftigkeit führt zu einer Reduktion der Rente oder Wegfall. Dann besteht wieder Prämienpflicht und der Vertrag läuft weiter	ja
6 Monate	6 Monate	6 Monate
ja	ja	ja
keine	keine	keine

fällig – max. 45.000,–   Quelle: Eigenrecherche Angaben vom Juni 2014

> **„ADL´s" – Kriterien für die „Pflegestufen" der Versicherer**
>
> ○ Fortbewegen im Zimmer
> ○ Aufstehen und Zubettgehen
> ○ An- und Auskleiden
> ○ Einnehmen von Mahlzeiten und Getränken
> ○ Waschen
> ○ das Verrichten der Notdurft

sechs definierte Tätigkeiten (siehe Kasten), mit denen sie die Pflegebedürftigkeit des Versicherten definieren.

Bei der ersten Bewertungsmethode steht also im Vordergrund, wie viele Stunden an Pflegebedarf man hat, und die Beurteilung richtet sich nach einem öffentlichen Gutachter (richtet sich nach der Einstufung beim staatlichen Pflegegeld).

Bei der zweiten Einstufung nach den „ADL"-Kriterien geht es letztendlich darum, welche Tätigkeiten des täglichen Lebens der Patient noch alleine bewältigen kann. Hier kommen private Gutachter ins Spiel.

Weitere Leistungen der privaten Pflegepolizzen

Zusätzlich zum Pflegegeld bieten viele Versicherer weitere Leistungen an. Die Häufigste ist dabei eine persönliche Beratung im Pflegefall, entweder telefonisch oder Vorort.

Oder es wird beispielsweise die Organisation der Pflegeleistung übernommen. Da die Angebote immer wieder überarbeitet beziehungsweise laufend erweitert werden, sollte man sich am besten umfassend beraten lassen, was genau abseits der Zahlungen inkludiert ist.

Mehr Prämie, mehr Leistung

Sie wünschen, Sie bezahlen: Die Höhe der Pflegegeldprämien richtet sich nach der gewünschten Leistung. Wer ein günstiges Paket wählt, bezahlt zwar eine geringere Prämie, bekommt dafür das Pflegegeld meist aber auch erst ab Stufe 4. Die teuren Pakete bezahlen hingegen schon ab einer Pflegestufe 1. Das macht insofern einen großen Unterschied, da die wenigsten Pflegegeldbezieher in die Stufe 4 und aufwärts fallen.

Während der Dauer des Bezugs von Pflegegeld wird in der Regel die Prämienzahlung ausgesetzt. Und für Partner gibt es meist einen Rabatt.

Das Alter spielt gerade beim Pflegegeld bei der Prämienhöhe eine große Rolle. Je jünger das Abschlussalter, desto günstiger kommen einem die monatlichen Zahlungen.

Was die private Pflegeversicherung nicht deckt

In diesem Punkt unterscheiden sich die auf dem Markt befindlichen Pflegpolizzen stark voneinander. Allgemein gilt aber: Ist man bereits ein Pflegefall beziehungsweise bezieht man bereits ein staatliches Pflegegeld, wird im Regelfall keine private Pflegeversicherung mehr einen neuen Vertrag abschließen – man wäre ja auch ein „schlechtes Geschäft".

Grundsätzlich erbringen die Assekuranzen auch keine Leistung, wenn der Pflegefall aufgrund von:
- Drogen- und Alkoholmissbrauch,
- versuchtem Selbstmord oder
- aktiver Beteiligung an Unruhen entstanden ist oder
- vorsätzlich herbeigeführt wurde.

Auch wer eine Freiheitsstrafe verbüßt, bekommt während dieser Zeit kein Pflegegeld.

FürExtremsportler und Menschen mit Hochrisikoberufen können Assekuranz einen Antrag auf Pflegegeldbezug unter Umständen ablehnen. Unfälle oder Krankheiten (zum Beispiel Krebs oder Asthma), die vor Versicherungsbeginn entstanden sind, aber erst nach Versicherungsbeginn zur Pflegebedürftigkeit führen, sind oft vom Versicherungsschutz ausgeschlossen. Allerdings wird in der Regel jeweils einzeln entschieden.

Keinesfalls sollte man Krankheiten verschweigen. Denn auch beim Abschluss einer Pflegeversicherung ist ein Gesundheitscheck fällig, den man wahrheitsgemäß ausfüllen muss.

Kommt die Versicherung später einmal drauf, dass eine wichtige Krankheit verschwiegen wurde, gilt das als Verletzung der Anzeigepflicht. Und dann muss auch keine Leistung erbracht werden.

TIPP

Die bürokratischen Wege im Ernstfall

Tritt tatsächlich der Pflegefall ein, wird in der Regel zuerst ein Antrag bei der gesetzlichen Sozialversicherung gestellt, wo gemäß einem Gutachten eine bestimmte Pflegestufe festgestellt wird. Dieser gesetzliche Bescheid von der Pensionsversicherungsanstalt sollte dann im Original bei der privaten Versicherung eingereicht werden. Denn die gesetzlichen Pflegestufen sind ja meist die Berechnungsgrundlage für die Leistungen privater Pflegeversicherungen.

Der Nachweis sollte also zumindest folgende Eckdaten enthalten: Vor- und Zuname der pflegebedürftigen Person und Umfang des Pflegebedarfs (Pflegestufe). Eine weitere Untersuchung gibt es meist nicht.

Beim ADL-Prinzip verwendet zum Beispiel die UNIQA im Regelfall bereits existierende ärztliche Unterlagen für die Einstufung. Falls diese nicht ausreichen, wird ein Arzt herangezogen, der die noch notwendigen Unterlagen erstellt. Auch die Oberösterreichische Versicherung verlangt eine Darstellung der Ursache für den Eintritt der Pflegebedürftigkeit oder Demenzerkrankung, ärztliche Befunde und eine ärztliche Bescheinigung über Art, Umfang und voraussichtliche Dauer der Pflege. Falls notwendig, können weitere Untersuchungen angeordnet werden.

Der gesetzliche Bescheid von der Pensionsversicherung ist keine Grundlage für die Entscheidung, kann aber verlangt werden, um sich ein weiteres Bild über die Pflegebedürftigkeit zu machen. Für alle gilt: Sobald Pflegebedürftigkeit anerkannt ist, wird das Pflegegeld monatlich auf das Konto überwiesen.

Pflegedarlehen auf die Schnelle

Wenn man erst einmal Pflegefall ist, wird einen keine private Lebens- oder Pflegeversicherung mehr nehmen. Alles ging so schnell und Sie haben vielleicht die Ausgaben für Pflegeeinrichtungen, medizinische Behelfe, medizinische Behandlung, Kosten für Heim- oder Pflegeplätze, den etwaigen Verdienstentgang des nahen Angehörigen, der Sie pflegt etc. nicht frei zur Verfügung.

Auf die Schnelle hilft das Pflegedarlehen, das die österreichischen Bausparkassen anbieten. Ein repräsentatives Finanzierungsbeispiel für ein s Bauspardarlehen mit grundbücherlicher Besicherung und zehn Jahren Fixzinssatz hat die s Bausparkasse parat. Ohne Grundbucheintrag gibt es bis zu 25.000 Euro pro Person, mit Eintrag ins Grundbuch 180.000 Euro pro Person, 360.000 Euro pro Ehepaar oder

50.000 Euro Pflegedarlehen – so viel kann es kosten

Darlehenssumme (DS)	50.000 Euro
Laufzeit	20 Jahre
Dauer der Fixzinsphase	10 Jahre
Zinssatz der Darlehenssumme in der Fixzinsphase	2,95%
Annahme Zinssatz in der variablen Zinsphase	2,5% p. a.
monatliche Rate	282 Euro
effektiver Jahreszinssatz	3,3%
zu zahlender Gesamtbetrag	67.981,02 Euro
Bearbeitungsgebühr	1.375 Euro*
Gerichtsgebühr für Pfandrechtseintragung	740 Euro
Kontoführungsgebühr	12 Euro p. a.*

Annahme: Bestehender Bausparvertrag mit Finanzierungsvorteilen und EUR 5.000,- Guthaben, aus einem Ich-Du-Er-Sie-Es-Ansparvertrag
*) In der Rate bereits enthalten und daher nicht separat zu bezahlen. Besteht kein Ich-Du-Er-Sie-Es-Ansparvertrag mit Finanzierungsvorteilen, kommen Eigenmittelbeschaffungskosten in Höhe von 0,5 Prozent der Darlehenssumme noch hinzu.

Lebensgemeinschaft. Wie beim Wohnbaudarlehen gibt es eine Zinssatzobergrenze von sechs Prozent p. a. Auf Wunsch kann Ihr Darlehen von sieben bis 120 Monate tilgungsfrei – maximal bis zur Hälfte der Gesamtlaufzeit – bleiben. Bis dahin zahlen Sie nur die Zinsen zurück. Ohne grundbücherliche Besicherung kann man eine Laufzeit von bis zu 10,5 Jahren wählen, sonst rein theoretisch bis zu 30 Jahren.

Pflege daheim

Das Geld ist das Eine. Doch was ist im Akutfall zu tun? Wer sind die ersten Anlaufstellen? Meist führen die Wege vom Spitals- ins Pflegebett und hier gibt es geschulte Sozialarbeiter, die vor Ort sind, Sie beraten und auch Pflegedienste oder einen Heimplatz vermitteln. In Wien ist die erste Anlaufstelle der Fonds Soziales Wien (Tel. 01 245 24, pflege.fsw.at). Österreichweit sind Hilfsorganisationen mit mobilen Pflegenotdiensten zur Stelle, die weiterhelfen, wenn man etwa aus dem Spital entlassen wird und kurzfristig eine 24-Stunden-Betreuung benötigt. Auf der Webseite der Johanniter (http://www.johanniter.at) finden Sie beispielsweise nach Eingabe des Standortes den Pflegenotdienst in Ihrer Nähe.

Doch was kommt dann? Wie organisiert man langfristig die Pflege? Am Angenehmsten ist es nun einmal zu Hause. Anderseits erfordert die Pflege zu Hause einen nicht zu unterschätzenden organisatorischen Aufwand und manchmal auch eine nicht zur unterschätzende zeitliche, körperliche und psychische Belastung für pflegende Angehörige.

Erkundigen Sie sich bei Ihrem Arbeitgeber über die Möglichkeiten einer Pflegekarenz beziehungsweise machen Sie sich rechtzeitig auf die Suche nach einer geeigneten Betreuung für sich oder Ihre Lieben. Denn Sie werden die Zeit brauchen!

Barrierefreies Wohnen

Viel Zeit kostet alleine schon die bauliche und technische Adaptierung der eigenen vier Wände. Nicht nur Dusche und Badewanne, auch Treppen, Türschwellen und bodennahe Steckdosen machen das Leben schwer. Die Türstöcke sind womöglich zu eng für den Rollstuhl. Das alles kostet Geld, 20.000 Euro netto sind da schnell bezahlt. Doch die Investition ist nicht umsonst, denn damit steigt ja auch der Wert der Immobilien. Altbauten können sich besonders gut für altengerechte Umbauten eignen, da sie großzügiger gebaut sind und schon über breitere Türen verfügen.

Wer ohnedies eine Sanierung seiner Wohnung plant, sollte gleich an Barrierefreiheit denken. Die Mehrkosten pro Quadratmeter betragen oft nicht einmal zehn Prozent und es gibt hierfür je nach Bundesland spezielle Förderungen.

TIPP

In Einfamilienhäusern können die Umbaukosten um bis zu 50 Prozent über jenen bei einer der Wohnung liegen. Hier ist das Ziel, Wohnraum, Küche, Bad und Schlafzimmer im Erdgeschoß zu konzentrieren, so weit es der Platz zulässt.

Das Bundesministerium für Verkehr, Innovation und Technologie BMVIT hat folgende Checkliste für barrierefreie Wohnungen herausgegeben:
- Barrierefreier Zugang zum Lift,
- schwellenfreier Zugang zu allen Räumen,
- Türbreiten von mindestens 90 cm,
- gute, blendungsfreie Beleuchtung,
- ausreichend Lichtschalter in 80 bis 100 cm Höhe,
- Steckdosen in mindestens 40 cm Höhe,
- Dusche schwellenfrei zu begehen oder abgeschrägter Duschablauf,
- hochklappbare Stützgriffe für das WC,
- Betten sollten verschiebbar und von drei Seiten zugänglich sein.

Einen Überblick über technische Hilfsmittel für Menschen mit Behinderung inklusive Richtpreisen, Fotos und Lieferantenadressen bietet die Datenbank HANDYNET-Österreich des Sozialministeriums www.hilfsmittelinfo.gv.at

Das Sozialminsterium hat auch ein „Handbuch barrierefrei" sowie eine hilfreiche Broschüre „Sicher wohnen – besser leben" herausgebracht, die man sich auf ihrer Webseite (https://broschuerenservice.bmask.gv.at) herunterladen kann.

Im Handbuch findet man jede Menge Planungstipps wie man ein neues Haus gleich barrierefrei bauen bzw. bestehende Bade-, Wohn-, Schlafzimmer, die Küche etc. altersgerecht umbauen kann.

> **TIPP**
>
> *Mit Wohnbauförderungsmitteln fördern die einzelnen Länder sowohl barrierefreie Wohnraumsanierungen als auch entsprechende Maßnahmen beim Neubau. Das Bundessozialamt (www.bundessozialamt.gv.at) fördert individuell Wohnraumadaptierungen bei angeborener Behinderung, bei Krankheit oder bei einem Freizeitunfall.*
>
> *Die Allgemeine Unfallversicherungsanstalt (www.auva.at), zuständig bei Arbeitsunfällen, gewährt ebenso Zuschüsse und/oder Darlehen zur Adaptierung der eigenen vier Wände.*

Technik, die das Leben leichter macht

Früher oder später wird auch das ein Thema: Technik, die das Leben erleichtert oder sogar retten kann und obendrein auch möglichst unkompliziert zu bedienen ist. Elektronische Begleiter als Hilfe für alles. Sie erinnern nicht nur zeitgerecht daran, die Medikamente einzunehmen. Sie zeichnen unter anderem auch Blutdruck- und Zuckerwerte auf. Und wenn Not am Mann oder der Frau ist, rufen sie sogar automatisch die Rettung.

Technik macht es möglich, dass man im Alter länger zu Hause bleiben kann, nicht auf Hilfe im Heim angewiesen ist. Sie verbessert vor allem die Lebensqualität nicht nur der Betroffenen, sondern auch der Angehörigen. Denn sie ermöglicht, die Selbständigkeit und Unabhängigkeit im Alter weitgehend zu behalten.

Notruf zu Hause

So ein Hausnotrufsystem besteht aus einer Basisstation, die einfach an die Telefonleitung geschlossen wird, und dem Handsender (gibt es auch als Amulett um den Hals zu tragen). Die meisten Basisstationen haben eine Freisprecheinrichtung integriert, so dass man im Notfall auch mündlich seinen Zustand mitteilen kann. Die Reichweite ist für ein Einfamilienhaus geeignet, bei größeren Gärten muss man sich aber vergewissern, ob es auch noch im entferntesten Eck funktioniert. Wenn keine Telefonleitung zur Verfügung steht, kann man die Basisstationen auch mit SIM-Karte betreiben.

Stationäre Notrufsysteme kosten zwischen 17 und 26 Euro pro Monat (siehe Tabelle auf der nächsten Seite). Die Variante mit SIM-Karte kostet ein paar Euro mehr. Die Miete inkludiert Austausch bei Defekt, Batteriewechsel und den täglichen Funktionstest. Rabatte gibt's für Mitglieder bei Rettungsorganisationen und Mindestpensionsbezieher.

Meist sind Rettungsorganisationen Anbieter solcher Hausnotrufsysteme und können gleich mit den eigenen Fahrzeugen ausrücken. Als Kunde kann man dort seine Patientendaten hinterlegen (z.B. bei chronischen Erkrankungen), was eine bessere medizinische Erstversorgung ermöglicht.

Die stationären Hausnotrufsysteme lassen sich auf Wunsch erweitern, zum Beispiel mit einem Rauchmelder oder mit einem Sturzsensor (als Uhr am Handgelenk), der Alarm schlägt an, wenn man sich 20 Sekunden nach einem Sturz nicht via Freisprecheinrichtung bei der Notrufzentrale meldet. Inaktivitätsdetektoren schlagen an, wenn sich die Person mehr als sieben Stunden nicht bewegt. Die zusätzlichen Kosten liegen bei rund sieben Euro pro Monat.

Notruf unterwegs

Für unterwegs gibt es mobile Notrufsysteme in Form von handyähnlichen Geräten mit SIM-Karte und GPS-Empfänger zur Standortbestimmung. Sie besitzen zusätzlich zum Notrufknopf noch Kurzwahltasten, um bei weniger gravierenden Zwischenfällen Angehörige zu kontaktieren.

Wer ein Senioren-Mobiltelefon mit Notruftaste besitzt, kann es gegen eine Gebühr von rund zehn Euro mit einer Notrufzentrale verbinden lassen. Der Nachteil der mobilen Geräte liegt in der Handhabung: Man trägt sie nicht leicht erreichbar ums Handgelenk und muss sie in Notsituationen mitunter erst aus der Tasche kramen. Weiteres Sicherheitsrisiko: Bei Handys gibt es keine tägliche Funktionsüberprüfung durch den Anbieter.

> ”
> Seien Sie vorsichtig mit Gesundheitsbüchern. Sie könnten an einem Druckfehler sterben.
> „
> **Mark Twain**

Hörgeräte fürs Heimkino

Manchmal sind es die kleinen Dinge, die den Alltag erleichtern: Damit Personen mit beeinträchtigtem Hörvermögen das Telefon läuten hören, steckt man einfach einen Ruftonverstärker an das Telefon, der zusätzlich noch blinkt. Für Bettlägrige gibt's ein Vibrationskissen, das unter dem Kopfpolster bei eingehenden Anrufen vibriert.

Mittlerweile lassen sich auch Hörgeräte in die Unterhaltungselektronik einbinden. Audiosignale von Fernseher, Stereo-Anlage und MP3-Player streamen Bluetooth- oder 2,4-GHzFunk-Transmitter an das Hörgerät, das man auch als Freisprecheinrichtung für das Mobiltelefon einsetzen kann. Übrigens: Es gibt Hörgeräte, die sich via Smartphone einrichten lassen (z. B. ReSound LiNX).

Blutdruck in der Cloud

Die Vernetzung von Smartphones mit Alltagsgegenständen ist abseits von Spielereien auch nützlich. Zum Beispiel Blutdruckmesser und Waagen, die mit dem Smartphone gekoppelt werden und die Aufzeichnungen der Messwerte übernehmen. Sie lassen sich dann auf ein personalisiertes Webportal hochladen und man kann übersichtliche Langzeitvergleiche anstellen.

So eine Waage gibt es unter anderem aus der Linzer Fitness-App-Schmiede „Runtastic". Die Runtastic Libra (130 Euro) ermittelt zusätzlich Körperfett, Wasseranteil und errechnet den Body-Mass-Index. Die Datenübertragung zum iPhone (leider keine Android-App verfügbar) erfolgt via Bluetooth. Die Linzer haben das Ganze jetzt auch in Form eines Fitnessarmbands herausgebracht.

	Notrufsysteme			
	stationäres Gerät		mobiles Gerät	
Anbieter	Erstinstallation	Monatsmiete	Erstinstallation	Monatsmiete
Arbeiter-Samariterbund	€ 49,90	€ 22,90	€ 49,90	€ 29,90
Baecker & Partner	€ 29,00	€ 25,40	nicht verfügbar	nicht verfügbar
Caritas (Wien)	kostenlos	€ 25,44	kostenlos	€ 25,44
Hilfswerk	€ 30,00	€ 25,40	nicht verfügbar	nicht verfügbar
Johanniter	€ 43,60	€ 25,44	nicht verfügbar	nicht verfügbar
Lazariter	€ 28,00	€ 16,80	€ 28,00	€ 34,80
LifeCall	€ 36,00	€ 16,90	nicht verfügbar	nicht verfügbar
Rotes Kreuz (Wien)	kostenlos	€ 26,00	in Planung	in Planung
Vitakt	€ 30,00	€ 17,90	nicht verfügbar	nicht verfügbar
Volkshilfe (NÖ)	€ 29,90	€ 25,44	nicht verfügbar	nicht verfügbar

Rabatte bei Mitgliedschaften, Aufpreis für stationäre Geräte mit SIM-Karte (z.B. wenn keine Telefonleitung verfügbar ist)

Der „Withings Blood Pressure Monitor" (130 Euro) funktioniert mit iOS- sowie Android-Geräten und zeigt die Ergebnisse in der jeweiligen App. Sie lassen sich bei Bedarf auch für Arztbesuche ausdrucken oder dem Arzt elektronisch übermitteln.

Schritt und Tritt im Tagebuch
Noch mehr Vitalfunktionen, wie etwa Schlaf, Puls und sportliche Betätigung zeichnen sogenannte Wearables auf. Man trägt sie meist als Armband – daher der Name. Die integrierten Beschleunigungssensoren erkennen unterschiedliche Sportarten und können somit zurückgelegte Laufdistanzen ermitteln. Für Faule können Wearables ein Motivator für mehr Sport sein, denn bei zu langem Sitzen gibt's eine Aufforderung, sich zu bewegen. Die Daten werden in einem digitalen Tagebuch am Smartphone gesammelt. Das Armband UP24 (150 Euro) von Jawbone geht sogar so weit, konsumierte Lebensmittel per Scan-Funktion und den jeweiligen Gemütszustand über das Smartphone miteinzubeziehen.

Die österreichische Antwort auf den Quantified-Self-Trend heißt Vidameter und befindet sich derzeit noch in der Testphase. Dieses Armband misst nicht nur den Gesundheitszustand mittels neun Sensoren (u. a. Blutflussgeschwindigkeit, Körpertemperatur, Bewegung, Aktivitätslevel), sondern schlägt bei Notfällen automatisch Alarm. Dazu sind GPS-Modul und SIM-Karte integriert. Vidameter wird voraussichtlich Anfang 2016 auf den Markt kommen und rund 350 Euro kosten.

Digitale Heinzelmännchen
Ambient Assited Living (kurz: „AAL") ist der Sammelbegriff für in den Wohnbereich integrierte, vernetzte Technologie. Wie es in Zukunft womöglich in vielen Se-

zum Mieten

Aufschalten Alarmtaste am Handy	Anmerkung
nicht möglich	Rauchmelder, Sturzsensor, Inaktivitätsdetektoren: +je 6,90 €/Monat
€ 25,40	
€ 11,00	Sturzsensor 6,8 €/Monat, Inaktivitätsdetektor: 1,6 €/Monat
	Rauchmelder: 180 nur Kaufoption
nicht verfügbar	Rauchmelder: 8,50 €, telefon. Erinnerung an Medikamenteneinnahme: 7,50 €
nicht verfügbar	Rauchmelder auf Anfrage gratis Schlüsseldepot für Wien
€ 9,00	Falldetektor: 5 €/Monat
nein	Rauchmelder: 120 € (Kauf) Kaufoption
	Hausnotrufsystem: 249 € (dann monatlich 10,5 €)
nicht verfügbar	nicht verfügbar
€ 9,90	Schlüsselzubringung bei Notfall im Raum Wien & Umgebung in 15 Min 11,7 €, Nachschaudienst: 11,70 €
nicht verfügbar	nicht verfügbar

niorenwohnungen aussehen könnte, zeigt das Pilotprojekt „Leichter Wohnen" von AIT (Austrian Institut of Technology) und dem Arbeiter-Samariterbund. Im burgenländischen Pflegekompetenzzentrum Lackenbach sind 50 Wohnungen zu „Smart Homes" aufgerüstet worden. Neben einem herkömmlichen Notrufsystem (Armband) und Sturzsensoren kann man dort unter anderem die Essensbestellung automatisieren, elektronische Erinnerungen für Medikamenteneinnahme festlegen und medizinische Parameter, wie Blutdruck oder Blutzucker, fernüberwachen lassen. Der Herd schaltet automatisch ab, wenn vergessen wurde abzudrehen, und bei offen gelassenen Fenstern und Türen gibt's einen Warnhinweis. Sogar Bettvorleger sind mit Sensoren ausgestattet, damit das Licht automatisch angeht, wenn man nachts aufsteht.

Kern der Technik ist eine Plattform, wo alle Dienste integriert sind. So lassen sich etwa Heizung und Licht mittels seniorengerechtem Tablet steuern. Gleichzeitig sorgt dieses Tablet für die Kommunikation nach außen mittels Videotelefonie.

Größtes Problem ist aber die Akzeptanz von technischem Schnickschnack. „Ältere Menschen müssen den Mehrwert erkennen, dass sie es akzeptieren", erklärt Martin Morandell vom Health & Environment Department des AIT. Daran tüfteln also gerade die Entwickler von AAL-Lösungen. Unpraktisch ist auch die Tatsache, dass jede Lösung eine andere grafische Benutzeroberfläche hat. In Zukunft werden verschiedene Systeme unter einen Mantel schlüpfen müssen.

„Es fehlt derzeit an marktreifen Produkten. Es wird sicher noch sieben bis zehn Jahre dauern, bis es ein großes Angebot an brauchbaren Lösungen gibt", resümiert Morandell. AAL sollte im Idealfall den Anwender mit Pflegenden oder Angehörigen und einem Care Center (z. B. Pflegeeinrichtung, Blaulichtorganisation) verbinden.

Die ferne Zukunftshoffnung in der Pflege heißt Roboter. Lernfähige Gefährten werden nicht nur bei Alltagstätigkeiten assistieren, sondern auch aktiv eingreifen – etwa am Boden liegende Gegenstände aufheben, um Sturzrisken zu vermindern. Die Akzeptanz der Robotertechnologie in der Pflege wird maßgeblich von der einfachen Bedienung und der Personifizierung solcher „Pflegehelfer" abhängen. So sehr sich Mr. und Mrs. anstrengen werden: ein persönliches Gespräch mit jemanden aus Fleisch und Blut werden sie wohl kaum ersetzen können ...

Pflege durch Angehörige

Die Oma leidet an Alzheimer. Der Vater erlitt einen Schlaganfall und ist halbseitig gelähmt. Das Kind hat einen schweren Unfall oder eine schwere Krankheit – die Zahl der Menschen, die ihre Angehörigen daheim pflegen, wird immer größer. 2012 wurden insgesamt in Österreich fast 140.000 Menschen von mobilen Diensten betreut, aber nur etwa 72.000 in stationären Einrichtungen. Die Bruttoausgaben für alle Pflege- und Betreuungsdienste werden von der Statistik Austria mit drei Milliarden Euro beziffert.

Es hilft, eine Liste notwendiger Tätigkeiten zu erstellen, von den medizinischen Handlungen über die notwendige Krankenpflege bis zu den Haushalts- und Gartenarbeiten und Besorgungen. Rechnen Sie lieber mit zu viel als mit zu wenig.

Klären Sie welche, Tätigkeiten die Angehörigen übernehmen können. Achtung! Sie müssen dies meistens dauerhaft und zuverlässig tun und man muss unbedingt auch für die helfenden Hände beziehungsweise Angehörigen einen Urlaub von der Pflege einplanen, sonst ist ein Burnout vorprogammiert!

Urlaub von der Pflege

Wer seine Angehörigen selbst pflegt, kann und sollte sich auch Urlaub von der Pflege leisten. Die „Zuwendung zur Unterstützung pflegender Angehöriger" hilft Menschen, die seit mindestens einem Jahr überwiegend einen Angehörigen ab Pflegestufe 3 betreuen oder einen nahen Angehörigen, der minderjährig oder nachweislich an Demenz erkrankt ist.

Nahe Angehörige im Sinne des Gesetzes sind: Verwandte in gerader Linie (Kinder, Groß-, Adoptiv-, Eltern und Enkel, . . .), Ehegatten, Lebensgefährten und Eingetragene Partner und deren Kinder, Wahl-, Stief- und Pflegekinder, Geschwister, Schwiegerkinder und Schwiegereltern.

> Das Alter hat zwei Vorteile. Die Zähne tun nicht mehr weh und man hört nicht mehr all das dumme Zeug, was rund herum gesagt wird.
>
> **Irischer Literatur-Nobelpreisträger George Bernhard Shaw**

Förderbar ist eine Ersatzpflege von mindestens einer Woche. Ausnahme sind minderjährige Patienten und solche mit Demenz. Hier wird die Förderung schon ab Pflegestufe 1 und ab vier Tagen gewährt.

Das Einkommen des Pflegenden darf bei Pflegestufe 1 bis 5 maximal 2.000 Euro netto, bei Pflegestufe 6 oder 7 höchstens 2.500 Euro betragen. Die Einkommensgrenze pro unterhaltsberechtigtem Angehörigen erhöht sich um 400, bei Behinderung des Angehörigen um 600 Euro.

Nur tatsächliche (also nachgewiesene) Kosten werden ersetzt, und es handelt sich um eine freiwillige Leistung des Bundes, die nicht eingeklagt werden kann!

Die Förderung für eine Ersatzpflege beträgt

○ bei Pflegegeld der Stufe 1–3:	€ 1.200,-
○ bei Pflegegeld der Stufe 4:	€ 1.400,-
○ bei Pflegegeld der Stufe 5:	€ 1.600,-
○ bei Pflegegeld der Stufe 6:	€ 2.000,-
○ bei Pflegegeld der Stufe 7:	€ 2.200,-

Pflegekarenz seit Jänner 2014

Die Frage war oft: Wie bringe ich es meinem Chef bei, dass ich ab sofort zu Hause bleiben muss? Seit 1. Jänner 2014 gibt es das Pflegekarenzgeld, das dazu dient, bei plötzlichem Auftreten einer Behinderung oder Verschlechterung des Zustands des Patienten die Pflege (neu) zu organisieren. Arbeitnehmer und BezieherInnen von Leistungen des Arbeitsmarktservices (Arbeitslosengeld oder Notstandshilfe) können sich für die Pflege ihrer Angehörigen vom Beruf karenzieren lassen. Auch die Möglichkeit einer Pflegeteilzeit wurde eingerichtet.

> **ACHTUNG**
>
> *Grundsätzlich muss die Pflegekarenz oder die Pflegeteilzeit mit dem Arbeitgeber schriftlich vereinbart werden. Musterverträge liegen auf der Homepage des Sozialministeriums [http://www.sozialministeriumservice.at/site/Downloads_&_Formulare/Pflege bzw. http://www.sozialministeriumservice.at --> Downloads&Formulare --> Formulare und Infoblätter --> ganz nach unten scrollen zu --> „Mehr zu Pflege-Formulare"]. Keinen Anspruch auf Pflegekarenzgeld haben Selbständige, Neue Selbständige, Freie Dienstnehmer, arbeitnehmerähnliche Personen und geringfügig Beschäftigte.*

Der Arbeitgeber stellt seine Lohnzahlungen ganz beziehungsweise bei Teilzeit anteilsmäßig ein, dafür besteht aber unter bestimmten Voraussetzungen ein Rechtsanspruch auf Pflegekarenzgeld.

Diese Voraussetzungen sind:
- Die erkrankte Person bezieht Pflegegeld Stufe 3 oder höher bzw. Stufe 1 oder höher, wenn sie dement oder minderjährig ist.
- Der Bezieher des Pflegekarenzgeldes erklärt, dass er die überwiegende Pflege und Betreuung des Erkrankten übernimmt.
- Die oben genannte Vereinbarung mit dem Arbeitgeber bzw. die Abmeldung von Arbeitslosengeld oder Notstandshilfe.
- Der Antragssteller ist seit mindestens drei Monaten über der Geringfügigkeitsgrenze beschäftigt.
- Wird ein Kind gepflegt, so muss für dieses Kind ein Anspruch auf Kinderzuschläge („Kindergeld") bestehen. (Nachweis durch Bescheid vom Finanzamt.)

Das Pflegekarenzgeld wird für ein bis drei Monate gewährt, der Bezieher muss nicht mit dem zu pflegenden Angehörigen unter einem Dach wohnen. Es dient dazu, dass die Pflege in Ruhe neu organisiert werden kann und ist nicht als Dauereinrichtung gedacht. Es können jedoch zwei Angehörige hintereinander je drei Monate Pflegekarenzgeld beziehen. Außerdem kann das Pflegekarenzgeld erneut bezogen werden, wenn sich der Zustand des Erkrankten stark ändert (Änderung der Pflegegeldstufe).

Der Bezieher des Pflegekarenzgeldes ist weiterhin kranken- und pensionsversichert. Die Kosten dafür übernimmt der Bund. Auch Abfertigungsansprüche werden weiterhin erworben beziehungsweise werden die Zeiten für die Anwartschaft auf Leistungen aus der Arbeitslosenversicherung angerechnet. Kurzum: Es wird so gerechnet, als wäre man beschäftigt. Es gilt ein „Motivkündigungsschutz". Das bedeutet, der Arbeitgeber darf den Karenzierten nicht aufgrund dessen kündigen, dass dieser die Pflegekarenz in Anspruch genommen hat. Für alle anderen Kündigungsgründe (z.B. „Rationalisierung") gelten aber die üblichen Rechte.

„Zuwendungen zur Unterstützung pflegender Angehöriger" (das „Pflegeurlaubsgeld") und Zuwendungen für die 24-Stunden-Betreuung können nicht gleichzeitig bezogen werden. Das ist nur logisch, da ja der Pflegekarenzgeldbezieher die überwiegende Pflege und Betreuung übernimmt. Pflegegeld kann natürlich weiterhin bezogen beziehungsweise beantragt werden.

Der Antrag auf Pflegekarenzgeld sollte innerhalb von zwei Wochen nach Beginn der Pflegekarenz gestellt werden, damit es ab Beginn der Pflegekarenz berechnet wird. Wird der Antrag später gestellt, so gebührt es nur ab dem Tag der Antragstellung.
Die Höhe des Pflegekarenzgeldes beträgt 55 Prozent des täglichen Nettoeinkommens. Die Berechnung erfolgt anhand des durchschnittlichen Bruttoentgelts des letzten oder vorletzten Kalenderjahres (je nach Zeitpunkt des Antrags). Bei Pflegeteilzeit gebührt das Pflegekarenzgeld aliquot.

Wenn der Pflegende also die Arbeitszeit zum Beispiel von 40 auf 20 Wochenstunden verringert, bekommt er das halbe Gehalt vom Arbeitgeber und 55 Prozent vom halben Gehalt als Pflegekarenzgeld.

Liegt das Einkommen dadurch unter dem Betrag der Mindestsicherung, wird bis zu dieser aufgestockt.

Die fleißigen Heimhilfen

Um Pflege daheim als Alternative zum Heim zu ermöglichen, braucht es oft professionelle Hilfe. Je nach individuellem Bedarf können die Helfer stundenweise bis rund um die Uhr bestellt werden. Deren Fähigkeiten können von der Heimhilfe bis zur Diplomkrankenschwester reichen. Natürlich sind auch alle Kombinationen möglich und häufig auch sinnvoll, wie etwa eine Diplomkrankenschwester, die ein- oder zweimal wöchentlich für eine Stunde vorbeischaut, während die Heimhilfe oder ein Angehöriger sich jeden Tag um die Kranken kümmert. Als Alternative kann man auch eine Tagesbetreuungsstätte in Anspruch nehmen und die Angehörigen kümmern sich abends und nachts um den Opa.

Je nach Einkommen und Bundesland schwanken die Kostensätze, die für den Einsatz zu bezahlen sind. Die nachfolgende Tabelle gibt nur einen groben Überblick. Nicht nur geben die Länder einen Höchstbeitrag für Selbstzahler vor, auch die Länge der „Stunde", die Einbeziehung und Länge der Fahrtstrecken und die Zuschläge für Wochenenden und Nächte sind sehr unterschiedlich.

Pflegeleistung mit Dienstleistungsscheck

Für einfachere Tätigkeiten im Haushalt kann auch eine ungelernte Kraft zum Beispiel über den Dienstleistungsscheck herangezogen werden. Als Mindestlohn für die Kranken- und Altenbetreuung sieht der Gesetzgeber 14,80 Euro pro Stunde vor, außer in Oberösterreich (14,06 Euro) sowie Wien und Niederösterreich (13,32 Euro). Ein Dienstleistungsscheck im Wert von zehn Euro kostet 10,20 Euro. Um die Sozialversicherung muss sich der Empfänger des Dienstleistungsschecks kümmern. Die zwei Prozent Differenz zwischen „Ein- und Verkaufspreis" enthalten die Unfallversicherung und einen Verwaltungsanteil.

Der Dienstleistungsscheck ist in vielen Trafiken und Postämtern sowie über Internet unter www.dienstleistungsscheck-online.at erhältlich. Dort finden sich auch weitere Informationen zum Thema.

> **ACHTUNG**
> *Sowohl für die Geber als auch für die Nehmer des Dienstleistungsschecks bestehen monatliche Grenzen, da ansonsten hohe Sozialversicherungskosten anfallen.*

Von Arbeiter-Samariterbund bis Volkshilfe

Die Zahl der Anbieter von Pflegeleistungen ist unüberschaubar. Neben den großen Organisationen wie Arbeiter-Samariterbund, Caritas, Caritas socialis, Hilfswerk oder Volkshilfe sind besonders, aber nicht nur für die 24-Stunden-Pflege noch unzählige kleine Agenturen und Anbieter tätig.

Die seriösen Anbieter sind meist auch erfahren im Umgang mit den Behörden und kennen die Gesetzeslage genau. Sie können Sie auch beim Beantragen der diversen Förderungen unterstützen. Speziell für die Krankenpflege – inklusive 24-Stunden-Pflege – besteht ein schier undurchdringlicher Dschungel an Förderungen von Bund, Ländern und teilweise sogar Gemeinden. Nicht zu vergessen:

> **TIPP**
> *Pflegekosten können als besondere Belastung steuerlich abgesetzt werden.*

Kosten für die Heimhilfe bei Selbstzahlern
(keine Förderung von öffentlichen Stellen) pro Stunde

Organisation	Hilfswerk NÖ	Caritas NÖ	Caritas Wien	Volkshilfe Burgenland	Caritas Wien socialis	Dahoam is Dahoam (OÖ)
Heimhilfe	€ 34,50	€ 32,00	€ 31,80	€ 16,90	33,85	€ 21,-
Alten- und Pflegehilfe	€ 39,50	€ 36,80	k. A.	€ 20,90	47,50	€ 24,-
Hauskrankenpflege	€ 49,50	€ 45,30	€ 45,00	€ 25,90	49,44	€ 44,-

n.a. = nicht angeboten

Wer noch keine Erfahrung in Sachen Pflege hat, sollte sich an eine Organisation seines Vertrauens wenden, aber auch im Umfeld (Bekannte, Nachbarn usw.) nach Erfahrungen fragen. Letztlich sind auch die Sozialarbeiter in Spitälern und Ämtern dazu da, bei der Suche nach der richtigen Pflege und bei den Formalitäten für die Förderungen zu helfen.

Die Erstberatung ist – wiederum je nach Bundesland – manchmal kostenlos, wenn die jeweilige Organisation den Auftrag zur Pflege erhält, manchmal kostenpflichtig. In Wien ist etwa der erste Ansprechpartner immer der Fonds Soziales Wien.

> *Erkundigen Sie sich, ob das Erstgespräch mit der jeweiligen Pflegbetreuung kostenlos ist beziehungsweise unter welchen Umständen. Manchmal ist das Erstgespräch nämlich nur dann kostenlos, wenn der Auftrag an dieses Unternehmen erteilt wird.* **TIPP**

Lesen Sie den Vermittlungsvertrag vor der Unterzeichnung genau durch und lassen Sie ihn im Zweifelsfall bei der Arbeiterkammer, beim Verein für Konsumenteninformation oder – bei selbständigen Betreuerinnen – beim Verband der österreichischen selbständigen Betreuer und Pfleger überprüfen.

> *Ein Muster für einen Betreuungsvertrag finden Sie unter www.bmwfw.gv.at > Unternehmen > Gewerbe > Personenbetreuung. (Direktlink: http://www.bmwfw.gv.at/Unternehmen/Gewerbe/Documents/Werkvertrag%20%C3%BCber%20Leistungen%20in%20der%20Personenbetreuung.pdf). Achten Sie auf Bindungsfristen, Kündigungsfristen und Haftungsfragen. Der Vertrag sollte eine automatische Auflösung bei Tod der zu betreuenden Person vorsehen. Erkundigen Sie sich bei der Wirtschaftskammer, ob die Betreuungskraft auch einen Gewerbeschein für Personenbetreuung besitzt.* **TIPP**

Die 24-Stunden-Pflege

Der Bund unterstützt eine 24-Stunden-Pflege – die medizinische Notwendigkeit vorausgesetzt – mit 550 Euro monatlich für selbständige und 1.100 Euro monatlich für angestellte Pflegekräfte. Die unterschiedliche Förderung erklärt sich dadurch, dass selbständige Betreuer die Sozialversicherung aus eigener Tasche bezahlen müssen, während bei Angestellten die Sozialversicherung großteils vom Arbeitgeber (also vom Förderungsnehmer) bezahlt wird.

Eine Förderung vom Bund erhält man aber nur dann, wenn die zu pflegende Person mindestens in Pflegestufe drei eingestuft ist und das Nettoeinkommen (abzüglich Pflegegeld, Sonderzahlungen, Familienbeihilfe, Kinderbetreuungsgeld und Wohnbeihilfen) nicht 2.500 Euro übersteigt. Diese Einkommensgrenze erhöht sich allerdings für jeden unterhaltsberechtigten Angehörigen um 400 Euro beziehungsweise bei Behinderung um 600 Euro.

Alle Förderungen reichen üblicherweise trotz allem nicht aus, um die Kosten vollständig zu decken. „Im Durchschnitt bleiben etwa 1.000 Euro monatlich über, die die Angehörigen selbst zu tragen haben", weiß Harald Blümel vom Hilfswerk über die 24-Stunden-Pflege.

Denn laut einer Erhebung des Vereins für Konsumenteninformation bei 77 Anbietern von 24-Stunden-Betreuung liegen die Tageskosten zwischen 40 und 115 Euro. Das hängt von den Deutschkenntnissen, der Ausbildung und vom Pflegeaufwand ab. Dazu kommen oft noch Vermittlungsgebühren, Fahrtspesen, Verpflegungskosten und bei angestelltem Betreuungspersonal noch Lohnnebenkosten.

Preisvergleich angestellter Betreuungskräfte
(Stand September 2014)

		Volkshilfe	Hilfswerk	Caritas
Vermittlungdgebühr		€ 817	€ 550	€ 690 bis € 880
Jahresgebühr		€ 0	€ 0	€ 0
Honorar der BetreuerInnen	pro Tag	€ 73	€ 66,50 bis € 76,80	€ 63 bis € 70
	pro Monat	€ 2.190	€ 1.995 bis € 2.304	€ 1.890 bis € 2.100
Haftpflichtversicherung		€ 0	€ 4,50	€ 0
Monatsbeitrag		€ 0	€ 181	€ 129 bis € 153
Ersatz der Fahrtkosten, Unterkunft und Verpflegung		nach Aufwand	nach Aufwand	nach Aufwand

Quellen: www.pflegen.at; www.hilfswerk.at; www.caritas-rundumbetreut.at

Was PflegerInnen dürfen

Heimhilfen sind vor allem für Alltagstätigkeiten geeignet wie Hilfe im Haushalt, aber auch beim Anziehen, Waschen, Essen oder Einnehmen von Tabletten. Unter Umständen können sie auch einfache medizinische Tätigkeiten wie etwa die Blutabnahme zum Blutzuckermessen übernehmen, wenn eine diplomierte Krankenschwester oder ein Arzt die Anweisung dazu gibt.

Pflegehelfer stehen zwischen den Heimhilfen und dem diplomierten Pflegepersonal.

Sie werden besonders für einfache medizinische Arbeiten eingesetzt, etwa das Anlegen von Verbänden, die Verabreichung subkutaner Injektionen (z. B. Insulingabe bei Diabetes oder die Gabe bestimmter Blutgerinnungshemmer) oder die Durchführung von Sondenernährung, aber auch grundlegende Mobilisierung (Hilfe beim Gehen lernen).

Diplomiertes Pflegepersonal darf den Pflegebedarf beurteilen, Blut aus der Vene abnehmen oder (auf Anweisung des Arztes) Medikamente intravenös verabreichen. Sie können auch Anweisungen an Pflegehelfer und Heimhilfen erteilen.

Pflege im Heim

Manchmal muss man sich eingestehen, dass das selbständige Wohnen zu Hause aus medizinischen oder organisatorischen Gründen nicht mehr geht, oder dass man vielleicht auch in seinen eigenen vier Wänden langsam vereinsamt. Ständig auf großen Dampfern durch die Ozeane zu kreuzen kann auch mühsam sein, abgesehen von der Finanzierbarkeit bei Preisen von bis zu 3.000 Euro pro Woche – zugegeben mit guter medizinischer Versorgung. Sollten Sie noch keine intensive Pflegebetreuung benötigen, gibt es folgenden Kompromiss:

Betreutes Wohnen

Eine Zwischenform zwischen Wohnen daheim und Pflegeheim ist das Betreute Wohnen. Für alle, die das Modell einer Senioren-Wohngemeinschaft einer kollektiven Unterbringung in einem Seniorenheim vorziehen und gesundheitlich auch noch fit genug sind, sich im Großen und Ganzen alleine durchzuschlagen. Der Altersschnitt der Nutzer solcher Wohnanlagen liegt gerade einmal bei 72 Jahren.

Gemeinden haben Betreutes Wohnen als die günstigere Alternative zu einem Personal-intensiveren Seniorenheim entdeckt. Es werden Dienstleistungen wie Essen, Reinigung usw. gemeinsam organisiert, oder es wird ein weitreichenderes Angebot mit ärztlicher Betreuung im Notfall bis hin zu gemeinsamen Therapieeinrichtungen geboten. Die Kosten variieren je nach Förderung von Bundesland zu Bundesland. Für eine 40 Quadratmeter große betreute Wohnung muss man zum Beispiel in der Steiermark mit einer Bruttomiete inklusive Umsatzsteuer und Betriebskosten von rund 500 Euro monatlich rechnen. Dazu kommt noch eine Pauschale für die Betreuungsleistungen von 277 Euro. Darin sind aber noch keine Pflegeleistungen enthalten. Die mobilen Dienste kosten nochmals 150 bis 200 Euro pro Monat. Vollpension oder Reinigung müssen auch extra zugekauft werden.

Betreutes Wohnen ist jedenfalls ein so boomender Markt, dass sich offene Immobilienfonds wie jener der Ersten Group in entsprechende Objekte einkaufen.

> *Warum nicht anstelle in eine klassische Vorsorgewohnung, gleich in ein Betreutes-Wohnen-Projekt investieren, das man vielleicht sogar später einmal selbst nutzen kann. Informationen erhält man bei den Anbietern von Vorsorgewohnungen wie Raiffeisen Vorsorge Wohnung oder Erste Immobilien oder Erste Immobilien KAG.*

TIPP

Wer wie im Hotel leben möchte, dabei bei Bedarf auch auf Pflegebetreuung zurückgreifen möchte, für den gibt es dann noch die privat geführten Seniorenresidenzen, etwa von der Kräutergartengruppe (www.kräuter-garten.at). Diese Tageskosten kann man sicherheitshalber ja auch noch mit den durchschnittlichen Hotelkosten vor Ort vergleichen. Wer noch rüstig genug ist, für den könnte ein Dauerunterkunft in einem Hotel ja auch eine Alternative sein ...

Seniorenresidenz in Thailand
Was es im Inland gibt, gibt's günstiger auch im Ausland: Seit rund fünf Jahren betreibt der gebürtige Schweizer Hans-Jörg Jäger mit seiner Frau eine Seniorenresidenz in Na Phaeng in Thailand. Die Nachfrage sei ausgezeichnet, betont Hans-Jörg Jäger: „Die Renten aus der D-A-CH–Region haben hier die vierfache Kaufkraft." Das thailändische Immigration Office geht davon aus, dass Ausländer monatlich ca. 65.000 Baht (rund 1.500 Euro) zum Leben in Thailand benötigen.

Ein Bungalow (Grundstücksgrößen rund 220 Quadratmeter, mit 64 Quadratmeter Wohnfläche und einer Terrasse direkt am See mit 20 Quadratmeter kommt aktuell auf umgerechnet rund 900 Euro (37.000 Baht) pro Monat. Bei einer Doppelbelegung auf rund 1.250 Euro (53.000 Baht). Die Bungalows sind mit dem Nötigsten, fertig eingerichtet, dürfen aber bei Langzeitmietvertrag auf Eigenkosten verändert werden.

Vollpension, wöchentliche Reinigung und Bettwäsche, sind im Grundpreis inbegriffen. Nicht enthalten sind die Kosten für ärztliche Betreuung, Medikamente, persönliche Hygiene- und Einwegartikel, Personentransporte, Zimmerservice aus Komfortgründen, Energieversorgung, Telefonanschluss und Gesprächstaxen, persönliche Wäsche, Wäsche-, Näh- und Reparaturarbeiten, Aufwendungen für persönliche Bedürfnisse, Kost und Logis von Angehörigen, Gästen und Besuchern, Konsumation im Restaurant, Getränke/Speisen, die nicht in der Vollpension enthalten sind: Snacks, Süßgetränke, Kaffee (außer beim Frühstück), alkoholische Getränke etc. Weitere Aufwendungen für persönliche Bedürfnisse.

Seniorenresidenz-Betreiber Hans-Jörg Jäger rät dennoch zur Vorsicht: „Eine Auswanderung will sehr gut überlegt und sorfältig geplant sein. Deshalb machen

Checkliste: Was Sie für den Einzug ins Pflegeheim benötigen

- Geburtsurkunde oder Taufschein
- Staatsbürgerschaftsnachweis oder Reisepass
- E-Card
- Einkommensnachweis, Pensionsbescheide, Zusatzpensionsnachweis
- neuer Meldezettel mit Adresse des Pflegeheims (im Original)
- sämtliche ärztliche Befunde
- Heiratsurkunde, wenn vorhanden
- Sterbeurkunde vom/n EhegattenIn, wenn vorhanden
- Pflegestufenbescheid, wenn vorhanden
- Rezeptgebührenbefreiung, wenn vorhanden
- Info über Zusatz- oder Sterbeversicherung, wenn vorhanden
- falls Besachwaltung: Sachwalterbescheid

Quelle: www.meinpflegeplatz.at

wir unseren zukünftigen Gästen das Angebot, sich für ein paar Monate hier bei uns einen Bungalow zu mieten, um auch zu sehen und zu spüren, ob es das Richtige für sie ist." Jäger empfiehlt als idealen Einstieg einmal zu überwintern, also dem Winter zu entfliehen und zu schauen, ob man sich hier wohlfühlen könnte. „Die endgültige Entscheidung aber sollte man erst nach ein paar Monaten in der Heimat treffen."

Eine Aufenthaltsgenehmigung für Thailand zu bekommen ist für Pensionisten denkbar einfach. Will man länger als 30 Tage in Thailand bleiben, benötigt man ein Visum. In Frage kommt vor allem das „Non Immigrant Visum", gültig bis zu einem Jahr. Wer über 50 Jahre alt ist und eine Mindestrente von etwa 1.200 Euro bezieht, kann das Visum vor Ort um jeweils ein Jahr verlängern lassen, ohne auszureisen. Sonst muss man nach 90 Tagen das Land kurz verlassen und wieder einreisen. Entscheidend ist nämlich der Einreisestempel. Dann betragen die Visumkosten bis zu 190 Euro, je nach Anzahl der Ein- und Ausreisen.

> Die größte Kulturleistung eines Volkes sind die zufriedenen Alten.
>
> **Japanisches Sprichwort**

Eine Auslandskrankenversicherung, so Jäger, ist für einen langfristigen Aufenthalt unabdingbar – zumal thailändische Krankenhäuser gegen Vorkasse behandeln. „Sie können auch in Thailand eine Krankenversicherung abschließen. Die Kosten dafür liegen – je nach Alter, zwischen 100 bis 200 Dollar monatlich, je nach Leistungen, die man möchte."

Was sonst noch sozial- und pensionsversicherungstechnisch bei längerem Auslandsaufenthalt zu beachten gilt – damit Ihnen etwa die Pension im Ausland auch anerkannt wird, wie die Versteuerung Ihrer Pensionen im Auland funktioniert usw. lesen Sie im Kapitel zwei, „Abgesichert im Alltag".

Grundsätzlich gilt: Augen auf bei der Residenzwahl. Bei vielen Einrichtungen kann man auch erst einmal auf Probe wohnen!

TIPP

Alternative Pflegeheim

Eine nette Seniorenresidenz mit Hotelcharakter, vielleicht auch noch in warmen Gefilden wie Thailand ist zwar schön und gut, setzt aber voraus, dass man hierfür noch fit genug ist – wie wohl die Unterschiede zwischen Senioren- und Pflegeheimen mit intensivster medizinischer Betreuung oft schon verschwindend sind. Doch denken Sie nur etwa an demenzkranke Patienten – und deren Zahl soll sich laut Allianzstudie bis 2050 verdoppeln. Sie brauchen schon sehr speziell geschultes Personal. Und das gibt es nur in darauf spezialisierten Heimen.

TIPP: *Erstinformationen über das regionale Angebot von Pflegeheimen findet man auf den Webseiten der Bundesländer sowie bei diversen regionalen Pflege-Arbeitsgemeinschaften, deren Adressen Sie im Anhang finden. Über die Pflege und Betreuung von Demenzkranken informiert www.demenz-hilfe.at.*

Ein Platz im Pflegeheim hat – je nach Ausstattung und Pflegebedürftigkeit – seinen Preis: Ein Platz in einem öffentlichen Seniorenheim kostet zwischen 1.500 bis 3.500 Euro, eine private Seniorenresidenz kann bis zu 7.000 Euro kosten.

Bei einer monatlichen Durchschnittspension von 947 Euro (Frauen 659 Euro, Männer 1.140 Euro) und einem maximalen staatlichen Pflegegeld in der höchsten Stufe 7 von 1.656 Euro pro Monat (Stand 2014) kommt man da nicht weit. Hier müssen daher oft auch die Angehörigen in die Tasche greifen.

Bei den Kosten der (öffentlichen) Seniorenheime hängt es natürlich auch davon ab, ob man bereit ist, sein Zimmer mit einer weiteren Person zu teilen. Die Volkshilfe bietet in ihren Heimen für einen Aufschlag von 140 Euro Einbett- statt Zweibettzimmer an.

Meist sind die Zimmer in Pflegeheimen möbliert und mit Fernseher ausgestattet. Eigene Möbel finden oft keinen Platz. Nicht in allen Heimen sind Haustiere verboten. Bei einigen Heimen etwa der Volkshilfe gibt es auch „Gemeinschaftstiere". Die Besuchszeiten sind generell nicht so streng geregelt wie in Spitälern.

---

① bis zur Höhe des Geschenkwertes zum Zeitpunkt der Schenkung. Ersatzpflicht besteht, soweit es bzw. dessen Wert noch vorhanden ist. ② Schenkungsbetrag muss Freibetrag überschreiten, damit Ersatzpflicht besteht. ③ 7.000 Euro ohne Sterbeversicherung bzw. Regelung über Kostentragung eines Begräbnisses; 4.230 Euro, wenn dies vorhanden ist. ④ Vom Zwölftel eines Jahresnettoeinkommens sind in etwa der eineinhalbfache (Familien-)Mindestsicherungssatz, der Wohnungsaufwand zuzüglich pauschalierter Betriebskosten (110 Euro bei einer Wohnung, 200 Euro bei einem Wohnhaus), sofern nicht ein höherer Bedarf nachgewiesen wird, und allfällige Sonderausgaben (z. B. Zinsleistungen gemäß § 947 ABGB, Ausgaben für Diätnahrung) in Abzug zu bringen. Vom verbleibenden Rest sind 40% als Kostenersatz zu leisten. Wenn kein Rest verbleibt, ist auch kein Kostenersatz zu leisten. ⑤ Die stationäre Pflege kann versagt werden, wenn der Hilfesuchende sein Vermögen zu einem Zeitpunkt, in dem er bereits betreuungs- und pflegebedürftig war, verschenkt oder sonst ohne eine dem Wert des Vermögens entsprechende Gegenleistung an andere Personen übertragen oder wenn er auf vermögenswerte Ansprüche verzichtet hat. ⑥ Zu entrichten sind jährlich 4% des Verkehrswertes der geschenkten Sache im Zeitpunkt der Hilfsbedürftigkeit des Geschenkgebers, sofern der Beschenkte sich nicht selbst in „gleich dürftigen Umständen befindet".

Bundesland
Wien
Niederösterreich
Burgenland
Oberösterreich
Steiermark
Kärnten
Salzburg
Tirol
Vorarlberg

Die Unvereinbarkeit zwischen Beruf und Pflege führt nicht selten zum Burn-Out. Einerseits will und muss man trotz Pflegefall in der Familie seiner Arbeit weiter nachgehen. Andererseits möchte man seine Eltern auch nicht ins Pflegeheim „abschieben". Hier bietet sich die Tagesbetreuung an, die viele Seniorenheime zu einem günstigeren Tarif anbieten.

TIPP

Denn die Frage ist immer auch, ob eine 24-Stunden-Betreuung notwendig ist. Eine Tagesbetreuungsvariante, bei der man am Abend in die gewohnte familiäre Umgebung zurückkehrt, kostet bei SeneCura, mit rund 6.000 Betten einer der größten Betreiber von Pflegeeinrichtungen in Österreich etwa in Salzburg, circa 40 Euro. In Pflegeheimen der Stadt Wien kostet die bezuschusste Tagesbetreuung maximal 19 Euro (sechs Euro Minimum), für private Tageszentren gib es eine Förderung durch den Fonds Soziales Wien im selben Ausmaß.

Pflegeheim – wer trägt die Kosten?

Kann ich mir angesichts der skizzierten Kosten eine Pflege in einem Altersheim leisten? Zahlt nicht ohnedies Vater Staat für den Aufenthalt in einer Seniorenresidenz?

Grundsätzlich muss jeder für das Pflegeheim selbst aufkommen. Da die Pension, etwaige sonstige Einkommen wie Mieterträge und das Pflegegeld dafür meist nicht ausreichen, springt die „Bedarfsorientierte Mindestsicherung" (ehemals Sozialhilfe) ein. Sie übernimmt jenen Betrag, der das Nettoeinkommen – Pension, private Renten, Pflegegeld etc.– plus das Vermögen übersteigt. Dem Pflegeheimbewohner bleiben 20 Prozent seiner Pension, die Sonderzahlungen (13. und 14. Monatspension) sowie 44,50 Euro monatlich als „Taschengeld" (Stand 2014).

Damit schwindet für so manchen potenziellen Erben der Traum von Opas Wohnung oder Mamas Ersparnissen. Denn es wird das gesamte verwertbare Vermögen (Bargeld, Sparbücher, Wertpapiere, Bausparverträge, Häuser, Wohnungen, Liegenschaften) herangezogen. Hat ein Ehepartner ein dringendes Wohnbedürfnis

Pflegekosten-Regress bei Angehörigen

Ersatzpflicht Ehepartner	Rückgriff auf Schenkungen ① vor oder nach Hilfeleistung	Freibetrag ②	Schonvermögen (bleibt bei Gepflegtem)
30%	3 Jahre vor	nein	3.974,55
keine	5 Jahre vor, während u. 3 Jahre nach	3.974,55	11.923,65
33–40%	5 Jahre vor und während	3.975,00	5.565,00
33–40%	5 Jahre vor, während od. 3 Jahre nach	6.938,40	6.938,40
33–40%	3 Jahre vor, während od. 3 Jahre nach	3.974,55	7.000,00 bzw. 4.230,00 ③
33–40%	3 Jahre vor, während od. 3 Jahre nach	3.974,55	3.974,55
33–40%	5 Jahre vor, während u. 5 Jahre nach	7.949,10	4.830,00
33–40%	keiner, aber ⑤	–	7.000,00
bis zu 33–40% ④	10 Jahre vor	⑥	10.000,00

Stand: Dezember 2013, Quelle: Eigenrecherche, diverse Homepages

in der Wohnung oder dem Haus, kann das Land seine Forderung grundbücherlich sicherstellen und greift erst im Erbfall auf diese Liegenschaft zu.

Lässt sich dagegen etwas tun? – Nur beschränkt, wie die Tabelle auf der vorhergehenden Seite zeigt, die GEWINN Bundesland für Bundesland hartnäckig recherchiert hat. Wirklich auskunftsfreundlich sind die meisten Länder bezüglich ihrer Regelungen ja nicht. Es macht auch keinen Sinn, sein Hab und Gut noch schnell an die Verwandten zu verschenken oder die Wohnung von Opa oder Mama zu überschreiben: Je nach Bundesland wird drei bis zehn Jahre auf Schenkungen zurückgegriffen. Und Tirol sieht nur auf den ersten Blick großzügig aus, was den Rückgriffsverzicht bei Schenkungen betrifft. Denn: „Die stationäre Pflege kann versagt werden, wenn der Hilfesuchende sein Vermögen zu einem Zeitpunkt, in dem er bereits betreuungs- und pflegebedürftig war, verschenkt oder sonst ohne eine dem Wert des Vermögens entsprechende Gegenleistung an andere Personen übertragen hat (…)", heißt es dazu im Tiroler Mindestsicherungsgesetz.

Damit das Privatvermögen nicht für die 100-prozentige Deckung der Heimkosten herangezogen wird, muss man sein Hab und Gut je nach Bundesland zwischen drei und zehn Jahre vor dem Bezug des Seniorenheims verschenken. Ausgenommen ist davon aber das „kleine Haus", das unbelastet an die Nachkommenschaft weitergegeben werden darf. Für kleine Schenkungen gibt es häufig Freibeträge, für die kein Ersatz verlangt wird. Praktisch gedacht: Bei Sparbüchern unter 15.000 Euro Einlage ist die Schenkung meist schwer beweisbar, bei Immobilien genügt hingegen ein Blick ins Grundbuch.

Soweit zum Vermögen des Gepflegten. Es kann aber noch schlimmer kommen:

Es können auch Eheleute, Kinder und Eltern zum Regress der Pflegeheimkosten herangezogen werden.

Auch hier unterscheiden sich die Regelungen der Bundesländer in ihren jeweiligen Sozialhilfe- bzw. Mindestsicherungsgesetzen stark. Die Höhe der Unterhaltsverpflichtung von Eheleuten ist im Allgemeinen Bürgerlichen Gesetzbuch (§ 140 ABGB) geregelt. Demnach muss im Normalfall jener mit Einkommen dem anderen ohne Einkommen 33 Prozent des monatlichen Nettoeinkommens zahlen. Hat der zu Pflegende hingegen ein Eigeneinkommen, sind 40 Prozent des monatlichen Gesamtfamilieneinkommens herzunehmen, wovon das Eigeneinkommen des Unterhaltsberechtigten abgezogen wird. Das geht dann ans Pflegeheim. Nur Niederösterreich verschont seine Ehepartner, und Wien deckelt mit maximal 30 Prozent.

Kinder werden dagegen nur in der Steiermark zur Kasse gebeten, Kärnten hat die Regelung kürzlich abgeschafft. Welche unverhoffte Geldquellen man notfalls freilegen kann (zum Beispiel „umgekehrte Hypothek" auf die eigenen vier Wände, Kredite mit 50+ etc.) lesen Sie im Kapitel 2, „Abgesichert im Alltag".

Patientenverfügung – für alle Fälle

Seit 1. Juni 2006 können in Österreich lebende Personen vorweg festlegen, ob sie in bestimmten Situationen eine medizinische Behandlung ablehnen. Diese Erklärung, die sogenannte Patientenverfügung, soll für den Fall gelten, dass sich der Patient nicht mehr wirksam äußern kann. Entweder, weil er nicht mehr reden und sich auch sonst nicht mehr artikulieren kann. Oder, weil er nicht mehr über die notwendigen geistigen Fähigkeiten verfügt.

Derzeit sind aber nur 10.000 Patientenverfügungen im österreichischen Notariatsregister vermerkt – die wenigsten wollen sich frühzeitig mit einem eigenen gesundheitlichen Ausnahmezustand befassen.

Denn eine Patientenverfügung ist der erklärte Wille einer Person, der erst dann wirksam wird, wenn diese Person zum Zeitpunkt der Behandlung – etwa infolge eines Unfalls oder schwerer Krankheit – nicht mehr fähig ist, selbst zu entscheiden. Also dann, wenn eine Person nicht mehr einsichts-, urteils- oder artikulationsfähig ist. Das Patientenverfügungsgesetz lässt jedoch eine medizinische Notfallversorgung unberührt, sofern der mit der Suche nach einer Patientenverfügung verbundene Zeitaufwand das Leben oder die Gesundheit von Patienten ernstlich gefährdet. Eine Patientenverfügung nimmt dem Arzt nicht seine Entscheidung ab, sondern stützt seine Entscheidungsfindung.

„Verbindliche Wirkung entfaltet eine Patientenverfügung nur dann, wenn eine umfassende ärztliche Aufklärung erfolgt ist und die Verfügung von einem juristischen Experten, zum Beispiel einem Notar oder Rechtsanwalt errichtet wurde", betont Notar Markus Kaspar. In einer verbindlichen Patientenverfügung müssen die medizinischen Behandlungen, die Gegenstand seiner Ablehnung sind, konkret beschrieben sein oder eindeutig aus dem Gesamtzusammenhang der Verfügung hervorgehen.

Bei aller Regelungsfreiheit bleibt aber die „aktive Sterbehilfe" weiterhin verboten!

ACHTUNG

Nur wenn alle Voraussetzungen erfüllt sind, ist eine Patientenverfügung für den behandelnden Arzt grundsätzlich verbindlich. „… sonst ist sie nur Orientierungshilfe", mahnt Kaspar. „Der Arzt muss sich dann nicht unbedingt an die vom Patienten schriftlich formulierte Ablehnung einer Behandlung halten, wenn er konkrete und nachvollziehbare Anhaltspunkte hat, dass der Patient in der aktuellen Situation etwas anderes gewollt hätte, als in der Patientenverfügung schriftlich ausgeführt ist."

Die verbindliche Patientenverfügung lässt dem Arzt hingegen keinen Spielraum im Rahmen der Auslegung des mutmaßlichen Patientenwillens. Der Arzt muss grundsätzlich diejenige medizinische Behandlung unterlassen, die in der Patientenverfügung beschrieben ist.

ACHTUNG

Der Patient ist jederzeit berechtigt, die Patientenverfügung jederzeit zu widerrufen oder abzuändern. Um die Verbindlichkeit aufrecht zu erhalten, muss die Erklärung alle fünf Jahre erneuert werden.

Für die Errichtung von verbindlichen Patientenverfügungen bestehen strenge Formvorschriften. So muss der Patientenverfügung zu entnehmen sein, dass der Patient die Folgen seiner Verfügung vollständig und zutreffend eingeschätzt hat und im Zeitpunkt der Errichtung die Einsichts- und Urteilsfähigkeit des Patienten vorgelegen ist", so Kaspar.

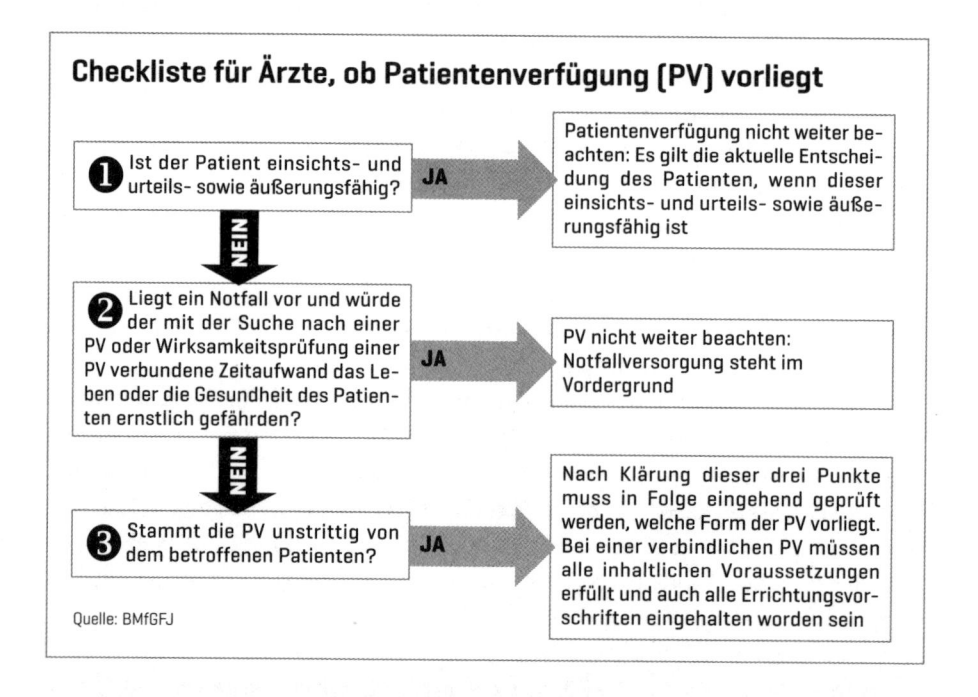

Checkliste für Ärzte, ob Patientenverfügung (PV) vorliegt

❶ Ist der Patient einsichts- und urteils- sowie äußerungsfähig? — **JA** → Patientenverfügung nicht weiter beachten: Es gilt die aktuelle Entscheidung des Patienten, wenn dieser einsichts- und urteils- sowie äußerungsfähig ist

NEIN ↓

❷ Liegt ein Notfall vor und würde der mit der Suche nach einer PV oder Wirksamkeitsprüfung einer PV verbundene Zeitaufwand das Leben oder die Gesundheit des Patienten ernstlich gefährden? — **JA** → PV nicht weiter beachten: Notfallversorgung steht im Vordergrund

NEIN ↓

❸ Stammt die PV unstrittig von dem betroffenen Patienten? — **JA** → Nach Klärung dieser drei Punkte muss in Folge eingehend geprüft werden, welche Form der PV vorliegt. Bei einer verbindlichen PV müssen alle inhaltlichen Voraussetzungen erfüllt und auch alle Errichtungsvorschriften eingehalten worden sein

Quelle: BMfGFJ

Damit die Patientenverfügung auch verbindlich wird

○ eine Patientenverfügung kann nur höchstpersönlich und nur von einer Person, die voll einsichts- und urteilsfähig ist, errichtet werden

○ konkrete Beschreibung aller medizinischen Behandlungen, die vom Patienten abgelehnt werden

○ umfassende Aufklärung durch einen Arzt sowie Dokumentation der erfolgten Aufklärung

○ Errichtung der Patientenverfügung vor einem Rechtsanwalt, Notar oder rechtskundigen Mitarbeiter einer Patientenvertretung

○ Aufklärung über die Folgen einer Patientenverfügung und die Möglichkeit des jederzeitigen Widerrufs sowie Dokumentation der Aufklärung

Das Wichtigste zum Schluss

Die Wahrscheinlichkeit, dass man einmal krank oder sogar pflegebedürftig wird, wird durch die steigende Lebenserwartung immer größer. „Vater Staat wird schon zahlen", ist die Überzeugung der meisten Österreicher.

Darauf sollte man nicht bauen. Selbst Vorsorgen kann, aber muss man nicht mit einem Kranken- und/oder Pflegeversicherungsprodukt. Denn Prämien für private Krankenversicherungen sind bei Neuabschlüssen mit 50 Jahren fast doppelt so hoch als für 30-Jährige.

Günstiger wird es, wenn man etwa nur schwere Krankheitsfälle versichert, oder vielleicht nur einen ambulanten Tarif für alternative Heilbehandlungen wählt (der stationäre Tarif umfasst Wahlarzt im Spital und Sonderklasse).

Die Leistungen der privaten Pflegeversicherungen lassen sich wiederum nur schwer vergleichen, staatlich gefördert werden die Einzahlungen ohnehin nicht. Entscheidet man sich für eine Pflegeversicherungspolizze, ist nicht primär die Höhe der Prämie interessant, sondern ab welcher Stufe es auch eine Leistung gibt. Ob ab Pflegestufe eins oder erst ab Pflegestufe drei macht einen großen Unterschied: nicht einmal die Hälfte der Pflegegeldbezieher ist in der Pflegestufe drei und darüber eingestuft!

Am schönsten ist es doch immer noch zu Hause, deshalb unser wichtigster Tipp: Pflegen Sie die Nachbarschaft, Verwandtschaft und Ihren Freundeskreis – starke Stützen im Pflegefall!

Und damit die Pflege zu Hause nicht zum Burnout führt, sollte die pflegende Person alle Möglichkeiten nutzen, die sie zeitlich wie finanziell entlasten: Pflegekarenz, Pflegeurlaubsgeld, Förderung der Ersatzpflege usw.

Funktioniert das private soziale Netzwerk nicht, gibt es immer noch die professionelle Unterstützung, deren Stundensatz sich für Heimhilfe je nach Leistung und Anbieter zwischen 17 und 35 Euro pro Stunde, für Alten- und Pflegehilfe zwischen 21 und 49 Euro und für die Hauskrankenpflege zwischen 26 und 50 Euro pro Stunde bewegt.

Übrigens: Pflegekosten können als besondere Belastung steuerlich abgesetzt werden! Apropos Kosten: Wussten Sie, dass auch Eheleute, Kinder und Eltern zum Regress der Pflegeheimkosten herangezogen werden können?

Als die beliebteste Wohnform für ältere, noch weitgehend agile Menschen dürfte sich das „Betreute Wohnen" durchsetzen: Man hat sein eigens Appartement in einer altersgerechten Wohnhausanlage, bei der man gegebenenfalls medizinische und Pflegebetreuung „aufbuchen" kann.

Ein Boom, an dem man sich auch als Privatanleger beteiligen kann. Projekte bieten hier die klassischen Anbieter von Vorsorgewohnungen (Raiffeisen Vorsorgewohnung, Erste Immobilien KAG etc.) an. Warum nicht als Vorsorgewohnung gleich in ein Betreutes-Wohnen-Projekt investieren, in das man gegebenenfalls später selbst einziehen kann ...v

Richtig erben und vererben

- Ohne Testament: Was das Gesetz sagt
- Mit Testament: Vererben, wie ich will!
- Grenzüberschreitend vererben

Die Erbengeneration

In den nächsten drei Jahrzehnten werden österreichweit jährlich rund 17 Milliarden Euro reines Geldvermögen vererbt, macht in Summe 510 Milliarden Euro.

Milliarden €

- € 170 Milliarden
- € 340 Milliarden
- € 510 Milliarden

Österreich ist seit 2008 erbschafts- und schenkungssteuerfrei!

Die Ausnahme: Schenkung und Erschaft von Liegenschaften. Hier fällt eine Grunderwerbsteuer von 3,5 Prozent, bei nahen Angehörigen (Ehegatten, Eltern, Kinder, Enkelkinder, Stief-, Wahl-, Schwiegerkinder) von zwei Prozent an.

Gemischte Schenkung einer Liegenschaft:
Werden mehr als 50 Prozent verschenkt, ist die neue Immobilien-Einkommensteuer fällig.

Achtung Meldepflicht bei Schenkungen:
- ab 50.000 Euro innerhalb eines Jahres zwischen Angehörigen,
- ab 15.000 Euro innerhalb von fünf Jahren zwischen anderen Personen.

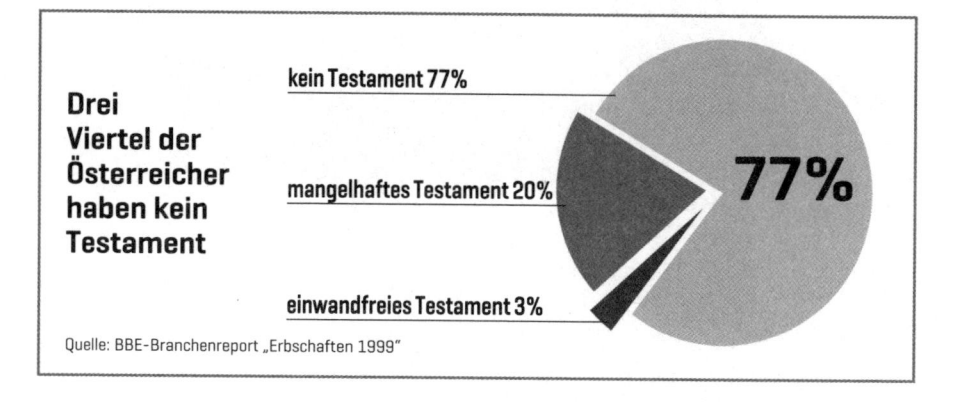

Drei Viertel der Österreicher haben kein Testament

- kein Testament 77%
- mangelhaftes Testament 20%
- einwandfreies Testament 3%

77%

Quelle: BBE-Branchenreport „Erbschaften 1999"

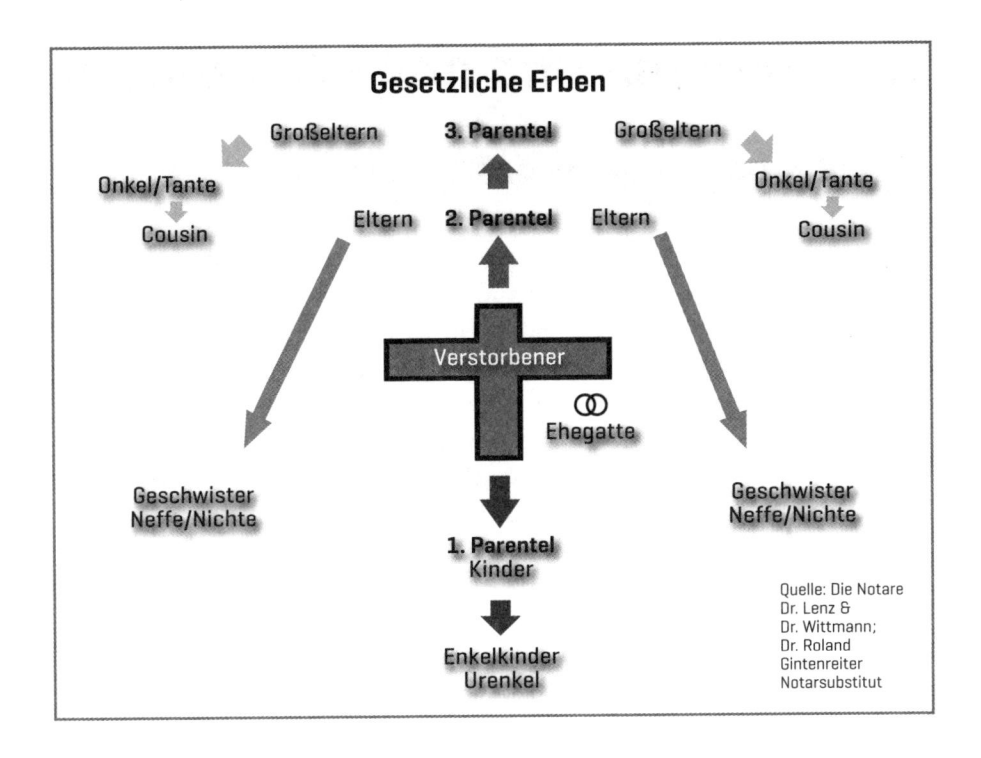

Richtig erben und vererben | **Kapitel 6** | **179**

Gesetzliche Erben

- Großeltern — 3. Parentel — Großeltern
- Onkel/Tante — Eltern — 2. Parentel — Eltern — Onkel/Tante
- Cousin — Cousin
- Verstorbener ⚭ Ehegatte
- Geschwister Neffe/Nichte — Geschwister Neffe/Nichte
- 1. Parentel Kinder
- Enkelkinder Urenkel

Quelle: Die Notare Dr. Lenz & Dr. Wittmann; Dr. Roland Gintenreiter Notarsubstitut

Gesetzliche Erbquoten

Kinder (und deren Nachkommen) 2/3 — Ehegatte 1/3

Sind keine Kinder vorhanden:
Ehegatte 2/3 — Eltern des Verstorbenen 1/3

Sind auch keine Eltern vorhanden:
Ehegatte 2/3 — Geschwister des Verstorbenen 1/3

Gibt es auch keine Geschwister:
Ehegatte 2/3 — Großeltern des Verstorbenen 1/3

Gibt es keine engen Verwandten:
Ehegatte 3/3

Gibt es keinen Ehegatten:
dann geht das Drittel nicht an den Lebensgefährten, sondern auch an die oben genannte engere Verwandtschaft

Vererben mit und ohne Testament

Ohne Testament: Was das Gesetz sagt

Das Gesetz regelt für alle, die keinen Letzten Willen aufsetzen, viel, aber nicht alles. Denn das Gesetz ist alt. Als 1812 das Allgemeine Bürgerliche Gesetzbuch (ABGB) eingeführt wurde, dachte man – wen wundert's – beispielsweise noch nicht an Lebensgefährten. Da man sich bis heute zu keiner größeren Erbrechtsreform durchringen konnte, zählen sie zu den prominentesten „Leerausgehern", wenn einer der beiden ohne Testament verstirbt. Auch die Tatsache, dass selbst ohne Kinder der Ehepartner nur zwei Drittel erbt, entspricht vielleicht nicht ganz dem Letzten Willen.

Kleine Reformbestrebungen im Erbrecht gibt es: So der jüngste Anlauf wie in Deutschland Pflegeleistungen der Angehörigen im Erbrecht zu berücksichtigen. Doch noch schaut's im Detail so aus, wenn man alles dem Gesetz überlässt:

Ehepaare und Kinder

Nach dem Gesetz erben zunächst Ehegatten ein Drittel des Vermögens und Kinder zwei Drittel. Bei mehreren Kindern sind diese zwei Drittel zu gleichen Teilen aufzuteilen. Ist kein Ehegatte vorhanden, teilen sich die Kinder beziehungsweise deren Nachkommen das Vermögen.

Hat der Verstorbene hingegen keine Kinder, aber einen Ehegatten, erhält dieser Ehegatte – auch das überrascht viele – nur zwei Drittel des Vermögens. Ein Drittel geht an die Eltern des Verstorbenen. Leben diese auch nicht mehr, geht das Drittel an deren Nachkommen zu gleichen Teilen (= Geschwister des Verstorbenen).

Sollten allerdings auch die Geschwister schon verstorben sein und es gibt einen Ehegatten, geht der betreffende Anteil doch an den Ehegatten – Nichten und Neffen (als Nachkommen der Geschwister) erben in diesem Fall nicht mehr.

Ähnliches gilt, wenn die Eltern schon verstorben sind, aber noch Großeltern leben. Diese erben an sich ebenfalls insgesamt ein Drittel. Sind allerdings einer, mehrere oder alle aus der Großelterngeneration bereits verstorben, erhält doch der Ehegatte deren Anteile. Und sollte neben dem Ehegatten nur noch der ein oder andere Urgroßelternteil vorhanden sein, so geht dieser leer aus, der Ehegatte erbt alles.

Eltern, Großeltern und deren Nachkommen

Ohne Ehegatten und ohne (Enkel-)Kinder erben die Eltern des Verstorbenen alles, beziehungsweise deren Nachkommen.

Die Mutter lebt noch, der Vater ist bereits verstorben, dieser hinterlässt aber zwei Kinder (=Geschwister des Verstorbenen). Dann erbt die Mutter die Hälfte, und die beiden Geschwister als Repräsentanten des Vaters insgesamt ebenfalls die Hälfte, daher jeder ein Viertel des Vermögens des Verstorbenen.

Fehlen obendrin bereits Eltern und Geschwister oder deren Nachkommen (Nichten, Neffen), dann kommen noch Großeltern beziehungsweise deren Nachkommen als Erben in Frage. Eine oft unverhoffte Erbschaft können somit gegebenenfalls Onkel, Tanten oder auch die Cousins/Cousinen des Verstorbenen machen.

Ist auch von diesen niemand mehr übrig, können als allerletztes allfällige, noch lebende Urgroßeltern erben. Sind diese ebenfalls schon verstorben, dürfen deren Nachkommen nicht mehr eintreten.

Fehlen alle bisher genannten, gesetzlichen Erben, und es gibt auch kein Testament, so fällt das Erbe an den Staat. Dabei handelt es sich um das sogenannte Heimfallsrecht, das sich die Republik gesetzlich gesichert hat. Laut einer parlamentarischen Anfrage, die die damalige Finanzministerin Maria Fekter beantwortete, soll das in den Jahren 2003 bis 2011 immerhin 936-mal passiert sein, was dem Staat rund 57 Millionen Euro bescherte, von denen er 34 Millionen wieder hergeben musste, weil nachträglich anerkannte Erbrechtstitel vorgelegt werden konnten.

Grenzüberschreitendes Vererben

Er Österreicher, sie Niederländerin, wohnhaft in Deutschland, mit einer Immobilie in Österreich und einer auf Mallorca – solche Konstellationen sorgen unter der heutigen Rechtslage bei Juristen für Sorgenfalten.

Es genügt aber auch schon, wenn ein Österreicher in Italien verstirbt. Während das Liegenschaftsvermögen in Italien gleich dort abgehandelt wird, wird der Rest, so derjenige österreichischer Staatsbürger war und seinen letzten Wohnsitz hier hatte, in Österreich abgehandelt. Zwei Verfahren, zwei Mal Kosten und unbekannte Verfahrensdauer.

Es kann aber auch dazu kommen, dass das Verfahren zwar in Österreich stattfindet, aber nach ausländischem Recht. Etwa, wenn ein Deutscher in Österreich ein Haus hatte.

Erfreulicherweise soll vieles ab 17. August 2015 endlich einfacher werden. Dann tritt nämlich eine EU-Verordnung in Kraft. Künftig soll nur noch der letzte gewöhnliche Aufenthaltsort des Erblassers darüber entscheiden, welches Gericht plus dortiges Landesrecht gilt. Wem das nicht Recht ist, kann per Testament aber festlegen, dass jenes Erbrecht gelten soll, dessen Staatsangehöriger er ist. Letzteres ist natürlich auch schon jetzt möglich.

Wer in irgendeiner Form grenzüberschreitend lebt, sollte sich mit dem Thema auseinandersetzen, um seinen Erben eine Menge Mühen und Geld zu sparen!

TIPP

Um einen ersten Eindruck zu erhalten, welche Regelungen in welchem europäischen Land gelten, empfiehlt sich eine spannende Lektüre im Internet: Unter www.successions-europe.eu haben die Europäischen Notare detailliert und übersichtlich das Erbrecht der einzelnen Länder zusammengetragen, samt Informationen über die zuständigen Behörden sowie auch die jeweilige, anfallende Steuerlast.

Mit Testament: Vererben, wie ich will!

Alles der Freundin, nichts der Ehefrau? Dem einem Kind mehr, dem anderen weniger, doch am meisten dem Altenpfleger? Per Testament lässt sich vieles regeln, wenn auch nicht alles. Denn das Gesetz hat eine Art „Bremse" für den Letzten Willen eingebaut, um den engsten Verwandten des Erblassers zumindest einen gewissen Anteil zukommen zu lassen. Man nennt ihn den Pflichtteil.

Unter diesem besonderen Schutz stehen
- die Kinder (wenn diese verstorben sind, die Enkel beziehungsweise Urenkel),
- Ehegatten sowie eingetragene Partner und
- die Eltern.

Der Pflichtteil beträgt für Nachkommen und Ehegatten die Hälfte ihres gesetzlichen Erbteils, für Eltern ein Drittel davon.

Beispiel: Wer etwa möglichst alles seinem Ehegatten oder Lebensgefährten zukommen lassen will, keine Kinder aber noch Eltern hat, kann per Testament bewirken, dass die Eltern lediglich ein Drittel von einem Drittel (Pflichtteil ihres gesetzlichen Erbteils) erhalten – also ein Neuntel von der Erbmasse. Findet sich wertmäßig ein passender Vermögensgegenstand (z. B. Sparbuch) für dieses Neuntel, kann man den Pflichtteilsanspruch auch mit diesem konkreten Gegenstand abdecken (Legat). Was bewirkt, dass dann der (Ehe-)Partner beispielsweise die vorhandene Immobilie zur Gänze erben kann.

Einfach enterben?

Lediglich bei ganz schwerwiegenden Gründen kann Kindern, Gatten und Eltern auch der Pflichtteil entzogen werden, umgangssprachlich nennt man das „Enterbung". Die Gründe sind allerdings weit enger gestaltet, als viele vermuten. Bloß seltene Besuche und der vergessene Anruf zum Geburtstag genügen dazu nicht. Die triftigen Gründe im Einzelnen:
- der enge Verwandte hat den Verstorbenen zu dessen Lebzeiten im Notstand hilflos gelassen,
- er ist wegen mit Vorsatz begangener Straftaten zu einer mindestens 20-jährigen Freiheitsstrafe verurteilt worden beziehungsweise hat gegenüber dem Verstorbenen eine vorsätzliche, mit mindestens einjähriger Haftstrafe bedrohte Handlung gesetzt (z. B. Mordversuch, schwere Körperverletzung, Raub),
- er führt beharrlich eine gegen die öffentliche Sittlichkeit anstößige Lebensart (zum Beispiel Prostitution), oder
- ein Ehegatte hat seine Beistandspflicht seinen Partner gegenüber zu dessen Lebzeiten vernachlässigt oder
- er hat frühere letztwillige Anordnungen des Verstorbenen zu dessen Lebzeiten unterdrückt oder gefälscht.

In allen anderen, weniger gravierenden Fällen bleibt dem mit seiner Verwandtschaft unzufriedenen Erblasser nur übrig, diese mit einem passenden Testament auf den Pflichtteil zu setzen.

Eine spezielle Möglichkeit einen nahen Verwandten doch weniger zu vererben, als das Gesetz normalerweise vorsieht, bietet schließlich noch § 773a ABGB: standen Erblasser und der Pflichtteilsberechtigte zu keiner Zeit in einem Naheverhältnis, wie es in der Familie zwischen solchen Verwandten gewöhnlich besteht, kann der Erblasser den Pflichtteil auf die Hälfte mindern.

Wichtig aber: die Judikatur handhabt diesen Passus sehr restriktiv, und auch Absatz 3 dieses Paragraphen schiebt eine weitere Einschränkung nach: Keine Minderung ist erlaubt, wenn der Erblasser das Recht auf persönliche Kontakte mit dem Pflichtteilsberechtigten grundlos abgelehnt hat. Ein Kind also zeitlebens bewusst zu ignorieren und es dann dafür auch noch mit weniger zu bedenken, als ihm erbrechtlich zustehen würde, ist nicht im Sinne des Gesetzgebers.

Möglichst viel meiner Frau/meinem Mann

Wie eingangs beschrieben, erbt man selbst als Ehefrau oder -mann nur ein Drittel, wenn der Verstorbene ein oder mehrere Kinder hinterlässt, und nur zwei Drittel, solange es Eltern, Geschwister oder Großeltern des Verstorbenen gibt.

Wer seinem/seiner Angetrauten lieber mehr hinterlassen möchte, kommt um ein Testament nicht herum.

Es sei denn, es sind bescheidene Kinder, die freiwillig auf ihr Erbe verzichten, um Mutter oder Vater ein umfassendes Erbe zu gewähren. Was bei intakten Familien erfreulicherweise relativ häufig der Fall ist. Erben werden sie ja ohnedies einmal alles.

> *Will man es als Kind etwas abgesicherter, empfiehlt sich folgende Vorgangsweise: Ein Pflichtteilsverzicht vorab in Form eines Notariatsakts, die Eltern setzen in einem gemeinsamen wechselseitigen Testament das oder die Kinder als Schlusserben ein, und fügen eine „Nacherbschaft" hinzu. Der überlebende Ehegatte ist dann der Vorerbe, der die Erbschaft unbeschränkt nutzen darf, sie aber weder veräußern noch belasten darf. Dann hat auch ein allfälliges Pflegeheim keinen Zugriff, wenn die Fristen eingehalten werden (siehe Kapitel 5).*

TIPP

Damit lassen sich von Vornherein Erbstreitigkeiten etwa bei Patchworkfamilien verhindern. Gibt es aber Kinder aus erster Ehe und eine zweite Ehefrau bzw. einen zweiten Ehemann, ist der Streit ums Erbe meist nicht weit. Ein wasserdichtes Testament schont hier die Nerven und die Geldtaschen sämtlicher Hinterbliebenen.

Der Ehemann könnte beispielsweise seine aktuelle, zweite Ehefrau per Testament als Alleinerbin einsetzen. Gibt es aus dieser Beziehung keine Kinder, aber aus der ersten Ehe drei Kinder, wären diese Kinder auf den sogenannten Pflichtteil verwiesen. Dieser macht bei ihnen die Hälfte des gesetzlichen Erbteils aus. Da Kinder neben Ehegatten in der Regel zwei Drittel erben, bleibt – davon die Hälfte – nun ein Drittel als Pflichtteil übrig, wovon jedes der drei Kinder nun ein Drittel erhält, also jeder ein Neuntel.

Dieser Pflichtteil kann ihnen auch als Legat zugewendet werden. Legate sind einzelne Vermögensteile (Sparbuch, Aktien, Schmuck, Pelzmantel etc.), womit etwa das Haus als „Haupterbe" zur Gänze der Ehefrau bleibt.

Erbt der/die Ex?

Noch etwas: Geschiedene Ehegatten haben selbstverständlich kein gesetzliches Erbrecht, getrennt lebende, aber nicht rechtskräftig geschiedene Ex-Partner hingegen schon.

Nach Trennungen empfiehlt es sich auch stets, sein Testament umzuschreiben – sonst würde beispielsweise der mittlerweile verhasste Ex-Mann doch noch etwas erben.

Und den getrennt lebenden Ehegatten kann man zumindest auf den Pflichtteil setzen. Oder man schafft es im Gegenzug zu einer Schenkung, diesem einen Pflichtteilsverzicht abzuringen.

Erbverzicht oder Pflichtteilsverzicht?

Ob man auf seinen Pflichtteil verzichtet oder auf seinen Erbteil, macht rechtlich einen Unterschied.

In beiden Fällen gibt es zwei Möglichkeiten: Entweder man verzichtet als potenzieller Erbe schon zu Lebzeiten des Erblassers oder erst nach seinem Tod. Es noch zu seinen Lebzeiten zu tun, ist an die Form eines Notariatsaktes gebunden. Nach dem Tod kann man es einfach durch sogenannte einseitige Ausschlagung tun – beispielsweise vor dem Notar, während der Verlassenschaftsabhandlung.

Wer auf sein (gesetzlich vorgesehenes) Erbteil verzichtet, muss noch nicht automatisch auf seinen Pflichtteil verzichten. Umgekehrt kann man auch bloß auf den Pflichtteil verzichten (also für den Fall, dass der Erblasser ein Testament macht), nicht jedoch auf seinen (größeren) gesetzlichen Erbteil für den Fall, dass der Erblasser kein Testament macht. Oder man kann natürlich auch auf Beides verzichten.

Ist bei einem Verzicht auf das gesetzliche Erbrecht nicht ausdrücklich im Vertrag vereinbart, dass der Pflichtteilsanspruch aufrecht bleiben soll, wird im Zweifelsfall durch den Erbverzicht auch der Pflichtteilsanspruch aufgegeben. Umgekehrt, bei einem Verzicht bloß auf den Pflichtteil, bleibt im Zweifel das gesetzliche Erbrecht aufrecht.

> **"**
> Eigenschaften werden selten vererbt, deshalb sollte man sich nicht auf die Erbfolge verlassen.
> **"**
>
> **Niccoló Machiavelli (1469-1527)**

Wichtig: In diesem Fall, dass nur auf den Pflichtteil verzichtet wird, muss der Erblasser daher unbedingt ein Testament errichten, damit der Verzicht wirksam wird! Denn ohne eines würde hier der bloß auf den Pflichtteil Verzichtende erst gesetzlicher Erbe, und damit am Ende das Doppelte (Kind, Ehegatte) oder Dreifache (Elternteil) von dem erben, was ihm als Pflichtteil zustehen würde.

Vorsorgen für Lebensgefährten

Häufiger Fall, stets gleich schlechter Ausgang: Ein Paar lebt unverheiratet, aber glücklich lange Zeit zusammen, beispielsweise in der Eigentumswohnung des einen. Testament wird auch keines gemacht – doch plötzlich verstirbt der Partner, der Wohnungseigentümer ist.

Das „dicke Ende": Der Lebensgefährte erbt gar nichts, im Gegenteil, er muss ausziehen, wenn er sich nicht mit den gesetzlichen Erben (z. B. Kinder, Eltern des Verstorbenen) auf eine künftige Miete der Wohnung einigt.

Am besten für den Lebensgefährten wäre es da gewesen, diesem schon zu Lebzeiten die Hälfte der Wohnung zu schenken und ihn als Miteigentümer ins Grundbuch einzutragen.

> *Um den Lebensgefährten zum Hälfteeigentümer der gemeinsamen vier Wände zu machen, ist die Errichtung eines Schenkungsvertrags nötig, denn Grundbucheintragungen sind nur aufgrund schriftlicher Urkunden möglich.*
>
> **! ACHTUNG**

Dazu wird Steuer fällig, wenn auch deutlich weniger als noch zu Zeiten der Schenkungssteuer: 1,1 Prozent Grundbucheintragungsgebühr sowie Grunderwerbsteuer in Höhe von zwei Prozent sowie Gerichtsgebühren.

Der Vorteil dieser Regelung noch zu Lebzeiten: Es schmälert das (gesetzliche) Erbrecht der Verwandten des Verstorbenen, da ja nun nur noch von der Hälfte geerbt werden kann.

Und errichtet der Partner auch noch ein Testament, in dem er seinen Lebensgefährten als Alleinerben einsetzt, und es sind keine Kinder vorhanden, so können beispielsweise die Eltern des Verstorbenen – Nachkommen gebührt als Pflichtteil immer nur ein Drittel des gesetzlichen Erbteils – nur noch ein Drittel der Hälfte der Wohnung erben, also insgesamt nur ein Sechstel.

Noch dazu kommt die Begünstigung nach § 14 WEG zu tragen: Im Todesfall geht automatisch der Anteil des Verstorbenen ins Eigentum des hinterbliebenen Partners über. Als Gegenleistung muss er allerdings den Verkehrswert des an ihn übergegangenen Anteils in die Verlassenschaft einzahlen („Übernahmepreis"). Gibt es Pflichtteilsberechtigte oder Gläubiger, muss aber nur ein Viertel des Verkehrswertes bezahlt werden.

(Zur Gänze würde die Zahlungspflicht entfallen, wäre der Hinterbliebene Pflichtteilsberechtigter, also Ehepartner oder eingetragener Partner gewesen, und hätte ein dringendes Wohnbedürfnis.)

Erben mit Bedingungen

„Ich setze den Kettenraucher A. unter der Bedingung zum Erben ein, dass dieser das Rauchen aufgibt", hatte der Verstorbene ins Testament geschrieben. A. wollte aber weder zu rauchen aufhören, noch auf seinen Erbteil verzichten. Der Fall ging bis vor den Obersten Gerichtshof. Denn an sich kann ein Erblasser alle möglichen Auflagen und Bedingungen an seine Erben stellen. Die Grenzen sind bloß dort, wo er

- gegen das gesetzliche Pflichtteilsrecht verstößt („mein zweiter Sohn soll gar nichts bekommen") oder
- gegen die guten Sitten bzw. gesetzliche Verbote oder
- unmögliche, sinnlose oder unverständliche Anweisungen trifft.

Kettenraucher A. wollte mithilfe seines Anwalts bei der Sittenwidrigkeit ansetzen: Denn von den Zigaretten könne sich A. weit schwerer trennen als von seiner Frau. Der Oberste Gerichtshof wollte dieser Behauptung, nicht beipflichten. Er befand den Schachzug des Verstorbenen zugunsten der Gesundheit des A. als legitim.

Ein anderes Beispiel: „Meine Tochter soll das Grundstück bekommen. Mein Sohn das Wochenendhäuschen am See." Was, wenn Tochter und Sohn es aber genau umgekehrt wollen und sie sich einig wären, einfach zu tauschen? Die Antwort ist: Sie können. Wenn jemand freiwillig sein Recht aufgibt, kann der Letzte Wille nicht weiter reichen", zeigt Notarin Isolde Sauper die Grenzen des Erblasserwillens.

Die größten Probleme tun sich allerdings regelmäßig bei selbstverfassten Testamenten auf. Mitunter weiß man nicht mal, was der Erblasser überhaupt wollte: „Es gab da kürzlich einen Fall, wo eine Dame verfügt hatte, ihr Sohn solle die ‚Holzstückeln' bekommen. Waren damit nun die Holzmöbel im Haus gemeint oder die Forstgrundstücke? Für den Sohn machte das natürlich einen Riesenunterschied", schildert der auf Erbrecht spezialisierte Rechtsanwalt Martin Weiser.

Will der Erblasser per Testament festlegen, wie sein Begräbnis aussehen soll, gibt es übrigens auch einen praktischen Stolperstein: Die Kundmachung eines Testaments erfolgt in der Regel erst ein paar Wochen nach der Bestattung. Daher empfiehlt sich, gegenüber seinen nahen Angehörigen entweder noch zu Lebzeiten seine diesbezüglichen Wünsche zu äußern oder ihnen zumindest zu sagen, dass im Testament darüber etwas steht.

> **ACHTUNG** *Je komplizierter die Regelungen, desto wahrscheinlicher ist es, dass im Nachhinein Diskussionen aufkommen!*

Für einen guten Zweck

Über den Tod hinaus eine gute Nachrede hätte wohl jeder gerne. Grund genug für Zuwendungen an caritative Organisationen. Sei es, dass man ohnehin niemanden (mehr) hat, den man mit seinem Erbe bedenken will, oder sei es, dass man nur einen Teil seines Vermögens für etwas reservieren möchte, was einem schon immer am Herzen lag. Ob für Soziales, Menschenrechte, Umwelt, Tierschutz, Gesundheit, Religiöses, Bildung oder Kulturelles: seit einiger Zeit kann man sich über die meisten Organisationen unter www.vergissmeinnicht.at, einer Initiative für „das gute Testament", Informationen besorgen.

Die Errichtung eines Testaments ist dafür natürlich nötig.

Nichts dem Pflegeheim!

Wir werden immer älter, damit leider früher oder später nicht selten zum Pflegefall. Derzeit funktioniert das Ganze so: Da die Pension und das Pflegegeld meist nicht ausreichen, um die Kosten eines Pflegeplatzes im Heim zu decken, springt die „Bedarfsorientierte Mindestsicherung" (ehemals Sozialhilfe) des jeweiligen Bundeslandes ein. Sie übernimmt jenen Betrag, der das Nettoeinkommen – Pension, Renten, Pflegegeld etc. – plus das Vermögen übersteigt. Dem Pflegeheimbewohner bleiben 20 Prozent seiner Pension, die Sonderzahlungen (13. und 14. Monatspension) sowie 44,50 Euro monatlich als „Taschengeld".

Das gesamte verwertbare Vermögen (Bargeld, Sparbücher, Wertpapiere, Bausparverträge, Häuser, Wohnungen etc.) werden zur Kostendeckung der Differenz herangezogen. Hat eine Ehegattin oder ein Ehegatte ein dringendes Wohnbedürfnis an der jeweiligen Wohnung oder dem Haus, kann das Land seine Forderung grundbücherlich sicherstellen und greift erst im Erbfall auf diese Liegenschaft zu – mehr dazu später.

Lässt sich gegen den Zugriff auf das persönliche Vermögen etwas tun? Schenken an seine Lieben vorab kann helfen, aber nur beschränkt, wie Sie im Kapitel 5 nachlesen können. Denn je nach Bundesland müssen zwischen der Schenkung und dem Pflegefall zwischen drei und zehn Jahre liegen. Ist weniger Zeit vergangen, wird der Beschenkte kostenersatzpflichtig.

Zu Lebzeiten schenken statt zu vererben

Stellt sich die Frage, ob es nicht grundsätzlich klüger ist, früh genug zu verschenken, damit Pflegeeinrichtungen oder eine künftig eventuell wieder eingeführte Steuer nicht zuschlagen. Um Familiendramen zu verhindern, natürlich so, dass man sich noch Rechte an seinem Hab und Gut zurückbehält.

Das geht bei Immobilien etwa durch eine Schenkung, in deren Gegenzug man sich ein Wohnrecht oder ein Fruchtgenussrecht vorbehält.

Der Vorteil des Wohnrechts ist, dass es nicht pfändbar ist, allerdings ist es ein höchst persönliches Recht, das nicht weitervererbbar ist. Es gilt also nur für den Beschenkten direkt, nicht für dessen Nachkommen. Und der Wohnungsberechtigte darf die Wohnung auch nicht weitervermieten.

Das Fruchtgenussrecht ist zwar ebenfalls höchstpersönlich (und damit nicht weitervererbbar), man darf aber beispielsweise in einer Wohnung selbst wohnen oder darf sie weitervermieten und daraus die Einnahmen lukrieren, und es ist auch pfändbar, solange man lebt.

Einzutragen ist beides ins Grundbuch, und gilt gegenüber jedem – also auch gegenüber dem Pflegeheim oder einem potenziellen Käufer der Immobilie. Damit kombiniert werden sollte stets auch die Eintragung eines Belastungs- und Veräußerungsverbots. So kann der Beschenkte Haus oder Wohnung nicht ohne die Zustimmung des Schenkenden verkaufen oder belasten.

Zusätzlich mit einem Wohnrecht sollte man gleichzeitig vereinbaren, wer welche Kosten zu tragen hat, wie Instandhaltungskosten, Betriebskosten sowie Abgaben. Ersteres fällt meist in die Pflicht des Eigentümers.

Meldepflichten beim Schenken

Seit 2008 die Schenkungssteuer abgeschafft wurde, müssen größere Schenkungen zumindest gemeldet werden. Zwischen näheren und weiteren Angehörigen ab mehr als 50.000 Euro im Jahr, bei anderen Personen ab mehr als 15.000 Euro innerhalb von fünf Jahren. Meldepflichtig sind sowohl Schenkender als Beschenkter und involvierte Anwälte und Notare. Es genügt aber, wenn einer meldet.
Grundstücksschenkungen sind nicht von dieser Regelung umfasst, da sie dank Grundbuch ja ohnehin gut dokumentiert sind. Näheres ist nachzulesen unter www.help.gv.at, Stichworte „Schenken, Meldepflicht".

Stiftung für Großvermögen

Ab etwa einer Million aufwärts kann man auch daran denken, eine Privatstiftung zu installieren. Das Vermögen, Grundstücke, häufig aber vor allem auch Unternehmen bzw. Unternehmensanteile sind darin gebündelt, und können von den Nachkommen nicht mehr nach Gutdünken versilbert werden. Zusätzlich winken – im Vergleich zu früheren Jahren allerdings nur noch sehr geringe – Steuervorteile. Man muss sich allerdings bewusst sein, dass auch der Stifter selbst nicht mehr frei über sein einstiges Eigentum verfügen kann: denn die Stiftung ist eine eigene Rechtsperson (juristische Person), und das einstige Vermögen des Stifters wird zum Eigentum der Stiftung.

Die Entscheidungen über sie werden zu einem Gutteil von den Stiftungsvorständen getroffen. Diese müssen sich dabei zwar an den Willen der vom Stifter verfassten Stiftungsurkunde halten, und die Besetzung mit dem Stifter genehmen Personen kann ihr Übriges tun. Dennoch: man verliert Rechte über sein Vermögen.

Noch krassere Auswirkungen kann die Gründung einer Privatstiftung für die Nachkommen haben: Statt in absehbarer Zeit das Vermögen zu erben, fallen sie mitunter sogar um ihren Pflichtteil um, und können froh sein, wenn sie zumindest als Begünstigte der Stiftung mit der ein oder anderen Ausschüttung bedacht werden.

Stiftungen führen daher nicht selten zu Konflikten innerhalb der Familie. Eine elegante Lösung ist es für alle Beteiligten, schon vor Stiftungserrichtung mit sämtlichen Pflichtteilsberechtigten einen Pflichtteilsverzicht zu vereinbaren. Dafür verlangen sie natürlich üblicherweise eine Gegenleistung, über die alle Beteiligten diskutieren können. So kann man sich etwa vorab auf die Schenkung eines bestimmten Vermögensteils einigen, oder man verspricht, sie als Begünstigte der Stiftung einzusetzen.

Wurde das verabsäumt, haben übergangene Erben eine Chance in Gestalt des § 785 ABGB. Laut dieser Gesetzesstelle steht Pflichtteilsberechtigten wie Ehegatten oder Kindern des Verstorbenen ergänzend auch ein Teil jenes Vermögens zu, das der Verstorbene zu Lebzeiten weitergeschenkt hat („Schenkungspflichtteil").

Da gibt's allerdings einen Haken: Schenkte der Erblasser sein Vermögen an eine nicht pflichtteilsberechtigte Person – und das ist die Stiftung rechtlich – können die Pflichterben nur dann etwas zurückfordern, wenn weniger als zwei Jahre zwischen Hingabe des Vermögens und Tod des Erblassers vergangen sind.

Das ist aber noch nicht das Ende. Die sogenannte „Vermögensopfertheorie" besagt, dass die Zwei-Jahres-Frist erst zu laufen beginnt, wenn das Vermögen nicht mehr in der Verfügungsgewalt des Stifters ist. Hat er sich beispielsweise ein Widerrufsrecht oder ein umfassendes Änderungsrecht für die Stiftung vorbehalten, ist es noch in seiner Verfügungsgewalt.

Je nachdem, wie die Stiftungsurkunde ausgestaltet ist, haben Pflichtteilsberechtigte also mehr oder weniger Möglichkeiten, zumindest ihren Pflichtteil zu erhalten, trotz Stiftung.

Am Testament vorbei: Beliebte Tricks

Die einen vergönnen den gesetzlichen Erben nicht mal den Pflichtteil. Die anderen wollen ganz diskret ihre letzte Liebe oder eine treue Pflegerin bedenken, ohne bei der Familie Aufsehen zu erregen. Ein paar Wege gibt's.

Lebensversicherung

Ganz legal am gesetzlichen Erbe vorbei geht es mit der Lebensversicherung. Als Bezugsberechtigter lässt sich einsetzen, wen man will. Hier muss nicht einmal jemand namentlich genannt werden, die Bezugsrechtsverfügung kann auch „auf den Überbringer der Polizze" lauten.

Vorsicht: Bei Polizzen, die auf den Überbringer lauten, besteht die Gefahr, dass der Falsche mit der Originalpolizze bei der Versicherung auftaucht!

Zahlt man darauf, wie üblich, jahrelang keine übermäßig hohen Beträge ein, sollte das passen. Heikel wäre es hingegen, würde man sein ganzes Geld kurz vor seinem Ableben in so eine Polizze einlegen. Hier müsste es nach geltender Judikatur wohl zu einer Schenkungsanrechnung kommen, damit die Pflichterben nicht leer ausgehen.

Wichtig ist jedenfalls, dass man das Ganze seinem auserwählten Bezugsberechtigten auch mitteilt.

Denn er benötigt zumindest die Polizzennummer, um im Todesfall an sein Geld zu kommen. Die Versicherungen werden von selbst nicht aktiv, sondern erst mit Anzeige des Todesfalls. Das Recht auf Auszahlung verjährt zumindest erst nach zehn Jahren.

> **TIPP**
> *Wer sich offenhalten möchte, den Bezugsberechtigten auch einmal auszutauschen, sollte ihn „widerruflich" einsetzen. Wurde hingegen die Klausel „unwiderruflich" gewählt, müsste der bisherige Begünstigte bei einer Änderung einwilligen.*

Wandernde Sparbücher

Sparbücher gehören im Gegensatz zu Versicherungspolizzen offiziell zum Erbe eines Verstorbenen und müssen nach gesetzlichen Regeln oder Testament verteilt werden. Trotzdem kommt es häufig nach wie vor anders. Dazu genügt es hierzulande ja (noch), ein oder mehrere Losungswortsparbücher mit unter 15.000 Euro Einlage abzuschließen, um sie nach einmaliger Legitimation weiterzugeben, an wen man will.

Sofern nicht ein Pflichterbe davon erfährt oder ungewöhnlich hohe Beträge auf diese Art weitergegeben wurden, gelingt die Manipulation meist immer noch.

Formelles zum Testament

Wie geht man's also an? Wie schreibt man seinen Letzten Willen fest? Da sind zunächst einmal unbedingt die Formvorschriften zu beachten, die das Gesetz bestimmt. Macht man dabei Fehler, so ist das Testament leider nicht gültig. Der einzige Trost: Sollten sich alle Erben einig sein, so können sie selbst ein formungültiges Testament anerkennen. Das hat der Oberste Gerichtshof schon mehrfach anerkannt.

Sein Testament kann man eigenhändig verfassen, oder man lässt es von jemandem aufzeichnen. Theoretisch kommt dafür fast jeder in Frage. Doch kennt man die vielen Stolperstein, empfiehlt es sich auf jeden Fall, einen Notar oder Rechtsanwalt damit zu beauftragen. Denn nicht nur an den Formvorschriften kann der Laie schnell scheitern. Viel schwieriger ist es noch, gültige und ungültige Anordnungen zu unterscheiden. Oft scheitert es in der Praxis auch schlicht an der Verständlichkeit der letztwilligen Anordnungen.

Doch erst mal zu den zulässigen Formen eines Testaments:

> **"**
> **Ohne Rache ist ein Testament phantasielos.**
> **"**
>
> **Prof. Dr. Hans-Jürgen Quadbeck-Seeger,**
> **renommierter deutscher Chemiker**
> **(1939*)**

Eigenhändiges Testament

Es muss zur Gänze eigenhändig geschrieben und unterschrieben werden, die Unterschrift (am Besten voller Name!) muss am Ende des Textes erfolgen. Ergänzt man den Text später, muss darunter wiederum unterschrieben werden.

> **ACHTUNG**
> *Auf dem Computer oder der Schreibmaschine geschrieben ist NICHT eigenhändig im rechtlichen Sinn!*

Empfehlenswert ist schließlich das Testament stets mit einem Datum zu versehen, insbesondere dann, wenn man mehr als ein Testament in seinem Leben verfasst – denn das zuletzt geschriebene zählt.

Natürlich kann man das Testament auch zu Hause deponieren oder einem Vertrauten übergeben, hier läuft man aber immer Gefahr, dass es a) nie gefunden wird oder b) in die falschen Hände kommt.

> **TIPP**
> *Um zu verhindern, dass der letzte Wille auch an die richtige Adresse gelangt, empfiehlt es sich, das Testament – auch wenn es selbst verfasst wurde – bei einem Notar oder Rechtsanwalt zu deponieren, der es gegen eine geringe, einmalige Gebühr ins Zentrale Testamentsregister (der Österreichischen Notariatskammer bzw. der österreichischen Rechtsanwälte) aufnimmt.*

Im Testamentsregister ist nicht der Inhalt des Testaments erfasst, aber die Daten des Testierenden und das Datum der Testamentserrichtung sowie der Ort, an dem das Testament hinterlegt ist (beim Notar, Rechtsanwalt, beim Bezirksgericht).

Fremdhändiges Testament

Verfasst man das Testament zwar selbst, aber per Computer oder Schreibmaschine oder lässt es von einer dritten Person verfassen, gilt es als fremdhändiges Testament.

Um gültig zu sein, muss es vom Testamentsverfasser eigenhändig unterschrieben werden, aber auch noch von drei Zeugen, von denen mindestens zwei gleichzeitig anwesend sein müssen.

Dazu ist es nicht notwendig, dass die Zeugen den Inhalt kennen, aber sie müssen bestätigen, dass dies der letzte Wille des Testierenden ist. Sämtliche Unterschriften müssen wieder am Ende des Testaments angebracht sein und bei den Zeugen hat ein Zusatz auf deren Zeugeneigenschaft hinzuweisen („als Testamentszeuge").

Blinde, taube, stumme oder die Sprache des Testaments nicht verstehende, aber auch unter 18-jährige Zeugen sind ungeeignet. Ebenso Personen, die durch das Testament begünstigt werden oder mit solchen Personen verwandt oder verschwägert sind.

Mündliches Testament

Grundsätzlich müssen Testamente schriftlich sein. Nur wenn unmittelbar Lebensgefahr droht beziehungsweise die Gefahr besteht, dass der Erblasser die Fähigkeit zu testieren verliert, kann er auch vor zwei geeigneten Zeugen (siehe oben) mündlich testieren. Das gilt allerdings nur drei Monate lang, ab Wegfall der Gefahr gerechnet. In der Praxis kommt das etwa nach einem schweren Unfall, direkt vor einer Notoperation vor, oder in Bergnot vor Bergkameraden oder Rettern.

Sollten die zwei Zeugen einander widersprechen, ist die Erklärung allerdings ungültig.

Streitfall Testierfähigkeit

Nicht selten kommt es in der Praxis vor, dass enttäuschte Doch-nicht-Erben ein Testament anfechten. Sehr häufig, gerade wenn der Erblasser schon sehr alt oder krank war, wird dabei die mangelnde Testierfähigkeit als Argument genannt. Will heißen: Derjenige war schon derart lange nicht mehr im Besitz seiner geistigen Kräfte, dass man seine letztwillige Äußerung doch bitte nicht mehr ernst nehmen kann.

Wie lässt sich dieser Behauptung vorbeugen? – Am einfachsten natürlich dadurch, dass man sein Testament noch in etwas jüngeren Jahren errichtet. Wer noch berufstätig ist, so wird vermutet, ist auch testierfähig. Später dann schafft das Verfassen des Testaments vor einem Notar, Anwalt oder vor Gericht eine gewisse Sicherheit. Freilich bietet auch das keinen absoluten Schutz, da weder Richter, Anwalt noch Notar psychiatrische Kenntnisse besitzen. Vorsichtige Notare oder Anwälte stellen aber, insbesondere wenn schon Zweifel an der Testierfähigkeit bestehen, Kontrollfragen. Etwa nach Geburtsdatum, Wohnsitz, Vornamen von verstorbenen Gatten, Geburtsdaten der Kinder, Schulbildung usw. Wird das richtig beantwortet, gilt zumindest die Vermutung, dass Testierfähigkeit gegeben war.

Die allersicherste, wenn auch teuerste Lösung, insbesondere bei großen Vermögen, ist natürlich, parallel zur Testamentserrichtung ein Fachgutachten über seine Testierfähigkeit erstellen zu lassen.

Kosten & Nutzen eines Testaments

„Ein einfaches Testament beginnt bei etwa 400 Euro", schätzt der Wiener Notar Christoph Beer. Sobald kompliziertere Regelungen gewünscht sind oder Immobilien beziehungsweise mehr Vermögen involviert ist, wird es natürlich teurer. Im Preis enthalten ist in jedem Fall die Registrierung im Testamentsregister.

Dort ist ein für alle Mal elektronisch hinterlegt, an welchem Ort sich das Testament befindet (bei Gericht X, oder Notar Y).

Wer sich nur vorab mal informieren möchte, kann dies üblicherweise auch im Rahmen eines Erstgesprächs tun, was bei Notaren prinzipiell kostenlos ist.

Bei Rechtsanwälten ist es nicht gleich, aber ähnlich. Die Rechtsanwaltskammern der einzelnen Bundesländer bieten in ihren Räumlichkeiten regelmäßig kostenlose

Erstberatungen an, und viele Anwälte (wenn auch nicht alle!) tun dies ebenfalls. Zur Sicherheit sollte man vorab nachfragen!

Um am Ende keine unliebsamen Überraschungen zu haben, sollte man ohnehin stets bei Notar oder Anwalt nachfragen, wie die Kosten einzuschätzen sind. Die Antwort „nach Tarif" sollte Sie nicht davon abhalten, Genaueres zu erfragen. Seriöse und dienstleistungsorientierte Juristen sprechen das Thema heutzutage ohnehin meist von selbst an.

Sonstige letztwillige Verfügungen

Auch wenn es umgangssprachlich oft ein und dasselbe ist. Ein Vermächtnis (Legat) ist rechtlich etwas anderes. Bei einem Vermächtnis wird über einen ganz bestimmten Gegenstand verfügt. Man kann also bestimmten freundlich gesinnten Personen (den Legataren) bestimmte Gegenstände und Vorteile als persönliche Erinnerung vermachen, ohne dass man sie als Erbe einsetzt. Das können ein Sparbuch, Geldbeträge, ein Auto, ein Schmuckstück, ein Kunstwerk etc. sein, aber auch eine Liegenschaft. Das Vermächtnis kann man im Testament, Erbvertrag oder Kodizill festhalten. Ein Kodizill beinhaltet – alternativ zu einem Testament – nur ein Vermächtnis oder eine andere letztwillige Verfügung wie die Bestellung eines Vormunds oder das Aussetzen eines Vermächtnisses.

Der Erbvertrag wiederum wird beispielsweise schon bei der Heirat abgeschlossen. Rechtlich ist es ein zweiseitiges Rechtsgeschäft, das nur zwischen Ehegatten, Verlobten (unter Bedingung einer späteren Heirat) oder unter eingetragenen Partnern abgeschlossen werden kann. Der Erbvertrag darf sich maximal auf drei Viertel des Nachlassvermögens beziehen und muss vor einem Notar bei gleichzeitiger Anwesenheit abgeschlossen werden.

Ein Erbvertrag kann einseitig nicht mehr widerrufen oder abgeändert werden!

Dann gibt es noch die „Schenkung auf den Todesfall", die auch von einem Notar bei persönlicher Anwesenheit des Gönners und Beschenkten beeidigt werden muss. Der Schenkende schränkt sich damit natürlich schon zu Lebzeiten ein: Er darf den betreffenden Vermögensteil nicht mehr veräußern!

Prüfe, wer schon zu Lebzeiten potenzielle Erben bedenkt: Auch eine „Schenkung auf den Todesfall" kann nur noch bei beidseitiger Zustimmung geändert oder gar rückgängig gemacht werden.

Todesfall und Bankgeschäfte

Verstirbt der Inhaber, werden Sparbücher, Konten, Wertpapierdepots und Ähnliches gesperrt. Der Zugriff ist erst aufgrund eines Gerichtsbeschlusses möglich, der sowohl die Sperre des Kontos beziehungsweise Depots aufhebt, als auch die Kenntnis des Losungwortes überflüssig macht.

Safes und Sparbuchverwahrfächer werden, wenn sie dem Verstorbenen zuordenbar sind, ebenfalls gesperrt. Auch zu ihnen ist nach der Sperre ein Zutritt nur noch aufgrund eines Gerichtsbeschlusses möglich.

Kreditinstitute sind verpflichtet, dem Notar als Gerichtskommissär alle dem Verstorbenen gehörigen Konten und Depots auf Anfrage bekannt zu geben. Auch anonyme Konten und Sparbücher des Verstorbenen müssen bekannt gegeben werden.

Für die Verfügung über ein Losungswortsparbuch sind, aus Hinterbliebenensicht, die Vorlage des Sparbuchs notwendig sowie die Nennung des zutreffenden Losungswortes.

Damit etwa der überlebende Ehepartner nicht auf die Aufhebung der Sperre warten muss, um auf das Konto zugreifen zu können, muss er Mitinhaber des jeweiligen Kontos sein. Man nennt ihn auch einen „Oder-Konto-Inhaber". Solche Mitinhaber können unabhängig voneinander verfügen.

> **ACHTUNG** *Damit der überlebende Ehepartner sofort Zugriff auf das Konto des Verstorbenen hat, muss er Mitinhaber sein. Eine Zeichnungsberechtigung allein reicht nicht aus!*

Ähnliches gilt für Wertpapierdepots. Auch hier muss der Hinterbliebene Mitinhaber sein, um gleich frei verfügen zu können (das Gegenstück ist auch hier die Zeichnungsberechtigung).

> **ACHTUNG** *Oder-Konten bzw. Oder-Wertpapierdepots, bei denen Hinterbliebene Mitinhaber sind, sind allerdings nicht nur praktisch: Werden keine Aufzeichnungen über die wahren Eigentumsverhältnisse geführt, so gehören – sofern eine andere Aufteilung nicht nachweisbar ist – 50 Prozent der Vermögenswerte zur Verlassenschaft!*

Sollte also beispielsweise ein unverheiratetes Paar das Oder-Wertpapierdepot geführt haben, um etwa gemeinsam auf ein Häuschen im Grünen zu sparen und derjenige mit den tatsächlich geringeren Vermögenswerten am Depot verstorben sein, kann es dazu führen, dass dessen Kinder aus einer früheren Beziehung 50 Prozent des Depots erben – sofern keine Aufzeichnungen wer wie viel auf das Depot einbezahlt hat und auch kein Testament vorhanden sind.

Abgesehen von den Problemen und etwaigen Erbschaftsstreitigkeiten, die ein gemeinsames Wertpapierkonto im Falle des Todesfalls von einem der beiden Depotbesitzer mit sich bringt, wird es bei gemeinsamen Depots seit Einführung der Vermögenszuwachssteuer (Wertpapier-KESt) auch steuerlich mühsam. Bei Gemeinschaftsdepots kann den steuerschonenden KESt-Verlustausgleich nämlich nicht die Bank automatisch erledigen. Er ist nur durch den Depotinhaber über die Einkommensteuererklärung möglich.

Todesfall und Mietverträge

Im Mietrecht ist nichts einfach, auch nicht im Todesfall. So kommt es auch in diesem Fall darauf an, ob die Wohnung dem Teil- oder Vollanwendungsbereich des Mietrechtsgesetzes (MRG) unterliegt oder von diesem ausgenommen ist.

Im Vollanwendungsbereich des MRG (dieser kommt üblicherweise zum Tragen, wenn sich die Wohnung in einem vor Ende des Zweiten Weltkriegs errichteten Mehrparteienhaus befindet beziehungsweise in geförderten Neubauwohnungen), aber auch im Teilanwendungsbereich des MRG (v. a. in nach 1. 7. 1953 errichteten Bauten ohne öffentliche Förderungsmittel) dürfen nach dem Tod des Hauptmieters folgende Personen ins Mietrecht eintreten, sofern sie zum Zeitpunkt des Todes mit dem Hauptmieter im gemeinsamen Haushalt gelebt haben und ein dringendes Wohnbedürfnis vorliegt:

- Verwandte in gerader Linie (Kinder, Enkelkinder bzw. Eltern),
- Ehepartner,
- Lebensgefährten, sofern man mindestens drei Jahre im gemeinsamen Haushalt gelebt oder die Wohnung gemeinsam bezogen hat,
- Wahlkinder,
- Geschwister.

Diese Personen treten automatisch in den Mietvertrag ein, außer sie geben binnen 14 Tagen nach dem Tod bekannt, dass sie das Mietverhältnis nicht fortsetzen wollen.

Mit ihrem Eintritt haften sie aber auch für Mietzins und Verbindlichkeiten, die noch zu Lebzeiten des Hauptmieters entstanden sind. Mehrere berechtigte Personen treten gemeinsam in den Mietvertrag ein und haften zur ungeteilten Hand, das heißt jeder für alles.

Handelt es sich um den Ehegatten, Lebensgefährten oder um minderjährige Kinder des Verstorbenen, dann muss die Höhe des Hauptmietzinses unverändert bleiben, ansonsten darf der Vermieter die Miete in einem gewissen Umfang anheben (maximal 3,25 Euro pro Quadratmeter Nutzfläche und Monat).

Im Vollausnahmebereich des Mietrechtgesetzes (vor allem in Ein- und Zweifamilienhäusern, deren Mietvertrag nach 1. 1. 2001 abgeschlossen wurde, in Dienstwohnungen beziehungsweise befristet vermieteten Ferienwohnungen) kommt es auf die individuelle vertragliche Regelung an. Grundsätzlich gehen hier die Mietrechte auf die Erben des Mieters über.

Allerdings erhalten sowohl Vermieter als neue Mieter ein besonderes Kündigungsrecht (unter Einhaltung der gesetzlichen Kündigungsfristen und -termine). Hier sind bisher mitwohnende Angehörige also nicht gesetzlich vor dem Rausschmiss geschützt.

Das Wichtigste zum Schluss

Das Positive an den Anfang: Österreich ist (noch) erschafts- und schenkungssteuerfrei, von der Grunderwerbsteuer auf Liegenschaften (zwei Prozent für Angehörige, 3,5 Prozent für andere) abgesehen. Schenkungen muss man allerdings ab einer Höhe von 50.000 Euro pro Jahr unter Verwandten und ab 15.000 Euro innerhalb von fünf Jahren unter Bekannten melden.

Die wenigsten Österreicher haben ein Testament verfasst. Das geht in Ordnung, wenn man wirklich nichts zu vererben hat, oder niemanden Besonderen bedenken möchte – etwa seinen lieben Lebensgefährten. Denn ist kein Testament vorhanden, gilt die gesetzliche Erbfolge (siehe Kapitelanfang). Lebensgefährten sind – im Gegensatz zu Ehegatten – rein vom Gesetz her nicht erbberechtigt.

Stirbt beispielsweise der Mann in einer vierköpfigen Familie, erben die beiden Kinder je ein Drittel, die Ehegattin ein Drittel. Wären die Eltern nicht verheiratet, würden die beiden Kinder jeweils 50 Prozent des Vermögens erben.

Und wie berechnet sich das bei Sachwerten? Hier wird der Verkehrswert herangezogen.

Mit einem Testament kann man den Familienfrieden über den Tod hinaus absichern. Zu Lebzeiten könnte man damit festsetzen, wer, was erbt. Etwa, indem man die sogenannten Pflichtteile (gesetzliche Erbansprüche) auf bestimmte Vermögensteile einschränkt oder indem man seinen Lebensgefährten, den Freund oder die Lieblingsnichte in einer Ablebensversicherung als Anspruchsberechtigten einsetzt. Einzelne persönliche Gegenstände kann man auch als Erinnerung mit einem Vermächtnis einer geliebten Person zukommen lassen. Auch könnte man so eine besonders tüchtige Pflegeperson bedenken. Hier gibt es übrigens Überlegungen - wenn auch noch nicht allzu ernsthaft – Pflegeleistungen von Angehörigen im Erbrecht positiv zu bedenken.

Die gesetzliche Erbfolge lässt sich aber nicht nur mit einem Testament umgehen, sondern auch, indem man zu Lebzeiten verschenkt oder auch durch eine „Schenkung auf Todesfall".

Man kann auch einen „buckeligen", erbberechtigten Verwandten enterben. Doch hierfür braucht man schon sehr triftige Gründe!

Ganz wichtig ist jedenfalls, die gesetzlichen Formvorschriften für eine letztwillige Verfügung einzuhalten, sonst gilt sie nämlich nicht. Nicht nur formell sollte alles passen. Damit der Letzte Wille auch wie gewünscht umgesetzt wird, sollte er klar, eindeutig und nachvollziehbar formuliert sein.

Hier beraten Notare und Rechtsanwälte kompetent, die Rechtsanwaltskammern in den Bundesländern, zum Teil auch Rechtsanwälte, bieten Erstinformationen oft gratis an!

Ein einfaches Testament kostet in etwa 400 Euro, über die individuellen Kosten sollte man sich natürlich gleich anfangs beim Notar oder Rechtsanwalt seiner Wahl informieren.

ANHANG

Der monatliche Ansparplan:
Wie man auf 100.000 Euro kommt

gesucht: die monatliche Ansparrate bei vorgegebener Laufzeit und Rendite

Laufzeit in Jahren	Rendite in %						
	3%	4%	5%	6%	8%	10%	12%
1	7.356,-	7.308,-	7.262,-	7.216,-	7.125,-	7.036,-	6.948,-
2	3.611,-	3.566,-	3.522,-	3.478,-	3.392,-	3.309,-	3.228,-
3	2.363,-	2.311,-	2.276,-	2.233,-	2.150,-	2.070,-	1.993,-
4	1.739,-	1.696,-	1.654,-	1.612,-	1.531,-	1.454,-	1.380,-
5	1.366,-	1.323,-	1.281,-	1.240,-	1.161,-	1.086,-	1.015,-
6	1.116,-	1.074,-	1.033,-	993,-	916,-	843,-	774,-
7	939,-	897,-	856,-	817,-	742,-	671,-	604,-
8	805,-	764,-	724,-	686,-	612,-	543,-	479,-
9	702,-	661,-	622,-	584,-	512,-	445,-	383,-
10	619,-	579,-	540,-	503,-	432,-	367,-	307,-
11	552,-	512,-	473,-	437,-	368,-	305,-	247,-
12	495,-	456,-	418,-	382,-	315,-	254,-	198,-
13	448,-	409,-	372,-	336,-	271,-	211,-	157,-
14	407,-	368,-	332,-	297,-	233,-	175,-	124,-
15	372,-	334,-	298,-	264,-	201,-	145,-	95,-
16	342,-	304,-	268,-	235,-	173,-	119,-	71,-
17	315,-	277,-	242,-	209,-	149,-	96,-	50,-
18	291,-	254,-	219,-	187,-	128,-	77,-	32,-
19	269,-	233,-	199,-	167,-	110,-	60,-	17,-
20	250,-	214,-	180,-	149,-	93,-	45,-	4,-
21	233,-	197,-	164,-	133,-	79,-	32,-	
22	217,-	182,-	149,-	119,-	66,-	21,-	
23	203,-	168,-	136,-	106,-	54,-	10,-	
24	190,-	155,-	123,-	95,-	44,-	1,-	
25	178,-	144,-	112,-	84,-	34,-		
26	167,-	133,-	102,-	74,-	26,-		
27	157,-	123,-	93,-	66,-	18,-		
28	147,-	114,-	85,-	58,-	12,-		
29	139,-	106,-	77,-	50,-	5,-		
30	131,-	98,-	69,-	44,-			
31	123,-	91,-	63,-	37,-			
32	116,-	85,-	56,-	32,-			
33	109,-	78,-	51,-	26,-			
34	103,-	73,-	45,-	21,-			
35	98,-	67,-	40,-	17,-			
36	92,-	62,-	36,-	13,-			
37	87,-	57,-	31,-	9,-			
38	82,-	53,-	27,-	5,-			
39	78,-	49,-	23,-	2,-			
40	73,-	45,-	20,-				

Wie sich der Zinseszinseffekt langfristig auswirkt

Wie sich Ihre 100 Euro in weniger als 25 Jahren durch den Zinseszinseffekt – die Verzinsung nicht ausbezahlter Zinsen – mehr als verdoppeln!

abhängig von der Rendite (in %) und der Laufzeit (in Jahren)
gesucht: Kapital am Ende der Veranlagungsdauer

Laufzeit in Jahren	Rendite in %						
	3%	4%	5%	6%	7%	8%	9%
2	106	108	110	112	114	117	119
3	109	112	116	119	123	126	130
4	113	117	122	126	131	136	141
5	116	122	128	134	140	147	154
6	119	127	134	142	150	159	168
7	123	132	141	150	161	171	183
8	127	137	148	159	172	185	199
9	130	142	155	169	184	200	217
10	134	148	163	179	197	216	237
11	138	154	171	190	210	233	258
12	143	160	180	201	225	252	281
13	147	167	189	213	241	272	307
14	151	173	198	226	258	294	334
15	156	180	208	240	276	317	364
16	160	187	218	254	295	343	397
17	165	195	229	269	316	370	433
18	170	203	241	285	338	400	472
19	175	211	253	303	362	432	514
20	181	219	265	321	387	466	560
21	186	228	279	340	414	503	611
22	192	237	293	360	443	544	666
23	197	246	307	382	474	587	726
24	203	256	323	405	507	634	791
25	209	267	339	429	543	685	862

Ihre Monatsprämie für 1.000,- Pension

1.000,- monatliche Pension ab 65 für einen Mann, ab 60 für eine Frau

Auszahlung der Pension: 12xp. a., rein finanzmathematische Berechnung, **Auszahlungsdauer:** Beschränkt auf Rentenlaufzeit mit Kapitalverzehr (keine lebenslange Rente – entspricht statist. Restlebenserwartung 65-jähriger Männer und Frauen 2013), Verzinsung bezieht sich sowohl auf die Anspar-, als auch auf die Auszahlungsdauer

Beginn bei Alter	Pensionsalter: 65 Jahre Rendite in %		Pensionsalter: 60 Jahre Rendite in %	
	4%	**6%**	**4%**	**6%**
25	117,00	62,76	196,21	108,06
26	122,98	66,95	206,86	115,58
27	129,33	71,46	218,26	123,70
28	136,08	76,31	230,47	132,49
29	143,28	81,53	243,58	142,00
30	150,96	87,16	257,66	152,31
31	159,16	93,22	272,84	163,52
32	167,93	99,77	289,21	175,72
33	177,32	106,86	306,92	189,02
34	187,40	114,53	326,12	203,56
35	198,24	122,85	347,00	219,48
36	209,91	131,89	369,76	236,97
37	222,51	141,73	394,65	256,23
38	236,14	152,45	421,96	277,51
39	250,91	164,18	452,03	301,09
40	266,97	177,02	485,29	327,35
41	284,48	191,13	522,24	356,68
42	303,63	206,66	563,50	389,62
43	324,64	223,82	609,82	426,81
44	347,78	242,85	662,15	469,05
45	373,37	264,02	721,70	517,34
46	401,80	287,69	790,03	573,00
47	433,54	314,25	869,14	637,72
48	469,18	344,25	961,75	713,79
49	509,44	378,31	1.071,54	804,29
50	555,26	417,27	1.203,65	913,57
51	607,83	462,16	1.365,53	1.047,89
52	668,70	514,36	1.568,35	1.216,63
53	739,95	575,71	1.829,65	1.434,57
54	824,42	648,71	2.178,68	1.726,31
55	926,06	736,85	2.668,07	2.136,13
56	1.050,61	845,18	3.403,09	2.752,60
57	1.206,65	981,29	4.629,39	3.782,38
58	1.407,69	1.157,07	7.083,88	5.845,43
59	1.676,23	1.392,37	14.451,12	12.041,58
60	2.052,76	1.722,92		
61	2.618,27	2.220,14		
62	3.561,76	3.050,71		
63	5.450,19	4.714,68		
64	11.118,39	9.712,25		

Quelle: R&S Softwaare

Glossar

Begünstigter
Jene Person, die im Versicherungsvertrag als Bezugsberechtigter der Versicherungssumme vereinbart wird.

Beitragsorientierte Zusage
Vom Arbeitgeber wird für die betriebliche Altersvorsorge (Firmenpension) ein bestimmter Beitrag festgelegt.

Beitragszeiten
Versicherungszeiten in der Pensionsversicherung. Diese Zeiten sind höherwertiger als die der Ersatzzeiten.

Bemessungsgrundlage
Jenes Einkommen im Bemessungszeitraum; das für die Berechnung der Pension oder der Sozialleistung herangezogen wird.

Betriebliche Lebensversicherung
Der Arbeitgeber zahlt hier für seinen Mitarbeiter in eine Lebensversicherung ein. Allerdings wird – mit Ausnahme der „Zukunftsicherung" (max. 300 Euro Einzahlung pro Jahr) die Versicherungsprämie als Lohnbestandteil gerechnet und lohnbesteuert, auch ein Sozialversicherungsbeitrag wird fällig.

Dachfonds
Spezielle Art von Investmentfonds, die auch andere Investmentfonds erwerben dürfen.

Deckungsstock
Summe aller angesparten Gelder innerhalb einer Lebensversicherung.

Devisenkurs
Wechselkurs von Währungen im bargeldlosen Zahlungsverkehr.

Direktzusage
Verpflichtung des Arbeitgebers, selbst Betriebspensionen an den Arbeitnehmer bzw. dessen Hinterbliebenen zu bezahlen.

Dread-Disease-Versicherung
Eine Unterform der Lebensversicherung, bei der die Versicherungssumme schon bei aufgezählten Fällen von schwerer Krankheit fällig ist.

Durchrechnungszeitraum
Für die Berechnung der staatlichen Pension werden die besten Jahre herangezogen. Dieser Durchrechnungszeitraum wird ab nun schrittweise erhöht, ab 2028 werden dann die „besten 40 Jahre" zur Berechnung herangezogen.

Einheitswert
Ein für die Besteuerung eigens festgelegter Wert einer Immobilie, der im Schnitt nur bei zehn Prozent des Verkehrswertes liegt.

Einmalerlag
Die Möglichkeit, in eine Lebensversicherung oder einen Fonds einmalig größere Beträge einzuzahlen.

Einzelrechtsnachfolge
Der Erbe hat aufgrund des Gesetzes oder des Willens des Erblassers Ansprüche, bestimmte Sachen aus dem Nachlaß zu fordern, im Unterschied zu der Gesamtrechtsnachfolge.

Emerging-Market-Fonds
Aktienfonds, die ausschließlich in Schwellenländern (Asien, Lateinamerika, Osteuropa) anlegen.

Emission
Ausgabe eines Wertpapiers.

Emittent
„Herausgeber" eines Wertpapiers. Bei Anleihen ist es der Schuldner.

Er- und Ablebensversicherung
Klassische Form der Lebensversicherung. Man spart über 15 und mehr Jahre an (50+ können sie auch auf zehn Jahre abschließen), finanziert damit auch gleich den Risikoschutz im Ablebensfall.

Ersatzzeiten
Versicherungszeiten in der Pensionsversicherung, in denen nicht gearbeitet wurde, die aber trotzdem für die Pensionsberechnung herangezogen werden, wie zum Beispiel für den Militärdienst, während der registrierten Arbeitslosigkeit oder beim Nachkauf von Schulzeiten.

Firmenpension
Steht für betriebliche Pensionsvorsorge (2. Säule). Geld eingezahlt wird in diesem Fall durch den Arbeitgeber, bei der Pensionskassenlösung hat auch der Arbeitnehmer die Möglichkeit, selbst zusätzlich einzuzahlen.

Fondsgebundene Lebensversicherung
Lebensversicherung, die nicht in einen Deckungsstock, sondern in Investmentfonds anlegt.

Garantieprodukte
Geldanlagen, die mit Mindestgarantien (meist 100 Prozent des Kapitaleinsatzes) versehen sind. Das kostet Rendite.

Geldleistung
Die Krankenversicherung gewährt als Geldleistung Krankengeld, Wochengeld, Kostenzuschüsse etc., zum Unterschied von Sachleistungen.

Geringfügigkeitsgrenze
Unselbständig Beschäftigte, die weniger als diesen Grenzbetrag (wird jährlich neu festgesetzt) monatlich verdienen, sind in jedem Fall unfallversichert. Für Frühpensionisten ist die Geringfügigkeitsgrenze die Zuverdienstgrenze.

Gesamtrechtsnachfolge (=Universalsukzessor)
Der Erbe erwirbt durch einen einzigen Akt den gesamten Nachlass.

Gliedertaxen
Das sind langjährige Erfahrungssätze, anhand derer die Erwerbsminderung des Arbeitnehmers beurteilt wird. Wichtig für die private Unfallversicherung.

Hacklerregelung
Wer länger als die meisten gearbeitet hat, soll auch schon früher in Pension gehen dürfen. Sie läuft aus.

Halber Durchschnittsatz
Spezielle Steuerbegünstigung für bestimmte Einmalzahlungen.

Höchstbeitragsgrundlage
Sozial- und Arbeitslosenversicherungsbeiträge müssen grundsätzlich nur bis zu einem bestimmten Höchstbetrag des monatlichen Bruttoeinkommens bezahlt werden. Sie wird jährlich angepasst.

Höchstbemessungsgrundlage
Die höchstmögliche Bemessungsgrundlage, die für die Ermittlung der Altpension erreicht werden kann. Daraus wird die höchstmögliche Eigenpension berechnet, die 80 Prozent der Höchstbemessungsgrundlage beträgt.

Höherversicherung
Freiwillige Zusatzbeiträge zur Sozialversicherung, mit denen man künftige Pensionsansprüche hinaufzusetzen oder – bereits eingeschränkt – fehlende Versicherungsjahre für die Frühpension erwerben kann. Voraussetzung ist eine Pflicht-, Weiter- oder Selbstversicherung in der Pensionsversicherung.

Indexgebundene Lebensversicherung
Lebensversicherung, deren Ertrag an Aktienindizes hängt.

Inflation
Verminderung des Geldwertes oder der realen Kaufkraft.

Innerer Wert
Bei Investmentfonds jener Wert, den die Wertpapiere im Fonds tatsächlich repräsentieren.

Kapitalstock
Kapital, das im Rahmen einer Lebensversicherung oder eines Investmentfonds angespart wurde.

Karenzfrist
Bei vielen Versicherungen ist eine Karenzfrist vorgesehen. Das heißt, dass die Versicherung nicht sofort ab dem Eintreten des Versicherungsfalls zur Leistung verpflichtet ist, sondern erst nach drei, sieben, 14 oder mehr Tagen.

Kassentarif
Wird entweder vom Hauptverband oder Versicherungsträger erlassen und beinhaltet Tarife für Leistungen, die die Krankenkasse ersetzt. Kostet die Leistung mehr, muss der Private aufzahlen.

Kassenvertrag
Verträge in denen festgehalten wird, welche Leistungen die Kasse bezahlt.

KESt
Kapitalertragsteuer in Höhe von 25 Prozent – eine Art Einkommensteuer für Kapitalerträge, die Endbesteuerung.

Krankengeld
Die Krankenkasse ersetzt Einkommensausfälle, die dem Versicherten aufgrund seiner Krankheit entstehen.

Kreditrestschuldversicherung
Spezielle Art der Lebensversicherung, die im Todesfall genau einen aushaftenden Kredit abdeckt. Sie ist bei manchen Krediten verpflichtend.

Leistungsorientierte Zusage
Vom Arbeitgeber wird dem Arbeitnehmer von Vornherein zugesagt, dass er eine Firmenpension in einer bestimmten Höhe bekommen wird, als Fixbetrag oder in Form eines Prozentsatzes vom letzten Aktivbezug.

Mitarbeitervorsorgekasse (MVK)
In diesen Kassen werden die von den Arbeitgebern einbezahlten Abfertigungsgelder zugunsten der Arbeitnehmer verwaltet.

Nachversteuerung
Manche Steuerbegünstigungen sind an bestimmte Bedingungen gebunden, speziell an Mindestbindungsfristen oder an einer Auszahlung als Rente. Werden diese Bedingungen nicht eingehalten, werden die Erträge oft nachversteuert – speziell bei der Zukunftsvorsorge.

Pensionskasse
Sie ist eine Form der betrieblichen Pensionsvorsorge. Regelmäßig wird ein Betrag vom Arbeitgeber in die Pensionskasse einbezahlt, das Geld veranlagt und in Form einer Rente an den Anspruchsberechtigten ausbezahlt.

Pensionskonto
Seit 1. 1. 2014 gibt es für alle ab 1955 geborenen Erwerbstätigen ein beitragsorientiertes, persönliches Pensionskonto „mit leistungsorientierten Komponenten". Es soll Transparenz über die künftigen persönlichen Pensionsansprüche – je nach Pensionsantrittsalter – schaffen. Das Geld, das ein Erwerbstätiger für seine künftige Pension „einzahlt", wird de facto weiterhin im Umlageverfahren sofort an die heutigen Pensionisten weitergegeben und nicht direkt auf das Konto des Beitragszahlers gelegt.

Performance
Genau definierte Art der Berechnung eines Ertrags von Vermögensanlagen.

Pflichtversicherung
Versicherungspflicht von Gesetzes wegen.

Polizze
Der Vertrag mit der Lebensversicherung.

Sozialhilfe
Sozialleistungssysteme der Bundesländer, um ihren Bürgern eine gewisse Mindestsicherung zu garantieren.

Steigerungsbetrag
Prozentsatz der Bemessungsgrundlage in der Pensionsversicherung, der mit der Versicherungsdauer ansteigt.

Taggeld
Geldbeträge pro Tag in einem Krankenhaus, auf einer Rehabilitation oder auch nur im Krankenstand. Wird in manchen Fällen von der Sozialversicherung bezahlt, kann aber auch privat versichert werden.

Umlageverfahren
In Österreich wird das Geld, das die Erwerbstätigen für ihre künftige Pension an Abgaben leisten, nicht angelegt, sondern sofort an andere ausbezahlt: an die heutigen Pensionisten. Die Pensionen der heute Erwerbstätigen werden hingegen (hoffentlich) einst die Erwerbstätigen von morgen finanzieren.

Valorisierung
Die jährliche Anhebung einer von einer Versicherung ausbezahlten Rente nach versicherungsmathematischen Grundsätzen.

Versicherungsfall
Damit sind aus der Sicht einer Versicherung jene Vorfälle gemeint, bei denen sie zur Leistung verpflichtet ist. Ob ein solcher vorliegt, ist allein in den Versicherungsbedingungen festgeschrieben.

Versicherungszeiten
Zeiten, in denen Beiträge zur Pensionsversicherung geleistet wurden, oder welche, die aufgrund einer gesetzlichen Bestimmung trotzdem als Versicherungszeit anerkannt werden (wie Kindererziehungszeiten).

Weiterversicherung
Erwerb von Versicherungsmonaten auf freiwilliger Basis. Grundvoraussetzung ist die Beendigung einer Pflicht- oder Selbstversicherung in der Pensionsversicherung nach dem ASVG.

Wertanpassung
Anhebung von Prämien und Versicherungsleistung mit der Inflation.

Wochengeld
Versicherte Mütter (aber nicht mitversicherte Mütter) haben Anspruch auf Wochengeld für die Schutzfrist.

Zeichnung
Kauf von Wertpapieren bei der Erstausgabe (Emission).

Zeitwert
Wert eines Vermögensgegenstands, gemessen am heutigen Preis.

Zerobonds
Anleihen, die ihre Erträge nicht ausschütten, sondern über Kursgewinne weitergeben. Dafür erhält der Anleger keine Zinsen.

Zinseszinseffekt
Zinsen werden nach einem Jahr dem Kapital zugeschlagen und bringen selbst im folgenden Jahr Zinsen. Langfristig führt dies zu überdimensionalen Vermögenszuwächsen.

Zukunftssicherung
Eine Art betriebliche Lebensversicherung, die steuerbegünstigt ist. Die maximale Einzahlungssumme des Arbeitgebers beträgt 300 Euro pro Jahr.

Zukunftsvorsorge
Sie wird nur noch als fondsgebundene Lebensversicherungslösung angeboten. Sie ist steuer- und prämienbegünstigt (derzeit 4,25 Prozent/Jahr).

Adressen

Allgemein nützliche Webadressen
www.seniorcom.at
www.besserlaengerleben.at
www.bundessozialamt.gv.at
www.sozialministerium.at

Betreutes Wohnen
Silver Living, www.silver-living.com
Volkshife OÖ, www.volkshilfe-ooe.at
Heilsarmee, www.heilsarmee.at
Samariterbund, www.samariterbund.net
Weitere siehe Pflegedienst
Broschüre zum Thema „Betreutes Wohnen"

Erbschaft
Zentrale Testamentsregister,
www.notar.at

Erste Anlaufstelle
Fonds Soziales Wien: Tel. 24524,
www.pflege.fsw.at
Siehe auch „Mobile Pflegedienste" auf
www.fsw.at

Crowdfunding-Plattformen
www.conda.at
www.1000x1000.at
www.greenrocket.com
www.respect.net
www.querk.at
www.inject-power.at

Förderungen Allgemein:
Bundesministerium für Arbeit, Soziales und Konsumentenschutz
1010 Wien, Stubenring 1
Sozialtelefon: 0800/20 16 11
Broschürenservice: 0800/20 20 74
https://broschuerenservice.bmask.gv.at
www.sozialministeriumservice.at

Barrierefreies Wohnen:
www.hilfsmittelinfo.gv.at, „Handbuch barrierefrei" auf https://broschuerenservice.bmask.gv.at
Bundesamt für Soziales und Behindertenwesen – Bundessozialamt
Babenberger Straße 5, 1010 Wien,
Tel. 05 99 88, österreichweit zum Ortstarif
Bundesländer (auch Info über Pflegeheime)
http://www.bgld.gv.at
http://www.ktn.gv.at
http://www.noe.gv.at
http://www.land-oberoesterreich.gv.at
http://www.land-sbg.gv.at
http://www.stmk.gv.at
https://www.tirol.gv.at
http://www.vorarlberg.at
http://www.wien.gv.at

Wohnbauförderung:
www.help.gv.at

Gesundheit
www.fit2work.at

Immobilien
Immobilienpreisindex OeNB,
www.oenb/Statistik

Interessenverbände:
Pensionistenverband Österreichs
Gentzgasse 129, 1180 Wien
Telefon: 01/313 72
www.pvoe.at
office@pvoe.at

Österreichischer Seniorenbund
Lichtenfelsgasse 7, 1010 Wien
Telefon: 01/401 26-151
www.seniorenbund.at
bundesorg@seniorenbund.at
Österreichischer Seniorenring

Adressen | 207

Ernst Machstraße 33/2,
5023 Salzburg
Telefon: 06 99/11947808
oesterr.seniorenring@fpoe.at

Die Grünen SeniorInnen Österreich
Lindengasse 40, 1070 Wien
Telefon: 01/521 25 – 0
seniorinnen.gruene.at
dgs@gruene.at

Seniorenring
Leudoltgasse 4/2, 1080 Wien
Tel. 01/4060298. (freiheitlich)
www.oesr.at

Zentralverband der Pensionisten
Österreichs
Praterstrasse 54, 1020 Wien
Telefon: 01/214 65 73 (KPÖ-nahestehend)
http://members.aon.at/zvpoe/

Oesterreichischer Gewerkschaftsbund
www.netzwerke.oegb.at/ueber 45

Jobplattformen
www.freiwilligenweb.at
www.initiative50.or.at
www.fit2work.at
www.50plus.at/pinnwand/pinwand=arbeit
www.ab5zig.at
www.ams.at
www.arbeitundalter.at
www.atlas-iim.com
www.dse-wien.at
www.euspug.at
www.wdf.at

Pensionen
Pensionslückenrechner
www.pensionskonto.at
Wiener Städtische,
https://www.kapdion.com/pension14wst
www.bankaustria.at/rechner-pensionslueckenrechner.jsp

Generali, https://www.generali.at/service/pensionslueckenrechner.html
https://rechner.sparkasse.at/calc/PensionsGap/Home
Abfertigungsrechner
https:// abfertigung.arbeiterkammer.at
Pensionsbesteuerung
www.help.gv.at
www.bmf.gv.at
http://www.finanzamt-rente-im-ausland.de

Pflegeheime in Österreich
www.seniorenheim.at
www.heimverzeichnis.at
Lebensverband – Bundesverband der Alten- und Pflegeheime Österreichs
http://lwh.mmf.at
NÖ-Heime http://www.noeheime.at
Arge Oberösterreich http://www.altenheime.org/
Arbeitsverein der Sozialhilfe Kärntens:
http://www.avs-sozial.at
Verband Steirischer Altenpflege- und Betreuungsheime: http://www.vab.at
Seniorenheime Salzburg: http://www.shs-seniorenheime.at
www.arge-tiroler-altenheime.at
http://www.heimleiter-argewien.at
adcura, www.adcura.at
Caritas, www.caritas.at
Dr. Dr. Wagner, www.gesundheit-pflege.at
Humanocare, www.humanocare.at
KräuterGarten-Gruppe, www.kraeutergarten.at
Kursana, www.kursana.at
SeneCura, www.senecura.at
Vamed, www.vamed.at

Pflege-Dienste
Mobile Pflegedienste:
www.caritas.at
Caritas Socialis (www.cs.or.at)
www.hilfswerk.at
www.johanniter.at
www.samariterbund.net
www.volkshilfe.at

Adressen

Franchise Pflegedienste
Elsner Pflege - Hr. Christian Elsner
Leopoldstraße 3
6020 Innsbruck
Tel. +43 800 0700 31
Mail: office@elsner-pflege.at
www.elsner-pflege.at

Mustervertrag Heimpflege
www.bmwfw.gv.at > Unternehmen > Gewerbe > Personenbetreuung

Bezahlung/Versicherung Pflegedienste
www.dienstleistungsscheck-online.at

Pflege-Informationen
www.pflegedaheim.at
http://www.sozialministeriumservice.at
http://www.sozialministerium.at
http://www.hilfswerk.at
www.demenz-hilfe.at
Fonds Soziales Wien: Tel. 24524,
www.pflege.fsw.at

Rehabilitationszentren
rehakompass.oebig.at

Selbständigkeit
Wirtschaftskammer Wien
Diversity-Referat
Stubenring 8–10
1010 Wien
Tel: +43/1/514 50 1070
Fax: +43/1/512 95 48 1244
E-Mail: diversity@wkw.at
www.gruenderservice.at
www.senior4success.at
www.asep.at
Freiwillige Arbeitslosenversicherung,
htttp://esv-sva.sozvers.at

Sozialversicherungen
Allgemeinen Sozialversicherungsgesetz (ASVG),
www.sozialversicherung.at
Neun Gebietskrankenkassen,
www.kgkk.at,
www.noegkk.at,
www.ooegkk.at,
www.sgkk.at,
www.stgkk.at,
www.tgkk.at,
www.vgkk.at,
www.wgkk.at,
Sozialversicherungsanstalt der gewerblichen Wirtschaft (SVA), www.esv-sva.sozvers.at
Sozialversicherungsanstalt der Bauern (SVB), www.svb.at
Versicherungsanstalt für Eisenbahnen und Bergbau (VAEB), (www.vaeb.at)
Die Versicherungsanstalt öffentlich Bediensteter (BVA), (www.bva.at)
Die Allgemeine Unfallversicherungsanstalt (AUVA), www.auva.at

Umkehrhypotheken
Immobilienrente,
www.sbausparkasse.at/de/finanzieren/immobilienrente
Hypo Lebenswert-Kredit, www.vol.at/hypo-lebenswert-kredit

Transport
www.mitfahrgelegenheit.at

Versicherungen
Lebensversicherungen
Rund 30 in Österreich, mehr auf www.vvo.at
Spezialversicherer:
APK Versicherung, www.apk-versicherung.at
Bank Austria Versicherung, www.ba-versicherung.at
Skandia Austria, www.skandia.at
S-Versicherung, www.s-versicherung.at

Pflege-/Krankenversicherungen
Allianz Elementar Versicherungs-AG (www.allianz.at)
Donau-Versicherung (www.donauversicherung.at)

Ergo Direct, (www.ergo-direkt-versicherungen.at)
Generali Versicherung, (www.generali.at)
Merkur Versicherung, (www.merkur.at)
MuKi Versicherungsverein auf Gegenseitigkeit, (www.muki.com)
Oberösterreichische Versicherung, (www.keinesorgen.at)
UNIQA, (www.uniqa.at)
Wiener Städtische, (www.staedtische.co.at)

Versicherungsvergleiche
www.durchblicker.at
www.chegg.net
www.versichern24.at
www.vki.at
www.arbeiterkammer.at

Weiterbildung
Überblick über Studienmöglichkeiten für Senioren:
www.seniorenstudium.at

www.seniorinnenuni.at
MC Fachhochschule Krems GmbH
3500 Krems – Österreich – Europa
Tel: +43/2732/802 0
Fax: +43/2732/802 4
information@fh-krems.ac.at

Senioren-Bidungsplattform in NÖ
www.bildung4you.at

Salzburger Bildungswerk
Arbeitskreis Seniorenbildung
www.salzburgerbildungswerk.at

Fernstudien
http://www.fernstudium-net.de/weiterbildung/weiterbildung-senioren

Wertpapiere
Vergleichsportale
www.gewinn.com
www.onvista.de
www.morningstar.de
http://fer.feri.de/de/

Wohnbaubanken
Bank Austria Wohnbaubank: www.bankaustria.at/wohnbaubank
BAWAG PSK Wohnbaubank: www.bawag.com
Hypo Wohnbaubank: www.hypo-wohnbaubank.at
IMMO-BANK AG (Volksbankensektor): www.immobank.at
S Wohnbaubank (Sparkassen und Erste Bank): www.swohnbaubank.at
Raiffeisen Wohnbaubank: www.raiffeisen-wohnbaubank.at

Index

2
24-Stunden-Pflege 164-166

A
Abfertigung 22, 64-66, 127-128, 207
Ablebensversicherung 25, 47, 84, 196, 202
Abschlag 62-63, 112-114, 119-120
Activities of Daily Life 151
Aktien 2, 4, 11, 14, 16-17, 26, 28-31, 33, 35, 38-40, 43, 46, 123-124, 184
Alleinverdienerabsetzbetrag 73
Alterspension 56-57, 59-61, 63-64, 91-92, 105, 110, 112-113, 115, 118-120, 126, 131
Altersteilzeit 96, 105, 110-111, 127, 131
Altrecht 59
Anlagepyramide 14
Anlagestrategie 27, 49
Anlagewohnung 20
Anleihen 2, 14-19, 28, 33, 35, 37-39, 41, 46, 123-124, 202, 205
Ansparen 30, 32-33, 48, 67, 70-71, 86, 122-125
Antrittsalter 108
Arbeitnehmerveranlagung 73
Arbeitsmarktservice 94-95, 97
Ausbildungszeiten 59, 112-113, 116-117
Ausgabeaufschlag 5, 19, 34-35, 123
Ausgleichszulage 72, 78-79
Auslandsaufenthalt 77-78, 169
Austria Wirtschaftsservice 101
Austrian Senior Experts Pool 88, 90, 105

B
Basisinvestments 4
Bauherrenmodell 27
Bauspardarlehen 85, 154
bedarfsorientierte Mindestsicherung 171, 187
Behaltedauer 13, 21
Behindertenausweis 81
Beitragsjahre 55, 113
Bemessungsgrundlage 56, 60-63, 72, 201, 203-204
Berufsschutz 115
Betreutes Wohnen 136, 167, 206
Betreuungsvertrag 165
Betriebliche Altersvorsorge 22, 201
Betriebliche Kollektivversicherung 22-23, 67-68
Betriebliche Zukunftssicherung 22, 66
Bezugsberechtigte 94, 97, 189-190, 201
Bilderberg-Konferenz 39
Bruttoersatzraten 57
Bundesanleihen 14

C
Carsharing 80, 83
Corruption-Perception-Index 29
Cost-Average-Effekt 16, 30-31, 35, 123
Crowd-Investing 26, 41-43, 46

D
Dachfonds 14, 16, 32-33, 36, 39, 46, 70, 201
Dazuverdienen 27, 64, 87, 89, 91-92, 102, 105, 114
Dazuverdienstgrenzen 90, 105
Deckungsstock 4, 11, 19, 125, 201-202
Demenz 134, 150, 161, 170, 208
Dienstleistungsscheck 164, 208
Diversity 94, 96, 102, 208
Dividende 15, 29
Dividendenaktienfonds 33, 123-124
Dividendenaristokraten 29, 39
Dividendenausschüttung 17, 39
Dividendeneinkünfte 27
Dividendenkaiser 17, 29
dividendenstark 4, 35
Dividendensteigerung 29
Dividendenwachstum 26, 28-29, 38
Doppelbesteuerungsabkommen 73-74, 86
Durchschnittskosten 31
Durchschnittssteuersatz 129

E
Einlagensicherung 4, 18, 123
Enkerl 1, 4, 8, 27, 38, 47, 73
Entnahmeplan 32-36, 124
Erbe 85
erben 9, 85, 130, 171, 177-196
Erbquoten 179
Erbverzicht 184
ETFs 14-16, 28, 30, 45-46

F
Finanzdienstleister 6, 33
Firmenpension 73, 201-202, 204
Fonds 9-11, 13-16, 19, 26-40, 43-44, 70-72, 123-124, 155, 165, 171, 201-203, 206, 208
Fondssparplan 30, 31, 33, 70
Freibetrag 72, 170
Freiwilligenarbeit 103

G

Garantie	9
Garantiezinssatz	10
geschlossene Immobilienfonds	26, 44
Gesundheitsprogramme	93
Gewinnbeteiligung	8, 11, 24, 37, 41, 49, 68-69, 142
Gold	4-5, 21, 46-47, 49

H

Hackler-Regelung	113, 116
Hauptwohnsitzbefreiung	130
Haushaltskosten	54
Heimhilfe	163-164, 166, 175
Hinterbliebenenschutz	69
Hochzinsanleihen	17
Hypothekarfinanzierungen	19
Hypothekarkredite	4, 19
Hypothekenpfandbrief	4, 19

I

indexgebunden	8, 10-11, 203
Insolvenz	45, 127-128
Interim	98
Investmentfonds	2, 14, 30, 201, 203

J

Jahresausgleich	72-73, 86
Jobprogramme	94
Jungunternehmer	100, 105

K

Kapitalertragsteuer	19, 130, 203
Kontoerstgutschrift	56, 58, 60
Korridorpension	56, 63, 92, 110-112, 114-115, 117, 119-120, 131
Krankengeld	116, 138, 140, 202-203
Krankenversicherung	78-79, 115-116, 120, 138, 141-142, 144-146, 169, 202
Kreditrestschuldversicherung	85, 204

L

Langzeitversicherung	56, 113, 131
Lebenserwartung	3-4, 11-12, 37, 64, 68-69, 175
Lebenshaltungskosten	44, 48, 76, 98
Lebensversicherung	2, 4, 8-11, 22, 25, 36, 37, 46, 49, 68-70, 124-126, 189, 201-205, 208
Lebensversicherungslösung	205
Lebensversicherungsvarianten	10
Lebenszyklus	32
Leistungszusagen	64

M

Mischfonds	15, 26-28, 32-33, 35-36, 82, 123-124
Mitfahrgelegenheit	83, 208
Musterportfolio	4, 17, 25, 27

N

Nachkauf	23, 116-117, 202
Negativsteuer	72, 86
Notruf	157

P

Parallelrechnung	56, 58
Passivfonds	14
Pensionistenabsetzbetrag	72
Pensionistenverband	86, 104, 206
Pensionsanspruch	23, 86, 90, 101, 105, 121, 127
Pensionsberechnung	56-57, 59, 202
Pensionskasse	22-23, 67, 204
Pensionskassenlösung	202
Pensionskassenvertrag	64
Pensionsversicherungsanstalt	23-24, 58, 76, 91, 110, 148, 153
Pensionszusatzversicherung	13
Pfandbriefe	19, 28, 39
Pflegedarlehen	154
Pflegefall	133-175, 187
Pflegegeld	72, 78, 110, 131, 135-136, 147-150, 152-154, 161-163, 165, 170-171, 187
Pflegeheim	136, 167-172, 183, 187-188
Pflegekosten	85, 134, 147-148, 164, 170, 175
Pflegenotdienst	155
Pflegestufe	136, 148-153, 161, 165, 175
Pflegeteilzeit	162-163
Pflegeversicherung	22, 148, 150-151, 153-154
Pflichtteil	182-185, 188-189
Pflichtversicherung	111-114, 118, 142, 204
Private Equity	38
Private Vorsorge	77, 148

R

Rate	30-31, 48, 86, 154
Rechnungszins	9, 49, 68
Regelpensionsalter	24, 56, 59, 61-64, 92, 96, 108, 113, 118-119
Regress	170, 172, 175
Rehabilitationsgeld	115-116
Rentenversicherung	8-11, 23-24, 69
Risikozuschlag	81
Rohstoff	33, 38, 45-46

S

Sachwerte	20-21, 38, 46, 196
Schenkung	170, 172, 178, 184, 187-189, 193, 196
Schenkungsanrechnung	189
Schenkungsbetrag	170
Schenkungspflichtteil	189
Schenkungssteuer	185, 188
schenkungssteuerfrei	178, 196
Schenkungsvertrag	185
Schulden	48-49, 128
Schwerarbeitspension	63, 114, 131
Selbstbehalt	73, 83, 139-142
Seniorenrabatte	79
Seniorenresidenz	75, 168-171
Sicherheits-VRGs	67
Sonderausgaben	24, 73, 117, 170
Sonderklasse	138-139, 142, 144, 175
Sozialversicherungsbeitrag	22, 66, 201
Sozialversicherungspflicht	102-103
Spar-Rechner	84
Sparbuch	35, 38, 72, 124, 82, 184, 193-194
Sparbuchersatz	7
Sparbuchsteuer	72, 86
Sparbuchverwahrung	194
Sparplan	31-33, 35-36
Sparzinsen	7
Spitaltaggeld	138-140
Staatsanleihe	4, 14-15, 29, 35-37, 39-40, 42
Sterbegeldversicherung	24
Steuerbemessungsgrundlage	72
Steuerprogression	117
Steuertarif	72
Stichtag	24, 36, 58, 63, 68, 111, 113
Stichtagsjahr	113
Stichtagsrecht	60-63
Stiftung	38, 188-189
Strafsteuer	10
Studienzeiten	56, 117

T

Tagesbetreuung	171
Testament	14, 177-178, 180-187, 189-194, 196
Thailand	74-76, 79, 86, 168-169
Todesfall	24, 49, 185, 190, 193, 195-196, 204

U

Umkehrhypothek	85
Umschichten	32
Umschulungsgeld	115-116

Unfalltod	24
Unfallversicherung	54, 81, 93, 145-146, 150, 164, 202
Unfallversicherungsanstalt	148, 156, 208
Unfallversicherungsbeitrag	103
Unfallversicherungsprämie	145
Unternehmensaufgabe	127-128
Unternehmensbeteiligung	38, 41, 43

V

Verkehrswert	129, 185, 196
Versicherungsmonat	58-63, 111-112, 114-115, 117, 119, 205
Versicherungssteuer	8-10, 12, 69-70, 81, 124
Versicherungszeit	23, 57-61, 111-112, 114, 116-117, 121, 201-202, 205
Vorerkrankung	144, 146
Vorsorgekasse	64-66
Vorsorgewohnung	20, 44, 167, 175

W

Waldinvestment	44
Wandelanleihen	18
Weiterbildung	96, 104, 209
Weltbank	4, 17
Wohnbauanleihe	18-19, 28, 39

Z

Zins-Cap	20
Zinseszinseffekt	71, 121, 199, 205
Zukunftssicherung	22-23, 66-67, 205
Zukunftsvorsorge	9, 11-13, 25, 49, 70, 77, 124, 126-127, 204-205
Zurechnungsmonate	62